国家社科基金项目"汉语空间量范畴的句法语义研究"（项目编号：15BYY134）

浙江经贸职业技术学院省属高校基本科研业务费专项"'一带一路'丝路学院境外办学的产教融合机制构建与平台实践"（项目编号：19SBZD01）

Research on the Motivation Inheritance of
Chinese Constructions

汉语构式的理据性
承继探究

顾鸣镝 ◎ 著

ZHEJIANG UNIVERSITY PRESS
浙江大学出版社

图书在版编目(CIP)数据

汉语构式的理据性承继探究 / 顾鸣镝著. — 杭州：
浙江大学出版社，2021.11

ISBN 978-7-308-21406-3

Ⅰ．①汉… Ⅱ．①顾… Ⅲ．①汉语－语法结构－研究
Ⅳ．①H14

中国版本图书馆 CIP 数据核字(2021)第 097596 号

汉语构式的理据性承继探究

顾鸣镝 著

责任编辑	黄静芬	
责任校对	董　唯	
封面设计	周　灵	
出版发行	浙江大学出版社	
	（杭州市天目山路 148 号　邮政编码 310007）	
	（网址：http://www.zjupress.com）	
排　版	杭州朝曦图文设计有限公司	
印　刷	浙江新华数码印务有限公司	
开　本	710mm×1000mm　1/16	
印　张	15.75	
字　数	274 千	
版印次	2021 年 11 月第 1 版　2021 年 11 月第 1 次印刷	
书　号	ISBN 978-7-308-21406-3	
定　价	55.00 元	

前　言

　　《汉语构式的理据性承继探究》一书是笔者在 2013 年出版的《认知构式语法的理论演绎与应用研究》的基础上,对汉语构式理据性承继描写方法的思考与实践。在这里,需要对两个问题做出解释:(1)为何笔者热衷于汉语构式承继描写方法的探索?(2)笔者近十年来的实践体会是什么?

　　先来解释第一个问题。承继代表了可重复使用的层级模型,模型的上层结构具有通用性,下层结构具有特殊性。正是因为这个特点,承继描写可被广泛应用于语言概括。特别是 20 世纪中叶以来,数据正在从推动科学技术的发展延伸至推动经济社会的发展。2019 年 10 月,中国共产党第十九届中央委员会第四次全体会议已将数据与劳动、资本、土地、知识、技术、管理并列为七大生产要素。当前,可供计算机进行数据处理的 80％是语言数据,如何将构式语法理论应用于计算机自然语言的处理,也就自然而然地成了新时代汉语构式研究的新课题。对此,笔者探索"面向对象、面向接口、面向切面"(三个面向)承继描写方法的初衷,就是希望在梳理和阐述汉语构式承继研究的基础上,寻求构式语法理论与自然语言处理的路径,发现从符号表示到分布表示的方法,为学界抛砖引玉。简而言之,就是将汉语构式承继描写的方法实践与构式知识表征的系统构建相结合,发挥其在语言数据时代应有的价值。

　　再来解释第二个问题。就构式语法理论的未来研究方向来看,理论与方法的价值挖掘、延展创新和类型概括是其与时代同步的必然选择。笔者据此将构式承继的层级性和理据性作为始终贯彻的研究原则,关注句法分布的不对称现象,将理据性承继描写划分为三个层面:

　　　　是以原型构式为对象,展开基于语块变量的扩展性承继描写。

　　　　二是以句法语义为接口,展开基于形义变量的辐射状承继描写。

　　　　三是以语用情境为切面,展开基于功能变量的耦合度承继描写。

　　　　总之,本书希冀从"三个面向"的理据性承继描写入手,探索汉语自然语言处理的新方法与新路径;以此为基础,致力于某个特定生活领域、某个特定主题范围内的汉语构式数据库建设;通过在自然语言处理领域的具体实践,反过来推动和促进构式语法的理论发展。

顾鸣镝

于杭州西溪正庐

2021 年 3 月 24 日

目　录

第一章 绪 论

构式语法应用于汉语研究 20 余年来,借鉴该理论框架展开的对某个特定构式及其扩展变式的研究成果斐然,方兴未艾。然而在整体上,该理论尚未能够清晰而又系统地表现出其方法论主张和价值(陈满华,2016;陆俭明、吴海波,2018)。究其原因,或许是国内学界对汉语构式的承继描写尚未形成全面自觉与系统实践。"承继"(inheritance)是一种可重复使用的层级模型:"承"的是构式上下位关联的理据性,"继"的是上层结构的通用性与下层结构的特殊性。截至 2020 年底,在中国知网(CNKI)上分别以"构式"和"构式语法"为关键词检索 2000—2020 年的研究成果,获得结果 3514 条,充分显示了该语法理论的学术热度与应用活力。然而,若继续以"承继"为关键词进行二次检索,则所获结果仅有 16 条。与之不同的是,构式承继在国外学界几乎同期(2008—2018 年)的构式研究热点关键词中排名第六(范振强、郭雅欣,2018)。以此为问题起点,本书旨在通过梳理国内外承继研究的已有经验,结合汉语构式承继概括的前期成果,探究汉语构式在句法、语义、语用三个层面由表及里的承继描写路径与方法。汉语是"话题—说明"语言,缺乏明显的形态变化,词组和句子是一套结构规则,而且语境依存度高。根据吕叔湘(1979:28)"只停大站,不停小站"的阶层分析法、朱德熙(1985:37)将摆脱印欧语语法研究束缚落在汉语词组本位的观点,以及沈家煊(1991)找出体现汉语特点的变异参数作为研究方向的思路,本书将理据性承继描写分为三个层次:一是基于语块变量的扩展性承继描写,二是基于形义变量的辐射状承继描写,三是基于功能变量的耦合度承继描写。

本章主要阐述构式语法及其理论发展,并就构式承继研究加以综述,旨在开宗明义,将构式承继的层级性和理据性作为贯彻始终的基本原则。

第一节　构式语法及其理论发展

一、构式语法的思想起源

构式语法是从格语法(Case Grammar)演化而来的,源自语言学界对转换生成语法理论的反思。其最大贡献在于突破了传统模块式的语法观,体现了语法研究的理念进阶,表现出语法理论的迭代创新。

众所周知,自 20 世纪 50 年代开始,乔姆斯基(Avram Noam Chomsky)的转换生成语法(Transformational Grammar,简称"TG")在学界掀起了一场语言研究革命(Chomskien Revolution)。陆俭明(2005:34)就相关内容进行了专门论述,认为转换生成语法对人类语言学研究的突出贡献,主要可概括为以下四个方面:

(1)语言研究的最终目的,是要对语言现象进行充分而又合理的解释。

(2)虽然各民族、各地区语言各异,但人类语言在一定程度上存在普遍语法,存在共性,语言之间的差异只是参数不同而已。

(3)人类语言的普遍原则是高度概括的,并可据此生成各种语言的所有合法结构。

(4)关于人类大脑中到底是否存在一个内在的语言机制,至今仍无定论;但无论其是否存在,都值得持续关注并不断研究。

从辩证唯物主义将事物一分为二的角度来看,学界任何一种标志性理论都存在值得商榷的观点。转换生成语法的四个理论假设面世后,越来越受到学界的质疑与反思,具体表述如下。

(一)关于语言天赋观假设的反思

转换生成语法的"语言习得机制"(Language Acquisition Device,简称"LAD")认为,人类的语言能力是先天的,因而在语言研究中只关心那些具有普遍意义的核心语法,而忽略了语言的边缘现象。转换生成语法主张将习语归入词库,避免用句法理论来处理词汇习得问题。弗兰德(Mirjiam Fried)和奥兹曼(Jan-Ola Östman)对此提出批评,认为将习语归入词库的做法使得许多种类的结构被人为地排除在该理论之外,而这些结构恰恰是言者在日常语言生活中产生的(Fried & Östman,2004:15)。

(二)关于语法自足系统假设的反思

转换生成语法的一个重要理论假设是语法的自足性。王寅(2011a:94)根据英语实例说明,不参照意义,不考虑百科知识,我们就无法从句法角度判别语句的正误。比如:"The dog scattered."在句法上没有问题,但在语义上存在矛盾,只有根据百科知识,将主语改为复数"the dogs",或将整句改为被动语态"The dog was scattered.",其语义才能符合人类社会的规约性认知。从这个简单的例子就可看出,句法并不是完全自足的。

(三)关于普遍句法范畴假设的反思

转换生成语法以假定的抽象规则来支配语言运用,认为无法用规则解释的现象就是反常的。凯(Paul Kay)和菲尔墨(Charles J. Fillmore)对此持反对意见,认为概括性的结论建立在不同句法结构特征的基础上,因而更需要符合语言的具体运用(Kay & Fillmore,1999)。语法中的一般现象和特殊现象(如习语)应该具有同等的研究地位,对边缘现象的研究就是对核心现象的研究;反之亦然。克罗夫特(William Croft)甚至提出了更为激进的批判,指出即使在同一语言中也不存在完全统一的句法范畴和句法关系。换言之,语言存在的共性不是来自句法结构本身,而是来自形式和意义之间映射关系的普遍性(Croft,2001:21)。

(四)关于模块式语法观假设的反思

转换生成语法采用的是一种词汇加规则的模块式语法观,把语言知识分为语音、句法、语义等不同模块,它们之间根据一定规则发生链接。语用限制因此不可避免地被该理论排除在外。菲尔墨对此提出了疑义,指出这一模式无法解释习语"let alone"的某些现象(Fillmore,1988)。比如:"George doesn't understand math, let alone rocket science."和"George doesn't understand rocket science."。从语义上看,前一句是先否定"乔治懂数学",以此为基础继而否定"乔治懂火箭科学";后一句是直接否定"乔治懂火箭科学":二者的语力强弱是显而易见的。以上这个例子说明,"let alone"的功能在于联系"understand math"和"understand rocket science",并进行强度上的比较,其结果是指示后者的强度高于前者。菲尔墨因此指出,形态句法模式的存在是为语用功能服务的。

需要指出的是,虽然转换生成语法的理论假设存在某些瑕疵,但不可否认,它是语言学理论得以创新与发展的丰沃土壤。甚至,在不同观点的碰撞与互动中,转换生成语法学派本身也显示出了向认知语言学靠拢的趋势。正如纽迈尔(Frederick J. Newmeyer)所指出的,生成语言学与认知语言学的学术联系比目前普遍认为的来得更为紧密,表现为二者都拥护认知共识,都允许形式与意义的直接关联。作为认知语言学的一个流派,认知构式语法同样支持与转换生成语法在某些方面的共识(Newmeyer,1999:71)。戈德伯格(Adele E. Goldberg)进而提出,认知构式语法与转换生成语法都将语言看作一个认知(心智)系统,都认可承继性理据的存在(Goldberg,2006:21)。那么,为什么说构式语法是在传统语法基础上的向前一大步呢?为什么要摒弃"句式",而采用"构式"呢?本书认为主要原因有两个:

(1)概括范围不同。传统语法对句式的界定,通常是指形式上具有某种特征或某种标志的句子,是对部分句子的概括结果,比如"把"字句、"被"字句、"连"字句、连动句、兼语句、存现句、判断句。可是,对于如何来判定一个句子是否具有某种特征或某种标志,没有明确依据。因此,传统语法中的句式只能说是一个模糊的集合。而"构式"(construction)指的是结构式,包括所有形式和意义匹配的结构形式,一个"句式"显然是一个"构式",可"构式"却不一定就是"句式"。事实表明,两个或两个以上语言单位的组合,小到复合词,大到句子,都是一种特定的"构式",形成的是一个非离散性的连续统,很难"一刀切"。相较于句式,构式弱化了内部结构关系,表现为内部成分的去中心化、成分的去范畴化和结构的线性化。

(2)研究理念不同。传统语法对"句式"的研究立足于语言中由词组合成句子的表层规律,其目的是解释句子结构成分间的相互关系和组成句子的序列规则,因此注重句法语义的接口分析。而构式语法是在此基础上,借鉴认知心理学的完形理论,坚持"整体大于部分之和"的整合理念,注重句法、语义、语用三个层面的界面互动,强调言者基于"情境识解"(scenery construe)而做出的形式编码选择。

二、构式语法的应用发展

(一)构式语法的理论发展

构式语法源于格语法,且受到认知语义学的极大影响,目前已基本形成具有相当特色的理论方法和原则,并延伸出七种主要的语法模型。在此过程中,两位外国学者功不可没:一是菲尔墨,二是莱考夫。菲尔墨认为,句法成分在不同语言中存在不同的表层形式,转换生成语法过分强调句法地位和过多关注句法成分的做法不具有普遍性,他因此主张将语义作为语言共性研究的基本出发点(Fillmore,1966:47)。也就是说,从语义格角色的分析入手,切入深层语义结构的共性挖掘,以此来解释语言表层结构的生成问题。菲尔墨由此创立了"框架语义学",强调以事件或整体结构为背景知识,从参与者的意向、社会文化背景、动作或状态等经验角度来分析语义成分及其结构关系,并正式提出了"构式"这一概念(Fillmore,1985)。莱考夫的主要贡献则是形成和发展了"认知语义学",即在反思转换生成语法把句子的意义放在底层,且转换不能改变底层结构意义之后,彻底抛弃了有关深层结构的假设,转而在语义学框架内关注语用和"模糊语法"(Fuzzy Grammar)的研究(Lakoff,1973)。20世纪70年代中期,他和泰尔米(Leonard Talmy)、兰盖克(Ronald W. Langacker)、福康涅(Gilles Fauconnier)等一起,创立了一种与认知科学、神经科学相融合的语言学派——认知语言学。之后,在对英语"there-"的句法和语义条件进行研究的基础上,莱考夫将构式定义为形式和意义的匹配体(Lakoff,1987:52)。应该说,莱考夫的研究为后期戈德伯格提出"论元结构的构式语法"(A Construction Grammar Approach to Argument Structure),并将其发展为"认知构式语法"(Cognitive Construction Grammar,简称"CCG")这一认知语言学的全新流派奠定了充分的理论基础。

2013年,英国牛津大学出版社出版了《牛津构式语法手册》(*The Oxford Handbook of Construction Gramma*,以下简称"《手册》")。《手册》由导言和五个部分共计二十六章组成,这是迄今为止国外学界关于构式语法研究的最全面、最集中的成果展示(Hoffmann & Trousdale,2013)。本书结合张克定(2014)关于这本语法参考书的介绍,就国外构式语法的理论沿革进行简单梳理。正如《手册》的编者在导言中直接指出的,构式语法不仅在共时层面为研究语言的核心结构和所谓的"边缘"结构提供了分析框架,而且为语言的历时演化、话语变异和语言习得等研究注入了新的思想。

1.第一部分:原则方法

编者概括了构式语法需要坚持的五项基本原则:(1)构式是习得的形式和功能匹配体。(2)句法不涉及转换和派生,结构生成和理解的接口是语义内容。(3)构式清单是一个承继性网络。(4)跨语言概括可通过构式功能所体现的认知基本域来解释。(5)构式语法是基于用法的模型。

2. 第二部分：主要流派

编者重点介绍了七种构式语法模型：（1）伯克利构式语法（Berkeley Construction Grammar，简称"BCG"），代表人物是菲尔墨和凯等。伯克利构式语法强调核心语法结构与边缘语法结构在描写和解释方面的同等重要性，主张使用"框盒套叠表征"（Box within Boxes Representation）和"属性值矩阵标记"（Attribute-value-matrix Notation）两种建模方法。（2）基于语言符号的构式语法（Sign-based Construction Grammar，简称"SBCG"），代表人物是萨格（Ivan Sag）和迈克尔斯（Laura Michaelis）等。基于语言符号的构式语法重视"句法—语义"接口的层级性承继模型研究，希冀通过词汇构式来定义词汇类别、通过组合构式来定义短语构式。（3）流体构式语法（Fluid Construction Grammar，简称"FCG"），代表人物是斯蒂尔斯（Luc Steels）和萨特马里（Eörs Szathmáry）等。流体构式语法是一种以构式语法、计算机语言学和人工智能为基础的语法模型，主要通过基本数据结构形式化来实现复杂语言现象的计算机识别。（4）体验构式语法（Embodied Construction Grammar，简称"ECG"），代表人物是贝尔根（Benjamin Bergen）和常（Nancy Chang）等。体验构式语法旨在借助构式推动语言分析的形式化，从而建立一个以模拟为基础的语言理解模型。这一神经语言学理论的建立被视为构式语法研究的重大创新。（5）认知语法（Cognitive Grammar，简称"CG"），代表人物是兰盖克和泰勒（John Taylor）等。认知语法注重对"意象"（image）的研究，认为基本句法范畴都有其语义基础，需要人们从经验识解的角度去概括，重点是概念的内容和概念的构造方式，构式因此可被视作一种图式，即构式是一个语言表达式（可以是任意大小），或者是一个从许多语言表达式中抽象出来的图式，该图式能够代表语言共性（Langacker，2007：122）。（6）激进构式语法（Radical Construction Grammar，简称"RCG"），代表人物是克罗夫特。激进构式语法之所以被称为"激进"，是因为该流派所承认的句法结构就是构式和构件之间的整体与部分的关系，所坚持的立场就是非分解主义。（7）认知构式语法，代表人物是戈德伯格。认知构式语法是目前学界最为关注的构式语法流派，它强调构式是最基本的语言单位，是形式和功能的匹配体。

3. 第三部分：研究范围

编者将构式的研究范围定位于"从语素到句子到更大的单位"。在此基础上，编者进一步指出了需要深入探索的三个方面：（1）对地区方言变异和社会方言变异的共时研究；（2）基于用法和承继的抽象构式网络研究；（3）对超越小句层次的抽象现象的研究。该部分特别提及了关于预设和断言、可识别性和可激活性、话题和焦点等的整合研究,提出了信息结构依赖语法,语法也依赖信息结构的鲜明观点。

4. 第四部分:习得研究

编者根据相关学者关于母语习得生成路径和用法路径的对比,构式频率、形式和功能在二语习得过程中的相互作用,把构式整合到句子产出理论的可行性判断,以及神经语言学大脑机制的有关研究,归纳指出:(1)儿童的语法发展始于具体的词汇程式,继而推广至更为复杂的图式单位;(2)频率、频率分布和形式类型的凸显性,语义类型的原型性、映射的可靠性、语块的可预测性是母语习得和二语习得构式影响因素的体现;(3)构式语法可以解释从语言习得到成人语言发展过程中的语言表征、语言加工;(4)虽然人类语言可以被视作神经认知特征的一种延伸,但词汇和句法结构触发的大脑反应有所不同,所以完全放弃词汇、句法的区别是不妥的。

5. 第五部分:变异研究

编者从历时和社会发展角度论述构式语法的应用问题,包括:在语法化研究和构式分析相结合基础上的话语根源和非命题意义的演化研究,任意性条件与句法重构假定起源的关系处理,语料库语言学对于构式变异的重要性,同一语言不同地区变体所呈现出的结构变异、语境变异和频率变异现象,提出构式语法和认知语言学需从社会语言学中汲取营养的建议。

需要指出的是,虽然《手册》并非原创性专著,但通过编者对构式语法各领域研究现状和最新进展的阐述,可以窥见该语法理论的未来研究方向:(1)理论和方法的价值挖掘。从现状来看,构式语法的理论框架已然成型,虽然不同流派有着各自的侧重点,但流派之间存在着概念重叠,体现了相当程度的普遍性。特别是认知构式语法不再把"不可预测性"作为构式设定的必要条件,根据人类识解世界的方式与"所见即所得"的原则,只要有足够的出现频率,可以完全预测的语言结构也可被视为构式,这样的立论彰显了认知语言学的语言使用观。(2)理论和方法的延展创新。在上述七个流派中,除需持续关注认知构式语法的理论应用,还需留意流休构式语法和休验构式语法等的后续创新。第一,从目前文献统计结果来看,国内学界尚未对这两个流派引起足够重视。如今,构式语法在人工智能子领域——自然语言处理(Natural Language Processing,简称"NLP")的跨学科应用,可能会变得越来越重要。第二,体验构式语法流派的发展还没有一个明确的理论框架(牛保义,2013)。其关于以模拟为基础的话语理解分析模型是否可靠,期待更多的实例验证,这或许可为汉语构式研究延伸出基于言者和听者不同理解角度的认知理据探究。(3)理论和方法的类型概括。构式语法各流派越来越注重在语言类型学方面的突破,例如,激进构式语法将基于语义的语言结构模型应用于跨语言研究。(4)理论和方法的学科交叉性。《手册》的五个部分中近半内容几乎都是该理论与相关领域的交叉研究,既有融合心理语言学和神经语言学的母语习得和二语习得研究,也有结合历史语言学、语料库语言学和社会语言学的构式变异研究,特别是联系计算语言学和计算机科学的方法模型建构,不但是需要的,更是必要的。

(二)构式语法的汉语应用

根据文献资料的不完全统计,20 世纪 90 年代中后期,专门研究汉语构式并发表在核心期刊上的论文有 40 余篇。进入 21 世纪以来,相关研究有了长足进步,一批专著相继问世,相关论文多达 3000 余篇,更是产生了相当数量的硕士和博士学位论文。构式语法的汉语应用已然成为学界研究的热点。

1. 理论引进的述介研究

国内一些学者出版或发表了介绍构式语法流派的译著和论文,深化了学界对构式语法理论的认识,譬如吴海波出版的两部关于戈德伯格构式语法的译著——《构式:论元结构的构式语法研究》(2007)和《运作中的构式:语言概括的本质》(2013)、周洋(2016)对 2013 年英国牛津大学出版社出版的《构式化与构式变异》(*Constructionalization and Constructional Change*)的评介、牛保义(2013)对体验构式语法的述介。一些学者撰写并出版了对构式语法理论进行介绍、梳理、总结和归纳的专著,譬如王寅的《构式语法研究(上卷):理论思索》(2011)、牛保义的《构式语法理论研究》(2011)、刘正光的《构式语法研究》(2011)。在此基础上,一些学者在认知语言学大背景下对构式语法理论进行了评述,譬如李福印的《认知语言学概论》(2008)第二十三章"构式语法理论"、吴为善的《认知语言学与汉语研究》(2011)第九章"构式语法与句法构式"。另有一些学者撰写和出版了专门将构式语法理论应用于汉语构式研究的专著,譬如朱军的《汉语构式语法研究》(2010)、王寅的《构式语法研究(下卷):分析应用》(2011)、顾鸣镝的《认知构式语法的理论演绎与应用研究》(2013)、吴为善的《构式语法与汉语构式》(2016)。

2. 汉语个案的实例研究

近年来,探索汉语构式实例性研究的论文成批量出现,极大地充实了构式语法理论的汉语应用实践。张伯江(1999)运用构式语法理论解析汉语双及物构式(双宾句)的构式原型,分析了基于隐喻机制构式的同构多义现象。此举引发了国内学者对汉语构式研究的兴趣,并在个案实证中逐步掌握了具有中国智慧和中国特色的构式研究方法,重点是对构式子类的能产性解析。比如,沈家煊(1999)对"在"字句和"给"字句的研究,张伯江(2000)对"把"字句句式语义提炼的研究,林晓恒(2006)对"都+V+的+N"的构式分析,吴长安(2007)对"爱咋咋地"构式的特点归纳,熊学亮、杨子(2008)对"V+NP+NP"构式的语用解读,吴为善(2010)对自致使义动结构式"NP+VR"的句法语义考察,顾鸣镝(2014)对汉语双及物构式内部承继问题的研究。在运用构式语法理论对汉语构式及其子类构式的探究过程中,国内学者又把研究重点转向构式的认知性理据概括。比如,沈家煊(2002)阐释了汉语"把"字句的"主观处置",李勇忠(2004)描写了构式压制中的转喻动因,刘丹青(2005)分析了作为典型构式的非典型"连"字句,高增霞(2006)对汉语双谓词构式(连动式)进行了全面考察,张韧(2007)探索了转喻的构式化表征,陆俭明(2009)考察了构式承继中隐喻和转喻的作用,吴为善、夏芳芳(2011)概括并分析了"A不到哪里去"的话题功能及其成因,顾鸣镝(2016b)归纳了基于隐喻承继映射的"有N"和"有V"的同构性。

3. 语用驱动的创新研究

特别值得关注的是,随着构式语法理论汉语应用的不断深入,学界越来越重视语言编码形式的语用驱动,涌现出不少创新成果。比如,由于汉语缺乏严格意义上的形态,语序因此成为句法最主要的表现手段。关于语用对语序的影响,至今为止讨论最多的就是信息流的自然方向是从旧信息到新信息的。其中,表达旧信息的成分倾向于前置,而表达新信息的成分倾向于后置。但是,若仅仅把信息流的自然方向解释成从旧到新,则许多汉语的语序现象仍得不到充分解释。以此为出发点,一些学者对信息流的自然方向展开了更为广泛的研究。譬如,戴浩一(1988)考察汉语语序和客观时间顺序的关系,提出了"时间顺序原则"和"时间范围原则";沈家煊(1995)引进了国外的"界论"概念,分析了汉语名词、动词、形容词三大实词范畴类的"有界"和"无界"属性;刘丹青(2002)借鉴"联系项居中原则",解释了汉语"框式介词"的成因及其认知机制;陆丙甫(2005)从优势语序的认知解释出发,提出了制约汉语语序的"可别度领先原则"。本书认为,这些学者的研究成果是立足于汉语事实的一种考察和探索,虽然有些并不是直接基于构式语法理论而展开的,但事实上对汉语构式承继关联的理据解释产生了重要意义。所以,我们在关注汉语构式的承继关联时,应充分考量这些成果的经验价值。

第二节　构式承继及其研究综述

一、构式承继的理据性

理据和承继是研究构式概括的重要概念,理据性是构式承继关联的必然性质。这里需要明确两个概念:一是理据,二是承继。

(一)构式的理据概念

理据是介于"预测性"(predictability)和"任意性"(arbitrariness)之间的一个概念。索绪尔(Ferdinand de Saussure)在《普通语言学教程》(*Course in General Linguistics*)中首先提出了"理据"(motivation)这一术语。比如,法语中的复合词 dix-neuf(十九),整体意义可从其成分的意义获得,任何知道 dix(十)和 neuf(九)意义的人都可以很容易地推导出 dix-neuf(十九)的意义。因此与 vingt(二十)相比,dix-neuf(十九)的存在具有相对清晰的理据(Saussure,1959:83)。在这之后,莱考夫为"理据"这一术语下了准确定义:如果一个构式的结构承继了其他构式的结构,那么该构式的存在是有理据的(Lakoff,1987:77)。具体来说,假设在句法与功能上互为关联的构式 A 与构式 B 之间存在非对称承继关系,当且仅当构式 B 承继了构式 A 的某些特征,那么构式 A 就可被视作构式 B 存在的上位理据。换句话说,如果构式 B 以构式 A 为理据,那么构式 B 就会承继构式 A 中与其自身无矛盾的所有特征。对于一个特定范畴而言,冗余特征越多,存在的承继性理据也就越多,并能更好地作为一个整体被语言系统所收纳。对此,兰盖克的解释是,虽然我们没有预测语言使用形式的能力,但这并不表示形式的选择没有范畴基础(Langacker,1987:51)。比如,虽然我们不能预测 scissors(剪刀)、pants(裤子)、glasses(眼镜)以及 binoculars(望远镜)在使用中必须选择复数形式,但由于这个范畴的物品都是由两个部分组成的,因此可作为其以复数形式出现的理据。

(二)构式的承继关联

承继是语言概括的一种方法,描述了两个构式在某些方面相同、在其他方面不同这一语言事实。根据功能框架直接类推,认知构式语法认为"理据最大化原则"(The Principle of Maximized Motivation)在探究构式承继关联时起着至关重要的作用,因而选择"多重承继"(Multiple Inheritance)的方法模型,认为在一般情况下承继系统是缠绕的,可表述为"有向非循环图形"(Directed Acyclic Graph);在主张"正常承继模式"(Normal Mode Inheritance)的同时,允许次规则和例外存在。也就是说,只要上位构式(支配构式)和下位构式(被支配构式)之间的信息不矛盾,下位构式就存在承继上位构式部分信息特征的可能性,形式、意义和功能之间的多重联系因此决定了构式的承继性表述。以汉语"连"字句举例说明。例如:

(1)连老王都敢吃老鼠肉。[刘丹青(2005)用例,下同]
(2)老王连老鼠肉都敢吃。
(3)老王连晚上也不在家吃饭。
(4)老王连吃饭也要拖拖拉拉。

作为现代汉语构式研究的典型案例,学界对"连"字句的句法构造、句式意义、预设、会话含义和关联作用等已经有了较为普遍的共识,具体可概括如下:

第一,"连"字句包含了言者的主观预设,进入该句式的"连 NP"里的 NP(或 VP、小句)都处在一个可预期性等级尺度的低端,比起该尺度中的其他成员来说,是最不可能有 VP 行为或 AP 属性的对象。例(1)的主观预设是,"老王"是特定人群(包括老王在内的一个集合)中最不可能吃老鼠肉的那一位;例(2)的预设是,"老鼠"是特定食物集合中最不可能被吃的;余例可类推解读。

第二,句子的字面义所表述的事实是这一可预期性等级尺度中的最低行为,或是"出乎意料"为真。如例(1)所示,字面义是"老王(出乎意料地)敢吃老鼠肉"。由此看来,"连"字句的强调意味是由预设中的"极不可能为真"和断言中的"为真"所产生的强烈反差造成的。句子的言外之意因此得以浮现,即集合中的其他对象(在可能性等级尺度中高于这个低端成员的 NP)更可能VP/AP 了。还是如例(1)所示,句子的言外之意就是"别人就更敢吃老鼠肉了"。

第三,"连"字标记的成分以名词为主,也可以是动词或小句,所以"连"字句可标示为"连 XP"构式。NP 是其原型的组构构件,可以作为施事、受事等核心论元,或是时间语等外围题元。比如,例(1)中的"老王"为施事,例(2)中的"老鼠"为受事,例(3)中的"晚上"为时间,例(4)中的"吃饭"为动词性的指称性次话题。刘丹青(2005)认为,上面这些共识可以用来分析和解释绝大部分表示强调的"连"字句,但不可否认,现实中还存在着一些另类"连"字句,其句法结构和强调功能与典型"连"字句并无二致,却无法套用上面这些共识来进行解释。最为明显的是,这些"连"字后的 XP 找不到一个可以构成等级尺度的成员集合。例如:

(5)他吵,小福子连大气也不出。(老舍《骆驼祥子》)
(6)她穿上以后连路都走不了啦。(王小波《黄金时代》)

如以上两例所示,例(5)中,不存在比"大气"更可能"不出"的东西;例(6)中,也没有比"路"更不能走的道。由此窥见典型与非典型"连"字句的区别:典型"连"字句表达的是一种跟预设形成鲜明反差的事实,并通过预设与断言的强烈冲突达到强调效果;"连"字后的 XP 虽然句法、语义属性不一,但有一个共同点,就是都能用来充当句子的话题成分。问题是,假如预设可能性的低端恰好是谓语核心(谓语或谓语核心带上了"连"字),那么它后面的述题就没有了,因此违背了"连"字句的基本句法要求。比如,我们能说"老王敢吃老鼠肉",却不能说"老王连敢吃老鼠肉"。上述现象给"连"字句的适用范围造成了一个缺口,而非典型"连"字句的出现恰恰是为了填补这个缺口,这可以被视作非典型"连"字句的编码动因。笔者就此对典型与非典型"连"字句的承继关系进行概括性描写:一是"连 XP 都 VP/AP"是一个固定结构,其中的XP 是专门表示预设中最不可能行 VP 之事或具 AP 之质的对象的位置;二是任何成分只要进入这个构式,就可用来表达与预期形成强烈反差的强调义;三是非典型"连"字句的强调功能来自整个构式的表意作用,具有不可分解性,不能从其组成部分或典型"连"字句中严格预测出来,所以是更典型的构式。

二、构式承继的层级性

认知构式语法把构式上下位子类承继关联的类型分为四种:一是"多义关联"(Polysemy[I_p]Links)。多义关联旨在描述某个特定构式的原型义与其扩展义之间的关系。比如,英语双及物构式的原型义是"X 致使 Y 收到 Z",这个基本意义可以扩展至"满足条件暗示 X 会致使 Y 收到 Z""X 致使 Y 能够收到 Z""X 致使 Y 收不到 Z""X 有意致使 Y 收到 Z"以及"X 的行为致使 Y 在未来某个时间收到 Z"。二是"子部分关联"(Subpart[I_S]Links)。当一个构式是另一个构式的固有子部分且独立存在时,可称为"子部分关联"。比如,"非及物移动构式"所具有的句法和语义限制可被视作"致使—移动构式"所具有的句法和语义限制的一个子部分,那么我们可以说,"非及物移动构式"通过子部分关联与"致使—移动构式"存在承继关系。三是"示例关联"(Instance[I_I]Links)。当一个具体构式是另一个构式的特殊实例时,该承继称为"示例关联"。需要注意的是,一个示例关联总是蕴含着一个相反的子部分关联。比如,含表"迫使"义动词的构式可被视作动结构式"致使—成为"意义的一个实例。四是"隐喻关联"(Metaphorical Extension[I_M]Links)。当两个构式通过一个隐喻映射产生联系时,我们把该承继称为"隐喻关联"。隐喻关联规定了"统治构式"意义向"被统治构式"意义的映射方式。比如,动结构式中的"结果短语"可被视作"目标"的隐喻类型。上面所提及的四种承继类型,无论是语义上的"多义关联",还是句法和语义相结合的"子部分关联",或者是语用上的"实例关联",甚至是认知层面的"隐喻关联",都反映了这样一个事实,即某个下位构式一定存在特定上位构式,这个特定上位构式在句法、语义、语用甚至认知层面上,是这个下位构式存在的理据,表现出构式"一上必有一下,一下或有几上"的特点,体现了构式"自上而下"的语法理念,突出了基于论元结构构式的语言概括的层级性。

由此看来,构式与构式之间存在因承继关联而形成的网络式清单,理据是组成这个网络式清单的连接点。如果将理据也视作一个客体来研究,那么不同的理据也是存在承继关联的。需要特别指出的是,认知构式语法理论中的理据概括需要区分两个概念:狭义的理据和广义的理据。其中,狭义的理据就是构式本身,任何一个上位构式都可被视作其下位构式的存在理据;广义的理据除了具体构式外,还涵盖了从人类心智角度描写的语言系统的语法关系。因此,理据也是具有层级性的,也存在下一级理据从上一级理据中获得相关信息的现象。从认知构式语法的角度来说,人类语言"对情境的识解"、认知层面的"显著参与者概括"、语用层面的"映射概括"和形式论元缺省的"低显著性原则"虽然都是抽象的理据,但是它们之间的层级却十分清晰,具体如图 1-1 所示。

图 1-1　构式抽象理据的层级性(顾鸣镝,2013:77)

　　理据的层级性源自人类与客观世界、思维交往的需要,因此表现为从抽象性构式图式表征到具象性语言表达构式的自上而下的承继关联;而层级性是人类认知的基础,包含了认知加工过程的多层次组织关系,所以同一层次上的成分可结合为一个复合结构,又可作为一个整体成为更高层次的组成成分,依序进行下去。由此推导,语法本身就是一个层级性结构,抽象理据可以成为语法在心智上所要遵循的语言原则,而构式就是依靠这些语言原则组织起来的心智上的表征形式。

三、承继描写研究综述

　　如前所述,构式语法引入承继描写的动因源自对共时语法化范畴"特征束界定"(cluster analysis)的方法研究,始于动词与构式互动映射的关系处理。应该说,自 20 世纪 80 年代以来,承继描写被越来越广泛地应用于语言概括,因此具有重要的方法和应用价值。

(一)国外构式语法流派的承继描写

　　就目前国外构式语法的主要流派来看,伯克利构式语法从反对生成语法转换、追求语法表征节俭出发,希冀通过承继描写达成构式语法的重要承诺,即"解释每种语言的整体现象"。但其主张的承继概括更像是一种"要求"(stipulate),或者说是验证性预测,不可避免地带来描写的主观性和随意性。以认知语法主张"基于用法"(usage-based)的承继模型,将计算机编程的"默认承继"(default inheritance)发展成为以图式、原型和引申构式为序列的自上而下的正常样式承继。然而,图式构式是用法的抽象,必然存在若干个具体示例。其中的一个示例虽具有原型性,但不能回避其他示例与图式不完全一致,甚至可能在某些方面改变图式的事实,比如"酱油"似"油"、"鲸鱼"非"鱼"

（Langacker，2007；顾鸣镝，2013：53）。认知构式语法基于理据最大化原则，提出层级性和象似性的理据性承继概括（Goldberg，1995：95；Goldberg，2006：197），极具方法论价值。但时至今日，仍未能解决构式所属范畴的耦合现象，即不同构式在形义接口上的"限制"（constraint）和"许可"（sanction）。比如汉语双及物构式，若以处置范畴为理据，与"把"字句存在何种关联？若以转移范畴为理据，可否归为"致使—移动"的范畴成员（顾鸣镝，2014）？激进构式语法认同承继的理据性描写思路，并将构式作为句法表征的基本单位，希望通过构式来定义句法范畴。然而，该流派采取的分布模式几何图形和形义相似关系网络的描写方法，也未能解决构式的分类问题。以特劳戈特（Elizabeth Closs Traugott）和特劳斯代尔（Graeme Trousdale）为代表的"历时构式语法"（Diachronic Construction Grammar，简称"DCG"）从构式演变角度提出三个层级的承继描写："图式"（schema）、"次级图式"（subschema）和"微观构式"（micro-construction）。但正如迈克尔斯所指出的，构式之间的相互关系在历时层面并不具有透明性（Michaelis，2001）。这种基于不透明演变关系进行的构式概括无疑会增加共时层面承继描写的复杂程度。

综上所述，国外学界关于构式的承继描写，源于凯和菲尔墨在形义匹配基础上对同构构式语义差异的关系梳理；成于莱考夫原型范畴和次范畴构式辐射状组织结构的上下位关系定论，以及兰盖克从情境识解角度对象征单位的集合研究；发展于戈德伯格关于构式整体意义范畴化效力的共性挖掘和克罗夫特构式承继模型的网格建构。但就目前实际而言，国外学界基于理据最大化的承继描写进展缓慢。一方面，一个多世纪以来语言研究的历程和事实，呈现语言构式承继性理据清单的假设能否成立，尚停留在原则性思考和实现性考察阶段；另一方面，从西方学者的研究惯性出发，他们擅长创新理念和构建框架，但在后期的方法细化与实践充实上往往难以为继（顾鸣镝，2013：183；吴为善，2016：215）。

（二）国内构式思想的承继描写

从构式语法注重构式整体性这个特点来看，国内先学实际上也早已关注到了汉语句式的整体意义和抽象意义，有些甚至有了构式思想的萌芽。比如，陈承泽提出"不把修辞的特例当作语法的通例"，黎锦熙提出句本位文法，王力将"把"字句视为"处置式"（吴长安，2019）。然而，20世纪80年代前，国内学界对于句式本身也是意义的构式观尚是不自觉的。之后至21世纪初，国内至少有5位专家在没有借鉴国外理论的情况下提出了类似构式语法的思想:马庆株的格式赋予意义说甚至早于构式语法理论的正式诞生,其他还有朱德熙的高层次语义关系说、范开泰的形式语义说、郭锐的动态语法说和储泽祥的句式义思想(陈满华、张庆彬,2014)。

自张伯江(1999)引入论元结构构式语法,将汉语双宾语句界定为"双及物的语法结构式"以来,国内学界在构式多义实证的基础上,自觉或非自觉地开展了不同方位、不同视角的构式承继描写,基本形成了四类经验:一是基于戈德伯格将隐喻扩展作为构式子类重要延伸路径的影响(Goldberg,1995:95)。国内学界从原型构式概念隐喻角度对汉语常见结构进行的子类扩展描写。除了张伯江关于汉语双及物原型构式及其五个子类的现场给予到非现场给予、物质空间到话语空间的隐喻描写,还有张旺熹(2006)对空间位移"把"字句的原型性及其隐喻系统的描写,吴为善(2013)就事件称谓性构式的隐喻类推描写,顾鸣镝(2016a)关于"有 X"构式的隐喻派生描写,等等。根据文献统计,此类研究占现有国内构式研究成果的绝大部分,在此不一一列举。二是基于共性语块分布差异的描写。比如邵敬敏(2011)对汉语典型的、准典型的和非典型的框式结构的类型、不变项和可变项特点、整体结构功能等的关联描写,吴为善、顾鸣镝(2014)对"能性否定+疑问代词"组配形式的"V 不到哪里去""V 不了多久""V 不了什么""V 不了多少"的同构性理据概括,施春宏(2015a)对不同类型动结式在动词拷贝句、"把"字句、被动句、受事主语句等中的分布及其论元结构形成机制的解析。三是基于构式语义的序列性描写。比如,高增霞(2015)指出,汉语连动式是以时序原则为结构规则的结构形式;刘丹青(2005)认为,典型与非典型"连"字句之分实际蕴含了说话人的主观预设等级;吴为善(2011a)将"时量→动量→物量"的量级序列作为递进性差比构式的概括性理据。四是在上述经验基础上的高位理据探究。比如吴为善(2011b:289)关于数量、距离、顺序等象似性理据的演绎,施春宏(2015b)关于构式压制现象的思辨。

需要指出的是,虽然上述研究极大地推动了汉语构式承继描写的实现性,但就承继描写的方法认同而言,尚有一定距离,具体表现在以下四个方面:第一,术语汉译及其使用的不统一。比如,仅计算机承继术语"default/partial inheritance"的汉译就有"正常样式/多重承继""内部/外部承继""单一/多重默认承继"等(刘树晟、段业辉,2015),客观上影响了承继描写的方法推广。第二,汉语特定构式组成部分相互作用的系统性研究不够深入(张伯江,2018;陆俭明、吴海波,2018),影响了构式在句法层面的概括。第三,汉语构式接口研究的思路不甚清晰。鉴于"语义的不可预测性"是构式语法最有价值的理论创新(陆俭明、吴海波,2018),如何处置汉语构式的句法语义接口问题,特别是基于语义范畴的承继描写,尚待完善(陆俭明,2006;顾鸣镝,2012b)。第四,汉语构式的界面互动研究刚刚起步,仍存在将"句法、语用"界面和"语义、语用"界面混同,将"句法、语用"关系和"语义、语用"关系混同的现象(张绍杰,2010)。这在很大程度上影响了构式在表征层面上对句法、语义、语用之间互动关系的刻画。

鉴于以上分析,本书引入计算机科学"三个面向"的程序设计理念,在充分吸收"词无定类""依句辨品""先知其上下之文意"等先学思想的基础上,借鉴认知构式语法的无同义原则推论(Goldberg,1995:65)和表层概括假设(Goldberg,2006:21),探究汉语构式的承继描写路径,并形成方法论主张。

(三)汉语构式承继描写的对象、接口与切面

1.面向对象的扩展性承继描写

受范畴原型效应压制,在构式赋义及部分能产性机制的作用下,汉语构式在表层形式上的语块变量最易被观察与捕捉,包括语块的替换、移位与隐现,因此可成为汉语构式理据性承继描写的切入点。比如,汉语"N+有+X"构式,关于"张三有车""院子里有车""李四有去"这三类表达式是否同构的问题,学界存有疑问。这缘于对以上三句分别是"有"字领有句、"有"字存在句,以及"有V"标示完成义的判断。实际上,它们之间的区别在于两个语块的显性变量:一是N生命体名词与处所、时间名词的变化("张三"和"院子"),二是X名词与动词的变化("车"→"去")。从历时层面"有"字系"以手执肉"造字和共时层面"有"字领有义的原型性来判断,"有"字领有句是"N+有+X"的原型构式(顾鸣镝,2016a)。据此,名词的显性变量延伸出"有"字存在句,其理据是构式中"人"与"领有物"在时间域中的整体部分关联向空间域的投射;词类的显性变量映射出"有V"构式的延伸路径,其理据是"人"与"领有物"的整体部分关联向"完成事件"与"事件性质"的投射。

类似这样的显性变量不仅体现在相同位置的语块替换,有时还表现为语块移位。比如,位于主语后、核心谓语前的指称性次话题"V起来"构式(如"她笑起来很好看"),其AP(如"好看")的语义指向施事是具有原型性的。一旦受事语块发生移位,构式即会延伸出不同子类:一是受事成分迁移至句首主语位置(如"论文写起来很费劲"),凸显了论元话题化,AP语义指向受事;二是在"V起"和"来"之间插入受事成分(如"他写起论文来很费劲"),AP语义可能指向施事,也可能指向受事。借此窥视语言共性视角的句法层面的理

据概括,关于"V起来"是不是英语中动句(如"Butter cuts easily.")的问题:第一,与英语中动句不同,汉语"V起来"不是谓语核心,AP才是句子的真正谓语;第二,"V起来"的主语NP是句子的主话题,可以由施事、受事成分,甚至工具、处所、时间等语义角色通过置于句首来充当。二者的非同构性是显而易见的。

再来看语块隐现现象。从述补构式"得"字隐现现象可以得出这样的结论:粘合述补构式用于表达客观世界中的归约性结果,组合述补构式用于表达客观世界中的偶发性结果(郭继懋、王红旗,2001)。其中,规约性结果是符合言者心理预期的"常态",偶发性结果是超出言者心理预期的"非常态"。受会话原则适量准则的辖制,在句法象似性的作用下,"常态"的事件结果与原因概念距离近,在表层上表现为粘合述补形式;"非常态"的事件结果与原因概念远,在表层上就会表现为组合述补形式。类似这样的助词语块隐现现象在现代汉语中具有一定的普遍性,汉语粘合NN与组合NN构式的区别就涉及定中结构标记"的"的隐现,可归为从"称谓性"向"非称谓性"的转移。

由此看来,相较于认知构式语法在英语动词与构式角色互动和语义互动基础上的变量考察,自然语言中存在大量兼有句法和词汇特征的语言结构,这已是不争的事实。越来越多的研究者也已认识到语言的产出不仅仅是一个受制于句法规则的过程,也是一种理解和产出整体语块的能力。除本书已述内容,语块的词类变量还有双及物构式的动词扩展、"V/A不到哪里去"的词类替代、"副词+A/N"的名词准入等等;语块的移位变量还有"一量"的前置与后置变化、通指类名词的主宾位置差异、疑问代词在否定词前后之别等等;当然,还有语块的隐现变量,比如同语复句构式中同语式的增减量。由此引出本书的第一个承继描写方法主张:以语块的显性变量为切入点,发掘特定构式范畴成员的原型或典型特征,继而以其为对象探究范畴成员的扩展路径。

2. 面向接口的辐射状承继描写

从计算机编程"三个面向"的发展思路来看,之所以面向对象会延伸出面向接口的设计理念,是因为对象的抽象可能蕴含了无穷量,就像戈德伯格关于构式的定义,使得这一概念包含了从语素到篇章连续统中的所有单位(Goldberg,1995:4)。出于这样的考虑,根据汉语话题结构生成和理解的接口不应是句法结构,而应是语义内容的特点(吴义诚、杨小龙,2019),如果说面向对象的承继描写解决的是构式扩展的路径获取,那么面向"句法—语义"接口的承继描写反映的就是构式的去范畴化现象。需要指出的是,自王力

(1957:144)提出"意合法"的句法精神以来,国内学界就在不断追寻非线性结构中各个子系统间的结构关系。徐通锵(1991)将结构子系统视作组织有序、协同配合的函数关系,指出应从某一个子系统中提炼结构原则来关照其他子系统的结构关联,从而在宏观上把握一种语言的结构特点;顾阳(1994)系统介绍了论元结构的基本概念,奠定了汉语构式"句法—语义"的研究基调;陆俭明(2006)提出"句法—语义"接口研究的两种思路,即由外往里或由里往外。本书认同以上思路,主张汉语构式自上而下的"主从—平行"包含的辐射状承继描写。

比如,汉语致使构式的句法分布复杂,可以是多个不同的论元结构。汉语致使事件有两方面的特点:一是包含两个事件;二是包含两个事件的"作用—效应"关系。因此,一个致使范畴通常包括"致使者""致使方式""被致使者"和"致使结果"四个基本语义角色。例如:

(7)他们激动地交谈,咳嗽,把唾沫吐得满地都是。(阿来《尘埃落定》)

(8)一同睡下去了之后,他也叫他唱歌。(郭沫若《未央》)

(9)丁小鲁几乎喊破了嗓子,笑倒了自己。(王朔《你不是一个俗人》)

(10)风刮得人人步子打飘。(严歌苓《陆犯焉识》)

(11)虫声是那么急,那么惨,使他心中由烦闷变成焦躁。(老舍《四世同堂》)

(12)还有取暖饮水等设备,方便群众。(沈从文《我的人生哲学》)

例(7)—例(12)依次是汉语"把"字句、使令句、致使句、"V得"句、"使"字句、使成句。上述构式都是"自主(autonomous)事件"范畴的成员,却因动作行为存在有意识和无意识的事件变量,可进一步区分为两个次范畴:一是积极致使构式,比如例(7)—例(9),可码化为[致使者(施事)+自主致使方式+被致使者+致使结果];二是消极致使构式,比如例(10)—例(12),可码化为[致使事件+非自主致使方式+被致使者(施事)+致使结果]。甚至如例(9)所示,一旦"致使者"(丁小鲁)和"被致使者"(他自己)合而为一,被致使者语块可脱落(例如:小鲁笑倒了),致使义发生弱化变量,导致积极致使范畴延伸出他致使和自致使两个平行次范畴,可码化为[致使者(施事)+自主致使方式+致使结果]。汉语中这样的实例还有很多,比如俞建梁、黄和斌(2008)在论及"理想化认知模式"(Idealized Cognitive Model,简称"ICM")的不足时,发现汉字"扰"的语义范畴应该含有两个对立的意义(一是扰乱、混乱,比如"干扰";二是客套话,表示客气,比如"叨扰"),二者共同构成该范畴的核心,没有主次之分。刘丹青(2018)通过考察古今汉语的寄生范畴实例,分析出表达甲范畴的库藏手段在使用中存在对语义乙的限制,因此语义乙也在该手段中得到隐性表达,成为寄生于甲范畴的语义范畴。由此看来,汉语构式辐射状承继的使成关联在于范畴的主从依存包含着平行依存。这种平行依存更多是从语义延伸拓展为一种隐性的语义对立,源于中国不同于西方逻辑的同构观和本末观,以及基于这两大思维范畴的"证同同构推,驳异对比演"的推演方式(朱晓农,2018)。据此引出本书的第二个方法主张:以构式的形义变量为观测点,分析"句法—语义"的延伸与偏移现象,以此为接口探究汉语构式的上下位主从理据,以及彼此间的平行依存理据。

3. 面向切面的耦合度承继描写

在计算机科学中,耦合度是指模块之间的关联程度。如果两个模块之间的联系是通过主模块的控制和调用来实现的,则耦合模块的独立性最强,逻辑各部分之间的耦合度最低。本书引入这一概念,是出于对汉语语法离开用法就没有多少语法可讲的观点的思考(沈家煊,2016:10)。

本书认为的面向语用情境的承继描写存在于两个维度:一是基于语言语境的言者语用倾向不同;二是基于社会语境的语言模因变化。比如,张伯江(2016)提出的言者与听者的错位,就反映了某个语言现象的言者指别度和听者可及度(沈家煊、完权,2009)。例如:

(13)老板:"先生买花吗?"

先生:"买花干什么啊?"

老板:"买花送女朋友啊!"

先生:"哦,买多少花能送个女朋友啊?"[张伯江(2016)语料]

例(13)体现了"老板"和"我"对于名词短语"女朋友"实指与虚指的错位理解,其实质是"我"(言者)利用了"老板"(听者)对于"买花'我'送女朋友"高可及度和"买花'你'送女朋友"低指别度的度差。需要指出的是,一旦这样的错位被投射至"句法—语用"界面,就会导致语境适切度降低。比如,在句法上不能独立进入语篇的汉语依附性小句"都NP了"。例如:

（14）多俗呵，咱都<u>老夫老妻</u>了，<u>还</u>弄这俗景干嘛？（王朔《给我顶住》）

根据语料统计，此类构式中的名词多数指人的社会身份，隐含特定的语义等级序列。比如例（14）中的"老夫老妻"体现的是夫妻存续关系的阶段序列，语块 NP 处在词汇义的高端。该构式后续主句一般带有语气助词"还"，存在差比的可能，比如"都老兵了，比新兵还胆小"中的"老兵→新兵"。以此推导语块 NP 与其后续主句的语用接受度，比如："都妈妈了，还不会带孩子">"都大姑娘了，还不会带孩子">"都小姑娘了，还不会带孩子"。上述三句虽然在句法和语义上都没有问题，但"都小姑娘了，还不会带孩子"的表达显然违背了语用事理，因而很难被触发。

社会语境的形式刻画正在逐渐成为构式研究的重要方面，其作用是获得"语义—语用"界面，了解构式与言外之力的常规对应关系（Traugott & Trousdale，2013）。考察 2011—2017 年《人民日报》中出现的"工匠精神"一词，从粘合定中结构"$N_双＋N_双$"所示范畴是第二个"$N_双$"次范畴的角度出发，可将进入"$N_双＋$精神"的名词分为三类：第一类指称某些决定性活动或文本，比如"会议精神、社论精神、通知精神"；第二类指称某些抽象概念的属性，比如"传统精神、法治精神、科学精神"；第三类指称某些具有代表性而值得提倡的实体或事件，比如"工匠精神、女排精神、民族精神"（顾鸣镝，2020）。以上三类"$N_双＋$精神"的整合度呈"第一类＜第二类＜第三类"分布。其中，第三类"$N_双＋$精神"已作为语言模因被广泛复制和传播，具备了成为文化符号的倾向，可码化为"$N_{具象}＋N_{抽象(精神)}$"。例如：

（15）二是培育和弘扬精益求精的<u>工匠精神</u>，引导企业树立质量为先、信誉至上的经营理念，立足大众消费品生产推进"品质革命"，推动"中国制造"加快走向"精品制造"……（《人民日报》2016 年 5 月 12 日）

（16）要以壮士断腕的决心和<u>工匠精神</u>，抓好"放管服"改革实施……（《人民日报》2016 年 5 月 23 日）

（17）以大数据为代表的创新意识和传统产业长期孕育的<u>工匠精神</u>相结合，使新旧动能融合发展，并带动改造和提升传统产业……（《人民日报》2016 年 5 月 26 日）

（18）在这个多彩的时代，用多元化的视角去观察马拉松的成

长,用"工匠精神"去经营每一场马拉松……(《人民日报》2016 年 6 月 22 日)

如例(15)—例(18)所示,"工匠精神"的文化基因已与"中国制造""'放管服'改革""产业升级",甚至"马拉松赛事"等时代社会热点相结合。究其原因,"N$_{寓象}$+N$_{抽象}$"蕴含了物象及其引申寓象。由此引出本书的第三个方法主张:以构式的语用情境为落脚点,探究汉语构式在语言语境的触发理据和在社会语境的固化与类化理据。

4. 语料来源说明

本书所用语料除注明引用其他文献例句和小部分自拟例句,其他随文注出语料均来自国内语料库,其中包括:

(1)《人民日报》图文数据库(引用 http://data.people.com.cnrmrb)。该库收录了《人民日报》创刊至今的全部图文报道信息,具有全文检索功能。本书的语料时间跨度为 1946 年至 2020 年。

(2)国家语委现代汉语通用平衡语料库(http://www.cncorpus.org)。该库收录了人文与社会科学、自然科学、综合三大类约四十个小类的语料,总体规模达 1 亿字。其中的标注语料库(约 5000 万字符)为国家语委现代汉语通用平衡语料库全库的子集。

(3)北京语言大学现代汉语 BCC 语料库(http://bcc.blcu.edu.cn/)。该库汉语语料规模约 150 亿字,涵盖了报刊、文学、微博、科技和古汉语等多领域语料。

(4)北京大学中国语言学研究中心 CCL 语料库(http://ccl.pku.edu.cn:8080/ccl_corpus/)。该库涉及文献时间从公元前 11 世纪到当代,包含现代汉语语料、古代汉语语料两类单语语料。现代汉语语料约 6 亿字符,涵盖了文学、戏剧、报刊、翻译作品、网络语料、应用文、电视电影、学术文献、史传、相声小品、口语等多个类型;古代汉语语料约 2 亿字符,收录了从周代到清代的语料及《大藏经》、二十五史、历代笔记、十三经注疏、全唐诗、诸子百家、全元曲、全宋词、道藏、辞书、蒙学读物等的杂类语料。近年来还融入了一些专题语料库,比如:早期北京话材料、留学生汉语作文语料、汉语构式语料库、中文学术文献语料库、海外华文网络语料。

本书所有引用语料的准确性与规范性如有谬误,概由笔者本人负责。

第三节 本章小结

本书通过梳理国内外学界关于构式理据性承继描写的经验与不足,结合计算机程序设计的迭代与更新,提出汉语构式承继描写"面向对象、面向接口、面向切面"的方法论主张,具体可概括为:原型构式是对象,语块变量溯拓展;句法语义是接口,形义变量成辐射;语用情境是切面,功能变量降耦合。需要指出的是,本书主张的"三个面向"的理据性承继描写方法,其实质是通过描写实践,获得较为一般性的方法原则。除已提及观点,尚有一些问题亟待思考:

第一,表层形式的显性变量,除语块的替换、移位和隐现,是否还存在出现频率较高,或者说较易捕获的变量类型?

第二,汉语构式的语义结构体系正处于不断扩充的状态,已有研究涉及的重要范畴包括时间范畴、空间范畴、数量范畴、领属范畴、自主范畴、动态范畴、顺序范畴、持续范畴、趋向范畴等等。那么,"主从—平行"关系是否也适用于归纳各范畴间的承继关联?

第三,言者的言语行为是构式情境的功能外现。目前学界较为认同的是赛尔(John R. Searle)关于言语行为的五种分类(Searle,1969),这能否作为汉语构式分类的高位理据?

第四,以往研究是否在一定程度上忽略了社会语境层面构式承继的动态性理据? 具体反映在两点:一是对于构式社会规约与用法倾向的固化机制研究略显不足;二是对基于任务场景的构式类化机制研究尚未引起足够重视。

以上种种,将在后面结合汉语实例的研究中展开讨论。

第二章　面向对象与语块替换

　　作为人类的信息交际工具,语言是自然、活跃和开放的符号系统,语言中的任一个构式范畴都存在特定的原型构式,一个原型构式可能会扩展出一系列的家族成员。其中,一条重要的路径,就是基于构式原型的组配成分扩容。比如,核心动词的次范畴扩张,包括动词及物性、自主性和连续性等的性质改变会导致相关构式的子类延展,进而影响整个构式事件性框架的语义角色的指派变化。正是基于这样的思路,在接下来的三章(第二、三、四章)中,本书将根据前面所提及的汉语原型构式在表层形式上的语块显性变量,具体考察基于语块替换、语块位移和语块隐现的汉语构式实例。

　　本章将集中讨论面向原型构式语块替换的构式扩展承继描写,包含三个汉语构式实例:第一,程度副词与名词组配激活了名词的性状义,受构式部分能产性的制约,能够进入汉语"很 NP"构式的名词都必须具有较为显著的性状特征,并以此作为语块替换的基础条件。第二,从论元显著性的角度出发,取得义动词和行为类动词的构式准入揭示了现代汉语双及物构式的子类延伸与构式变异现象,说明语块替换所表现的不仅是语义层面的归纳,更是语用层面的概括。第三,"X 不到哪里去"的构式原型是凸显事件状态的"V 不到哪里去"。其中,凸显程度有限量的"V 不到哪里去"是"A 不到哪里去"的上位构式。

第一节　语块替换与语义因子激活

一、汉语"很 NP"构式的原型辨析

　　关于汉语"很 NP"结构,如"很阳光、很上海、很雷锋",学界之前已经进行了多角度的考察。桂诗春(1995)、邢福义(1997)从自然语言处理的角度分析

与探究了"很 X"结构槽的语言和文化背景作用;张谊生(1996)、施春宏(2001)在分析副名结构中名词表达的是描述性意义,而非指称意义的基础上,他们提出了"很 NP"结构的客观性存在;刘正光、崔刚(2005)从非范畴化的角度阐述了该结构语义特征的凸显性和基于转喻的语义提取的特点;吴为善(2011c:3)从认知构式语法理论的视角出发,结合概念整合的过程性,将"很 NP"视作一个带标记的框架构式,认为其凸显了名词蕴含的高性状程度。

构式原型辨析的理据之一源于构式的定义。因此在这里有必要强调戈德伯格对构式定义的调整:任何语言结构,只要在形式或功能的某个方面不能从其组成部分或其他已知构式中严格预测出来,就可被视为构式(Goldberg,2006:5)。即使是能够被完全预测出来的语言结构,只要有足够的出现频率,也可被视为构式。顾鸣镝(2012b)指出,戈德伯格对于构式定义的变化体现了她对构式的理解进入了一个更高层面,"不可预测性"不再被认为是构式设定的必要条件;根据"人类识解世界的方式"与"所见即所得"的原则,只要有足够的出现频率,可完全预测的语言结构也可被视为构式;构式定义从形式与意义的匹配延伸到形式与功能的匹配,功能所涵盖的范围包括语义、语用和认知,而不局限于单纯的语义分析。据此,可以从两个方面辨析"很 NP"的构式原型:

第一,"很 NP"的构式义不能从其组配成分"很"与"NP"严格预测出来。比如"很女人","很"是一个用来加强程度的副词,"女人"是一个表示性别和类属名称的名词,而"很女人"表示的却是"非常有女人味""非常具有女子气质""具有女人的典型特征"的概念。

第二,"很 NP"构式的整体大于部分之和。在一个构式中,构式义在很大程度上制约着组配成分的意义。"很 NP"的高性状程度义激活并凸显了"NP"的潜在性状义。比如,"女人"指女性成年人,其基本义表示人的性别类属,而进入"很 NP"构式后,"女人"词项的潜在性状义被激活;同理,"巴黎"只是一个城市的名称,而进入"很 NP"构式后,则凸显了"浪漫、时尚"的含义,这也是因为"巴黎"这个大都市所特有的风情属性被激活。

值得注意的是,上述这些潜在性状义必须具有某种显著性,即基于我们理想化认知模式的典型特征,否则很难进入"很 NP"构式。比如,我们会说"很女人""很男人",但不会说"很男孩""很女孩";我们会说"很巴黎""很香港",但不会说"很东京""很武汉"。事实上,"很 NP"构式的使用正在扩张,不仅"很",其他程度副词如"最""太""特""挺""更""非常"等派生构式也具有了部分能产性。对此,张谊生(1996)有较充分的描写。典型实例如下:很艺术、很现代、很绅士、很女性、很传统、很中国、很市侩,最上海、最基础、最要害、最大众、最款色、最本质、最情感,太细节、太瘪三、太流氓、太历史、太奶油,特知音、特青春、挺沧桑,更兽性,非常新派、非常生活。

二、词项语义因子的激活条件

(一)"很NP"构式的实证研究

关于"很NP"构式部分能产性的认知依据,有学者进行了实验调查。祝莉(2004)选取42名被试,对进入"很NP"(指称动物的名词)的名词的出现频率进行了类型分析,目的是析出构式的组配和语义特征。相关结果统计如表2-1所示。

表 2-1　动物名词使用频率调查结果(祝莉,2004:36)

用　例	数　量	用　例	数　量
很牛	37	很猿猴	2
很豺狼	33	很骆驼	2
很驴	16	很绵羊	2
很猪	5	很狗	1
很狗熊	4	很鱼	0
很兔子	3	很青蛙	0

首先,我们能够用最大相似性(maximum similarity)原则来解释为什么被试会经常使用"很牛""很豺狼",而不会使用"很鱼""很青蛙"。比如"牛",从社会归约性认知来看,"牛"的典型特征蕴含了"固执""骄傲""壮实""强劲"等语义因子,进入"很NP"构式后,相关因子被激活,"很牛"凸显了"非常固执而骄傲"的意义。又如"豺狼",其典型特征包括了我们基于社会归约性认知的"凶恶""残忍""机敏""阴险"等语义因子,进入"很NP"构式后相关语义因子被激活,"很豺狼"凸显了"非常凶恶而残忍"的意义。需要指出的是,最大相似性原则是通过比较新成员和已证实例而获得的,因而是反直觉的,一个特定构式已证实例的相似性程度越高,能够被允许进入构式的新成员就越少。表2-1中的12个动物名词,有10种动物属于哺乳类,相似性程度高,因此更容易被接受;而"鱼""青蛙"不属于哺乳类,相似性程度低,因此不容易被接受。

(二)"很 NP"构式的部分能产性

名词与形容词的转指属于范畴与特征之间的认知关联,因而转指形容词的名词都具有较为显著的性状特征。杰肯道夫(Ray Jackendoff)将一个概念结构区分为"符号概念"和"类概念"(Jackendoff,1983:77)。刘正光、崔刚(2005)据此分析了汉语中的实例。例如:

    (1)他家养的<u>狗</u>早餐吃牛奶。[刘正光、崔刚(2005)语料,下同]
    (2)进门看颜色,打<u>狗</u>看主人。

符号概念的内在结构是一个可精细化的心理结构,是被范畴化事物的表征,如例(1)中的"狗";类概念指被范畴化的范畴表征,包括某个主体在一个范畴内创造和存储的信息,如例(2)中的"狗"。类概念所存储的信息具有两种功能:一是为指称与陈述的相互转化提供了内在的语义基础,二是所存储的信息量差异有利于解释副名结构的可接受性差异。这就解释了为什么表2-1中的名词"鱼""青蛙"尚未能够进入"很 NP"构式,原因是它们的类概念描述性存储信息还不够充分。换句话说,它们所包含的语义因子尚未能够达到显著的程度。

综上所述,构式的部分能产性建立在范畴属性归纳的基础上,当名词进入"很 NP"构式后,在非范畴化机制的作用下,其指称意义完成了向称述意义的转化,名词在一定语境条件下脱离了其基本语义与句法特征。需要指出的是,非范畴化是在一定的条件下范畴成员逐渐失去范畴特征的过程,范畴成员在非范畴化后至重新范畴化前处于一种不稳定的中间状态,这是一种模糊的中间范畴,这个中间范畴使得范畴成员失去了原有范畴的某些典型特征,同时又产生了新范畴的某些特征。比如,表2-1中的"牛""豺狼"等10个动物名词,在"很 NP"构式中,它们的指称义隐退,被试据自己的经验与需要提取了名词的性状义。名词在非范畴化的作用下,获得了新的功能。虽然这种功能可能是临时的,比如"驴",《现代汉语词典》(第7版)中标注的词性只是名词;但也可能经过语用强化逐渐定型,比如"牛",《现代汉语词典》(第7版)中标注的词性是名词和形容词。事实证明,为了满足不断出现的认知与表达需求,语言实体在非范畴化的作用下能够不断获得新的意义与功能,范畴的动态属性得以充分体现。

（三）"很 NP"构式的构式赋义

构式的赋义效应表现在两个方面：一方面，构式限制了新成员的准入，同类词项因此未必都能够出现在同一个构式中；另一方面，新成员的某个特定的语义因子可以被激活，以符合构式的表达功能。也就是说，词项的语义与语用特征也是构式部分能产性的重要限制因素。正如迈克尔斯所指出的，如果一个词项在语义上与其所在的形态句法环境不兼容，这个词项的意义就会遵循它所嵌入结构的意义（Michaelis，2004）。

谭景春（1998）将名词语义区分为概念义和性质义。其中，性质义又可分为附加性质义和内在性质义。附加性质义不是词义本身所具有的，而是词义所指的那类事物所含有的性质，与概念义的关系是间接的、不固定的，角度也是多方面的，比如"农民"，其所指的那类人具有"朴实、憨厚、土气、保守"等性质。这就解释了为什么我们一般说"很中国""很美国"，而不说"很德国""很俄国"。"很 NP"的构式义凸显了性状程度高，受构式赋义辖制，其条件是名词的语义中具有可被激活程度性状义的语义因子。"中国"古时通常泛指中原地区，与"中华""中夏""中土""中州"含义相同，古代华夏族、汉族建国于黄河流域一带，意为居天下之中，故称中国。"中国"是一个名词，包含着丰富的语义内涵，进入"很 NP"构式后，程度性状义的语义因子被激活，凸显了具有中国特色的不同层面。值得关注的是，近年来英文中"very China"的用法也频频出现。例如：

（3）来北京建言，老外很中国。（《中国经济时报》2011 年 3 月 23 日）

（4）南京老外生活很中国，拥有中国名字，爱写毛笔字。（《扬子晚报》2009 年 12 月 14 日）

（5）外形山寨不出彩，内置圈子很中国。（《南方日报》2011 年 3 月 17 日）

（6）Mark 说："你不知道我现在已经 very China 了吗？我喜欢吃中国菜，喜欢在非常喧闹的餐厅里，灯火通明，提高音量说话还听不清，那种感觉，让我觉得很真诚，有一种热情……"（电视剧《蜗居》）

（7）Kunfu Panda，very China.［顾鸣镝（2014）用例］

（8）The country is eager to learn，but does its own thinking and comes up with policies that are very China specific.（《中国日报》2011 年 5 月 7 日）

　　例(3)表达的是外国专家对中国经济的熟悉程度,这里的"很中国"凸显了中国的社会主义市场经济特色;例(4)用"中国名字""毛笔字"凸显了中国独特的生活方式;例(5)凸显了中国制造的创新模式;例(6)显现了中国餐饮文化的特有热情元素;例(7)讲的是熊猫,是中国的国宝;例(8)说明中国政府采取了与其他国家不同的思路来制定符合本国国情的政策。由此看来,"中国"的语义内涵是由若干语义因子组成的集合,在上述 6 个例句中,所涉及的语义因子包括"社会主义市场经济特色""生活方式""创新模式""餐饮文化""国宝""制定政策的思路",它们都具有相当的显著性。因而,当"中国"这一名词进入"很 NP"构式时,"中国"某一层面的语义内涵就得以凸显。据此,本书认为,"很 NP"构式在语义和语用两个方面对某个具体名词进入该构式形成了限制:第一,能够进入"很 NP"构式的名词必须具有可被激活的表示程度性状义的语义因子;第二,能够进入"很 NP"构式的名词必须能够使该构式获得合适的论元角色,被激活的语义因子必须具有较高的显著性。

　　由此可见,语境也是限制构式部分能产性的另一重要因素。邢福义(1997)从语言文化背景的角度出发,认为具有特定文化素养的人,及其对物体属性的特异感受,是形成"很淑女"等说法的文化背景;施春宏(2001)区分了名词的关涉性语义特征和描述性语义特征,提出了名词描述性语义特征显现的三种语境:公知语境、特定语境与局部语境。以上研究说明,"很 NP"构式的赋义动因在于进入该构式的名词都含有该构式所在的具体语境的语义因子,这些语义因子的含义析出符合认知语言学的凸显原则。比如,例(3)—例(8)"很中国"的 6 个实例,反映了不同语境提出的具体被激活语义因子的要求,是"中国"的不同侧面特征的显现。由此推断,不同侧面的百科知识是新成员语义因子存在的基础,构式根据新成员语义的多维度性质,激活符合自身语义融合所需要的某个最显著的语义因子,从而突出最符合语境的一个侧面。比如,和"雷锋"相关的百科知识的语义因子包括外貌、身份、品质等,在建构"很雷锋"的意义时,其中"助人为乐的品质"是最凸显的,最符合"很 NP"构式高程度性状义的特征,因此最容易被激活。当我们听到"他很雷锋"时,自然而然地会认为"他"具有助人为乐的品质。又比如"德国",也有很多特征,"民族精神严谨""制造技术精良""啤酒质量好"等等,但根据语料查询结果,该词尚未进入"很 NP"构式。究其原因,"德国"的这些语义因子尚未达到高显著性的程度。反过来说,一旦这些属性特征在认知上可用于凸显性状程度义,那么"很德国"就有可能被使用。例如:

(9)这个工程师的*作风很严谨*。→这个工程师"*很德国*"。[顾鸣镝(2014)用例,下同]

(10)这个机床的*制作很精良*。→这个机床的制作"*很德国*"。

(11)这个牌子的*啤酒不错*。→这个牌子的啤酒"*很德国*"。

以上例子表明,构式的部分能产性机制的本质是构式在句法、语义和语用三个层面的非范畴化机制及其使用语境的激发机制。

第二节　语块替换与动词类型扩展

一、汉语双及物构式的原型辨析

现代汉语双及物构式是一种比较常见的在认知空间域中凸显客体 $NP_{(受)}$ 领属关系转移的格式。例如:

(1)我给了他*一本书*。(自拟语料)

(2)他送给小王*一支笔*。

如例(1)和例(2)所示,"书"和"笔"发生了领属关系的转移,可码化为 $[NP_{(施)}+VP_{(t)}+NP_{(与)}+NP_{(受)}]$。其中,$NP_{(施)}$ 为话题主语,语义角色为施事,出现或隐含在语境中;V 为及物性的动作动词,带有两个宾语成分 $NP_{(与)}$ 和 $NP_{(受)}$,表明受事的领属关系在施事和与事之间转移;核心动词一般带有格标记"给"或体标记"了",整个句子含有一个内在的自然终止点,表述的是已然事件。需要注意的是,戈德伯格提出了基于论元层面的"显著参与者概括"(the Salient Participants in Prominent Slots Generalization,简称"SPPS")(Goldberg,2006:23)。在普遍认知机制的运行体系中,显著参与者概括解释了为什么一个没有出现受事的施事论元和一个没有出现施事的受事论元可以单独成句的问题。当某个特定行为过程的起点在认知上被关注时,凸显的是施事;当某个特定行为过程的末点或状态的改变属于"肌体控制行为"或"理解感知"时,凸显的是受事。比如,"爷爷给某人送来了衣服"这句话,表达了某人通过"送"这个肌体控制行为造成"衣服"领属关系改变这个事实,但依据说话人认知上的关注点不同,可以选择两种表述:一是"爷爷送来了",说话人在认知上关注的是"送"这个行为过程的起点,因此凸显的是施事"爷爷";二是"衣服送来了",说话人在认知上关注的是"送"这个行为过程的终点,因此凸显的是受事"衣服"。现代汉语双及物构式是对已然事件及其潜在焦点域客体的领属关系转移的陈述,论元在认知上的非显著性决定了论元的"可缺省性"。对此,有必要先来厘清构式论元所承载的信息及其折射出的认知显著性差异。

(一)论元的信息分类及其认知显著性

"参考类新旧信息"表示的是语言表述与非语言实体之间的关系,与认知激活程度和可辨识性有关。其中,"参考类旧信息"是听者心智中最活跃的认知组成部分,存在于语言或语言外的语境中;"参考类准入信息"是听者心智中部分活跃的认知组成部分,具有很强的代名化特征,因此是有定的;"参考类新信息"在正常情况下由无定的名词性短语来表达,被认为是听者心智中最不活跃的认知组成部分。例如:

(3)叶某临走时,<u>蝶翠私下里给了她五十两银子</u>……(曹绣君《古今情海》)

如例(3)所示,"蝶翠"属于参考类旧信息;"她(叶某)"属于参考类准入信息;"五十两银子"属于参考类新信息。以此类推,双及物构式的 $NP_{(施)}$ 属于参考类旧信息,$NP_{(与)}$ 属于参考类准入信息,$NP_{(受)}$ 属于参考类新信息。

"关系类新旧信息"是听者根据自身的知识水平对特定的话语内容做出的信息假设,即一个句子的信息结构。信息的"打包"过程是语言在反映同一事件时具有表达多样性的最重要原因,涉及话题和潜在焦点域。话题是一个在语境中已建立的认知焦点,与命题解释密切相关,目标是小句成分的语境化;潜在焦点域指的是一种焦点关系,构式的某个论元被认定存在进一步的解释,通过把语用的非覆盖成分与命题的覆盖成分联系起来使听者在心智中产生新信息的认知。汉语双及物构式的施事论元和与事论元属于"关系类旧信息",受事论元属于"关系类新信息"。相关论元承载的信息在认知空间的投射具体如图 2-1 所示。

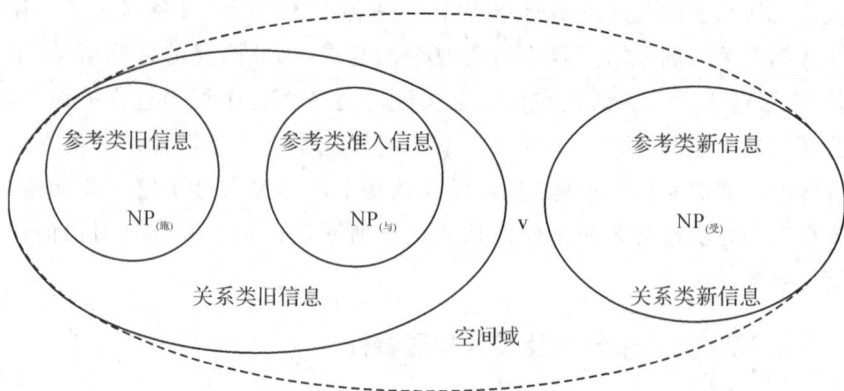

图 2-1　汉语双及物构式论元信息的认知域投射(顾鸣镝,2014:46)

从语用层面分析,施事论元处于某个特定行为过程的起点位置,是焦点域的组成部分,一般不可省略,只有当它承载的信息属于参考类旧信息时,才可以缺省;受事论元倾向于能够满足语境需要的参考类和关系类新信息,往往是有界的"数量词+N",是潜在焦点域的组成部分,在句中一定不能缺省;值得注意的是与事论元,与事论元承载的信息属于参考类准入信息、关系类旧信息,往往可以缺省。例如:

(4)(我)给了他三块钱。(自拟语料,下同)

(5)? 给了他三块钱。

(6)* 我给了他。

(7)我给了三块钱。

例(4)—例(7)中,"?"表示单独成句可能不合格,"*"表示单独成句不合格。由此判断,在现代汉语双及物构式的焦点域中,$NP_{(施)}$ 和 $NP_{(受)}$ 具有认知上的显著性。

(二)汉语双及物构式的原型特征

通过对论元承载信息的分析,本书认为,$NP_{(施)}$ 和 $NP_{(受)}$ 是现代汉语双及物构式的焦点,凸显了空间域中与某类事件相关的处置状态,可概括为对已然事件及其潜在焦点域客体领属关系转移的一种处置,其核心特征是"施事"在空间域的显性或隐性层面将"受事"给予"与事"。$NP_{(施)}$ 和 $NP_{(受)}$ 的认知显著性决定了"给"或能带格标记"给"的动词短语具有最典型的"给予"义。

例如：

　　(8)某日某人引你到家里来，<u>送给你</u>四千两银子的票子……(吴趼人《二十年目睹之怪现状》)

　　由于受语言和世界同构的影响，"给"概念体现的是客观处置。例(8)中，"某人"和"四千两银子的票子"具有施事、受事的显著性，分别是行为过程的起点和"给"肌体控制的潜在焦点域的客体。"某人"将"四千两银子的票子"转移("给")至"你"是NP$_{(施)}$有意识地对NP$_{(受)}$实施的一种处置。这样的转移处置在空间域的显性层面和隐性层面方向是一致的，具体如图 2-2 所示。

图 2-2　汉语双及物原型构式的转移处置(顾鸣镝，2014：47)

　　张伯江(1999)对现代汉语双及物构式进行了较为深入的考察，立足于将"给予方式"的隐喻途径分为六种类型，分别是：现场给予类、瞬时抛物类、远程给予类、传达信息类、允诺指派类、命名类。由此看来，能带格标记"给"或含有潜在"给予义"(实在的或抽象的)的动词(或动词短语)构成的双及物构式是这个系统的原型构式，它是对已然事件及其潜在焦点域客体领属关系转移的一种处置，表现为处于特定空间域中的"施事"将"受事"给予"与事"，转移方向是单一的，不存在交互性特征。也就是说，"受事"是否真正被"与事"获得与"转移处置"，并没有必然联系。例如：

　　(9)张三汇给李四三百块钱，李四却一直没有收到。〔顾鸣镝(2014)用例，下同〕
　　(10)张三扔给李四一个纸团，可不知滚到哪里去了。

　　学界的前期研究普遍认同上述观点。然而，顾鸣镝(2014)发现，一旦本身具有[＋交互]语义特征的动词进入现代汉语双及物构式，那么潜在焦点域中客体领属关系的转移就会突出构式的双向交互性。例如：

(11)李四**买**了张三一辆车。［顾鸣镝(2014)用例，下同］

(12)张三**卖**给李四一辆车。

如例(11)和例(12)中的"买"和"卖"所示，它们是构成"买卖"这一事件的两种行为。因此在显性层面，的确是"张三"将"一辆车"的领属关系处置转移至"李四"；但在隐性层面，恰恰是李四将"等价物"(比如货币)的领属关系处置转移至"张三"。也就是说，"买"和"卖"这两个行为具有即时交互的特征，是一种互为蕴含的"镜像"关系。具体如图2-3所示。

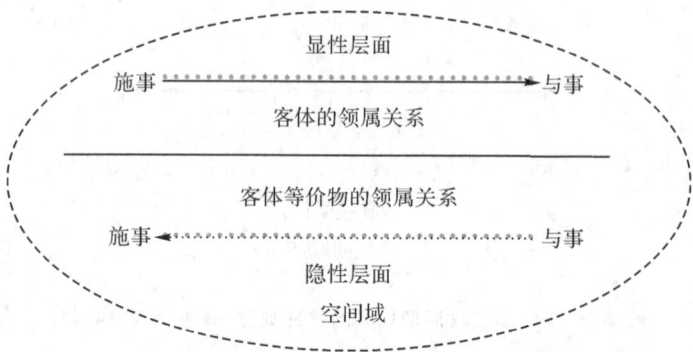

图2-3 "买"和"卖"领属转移的镜像关系(顾鸣镝，2014:48)

需要指出的是，能够进入此类构式的动词往往是具有对义聚合的一组动词，比如"输"和"赢"，"赊"和"欠"，"收"和"发"，"捐赠"和"接受"，等等。

二、动词类型的准入扩展

上面的分析说明，一旦缺乏对义聚合特征的动词进入该构式，在缺少语境支持的情况下，构式就会产生歧义。例如：

(13)张三**借**了李四一本书。［顾鸣镝(2014)用例，下同］

(14)李四**租**了张三一间房。

例(13)既可理解为"张三借给李四"，也可理解为"李四借给张三"，"一本书"领属关系的转移方向具有不确定性；例(14)亦然。此类现象正是与"借"

34

和"租"的对义包含有关。《现代汉语词典》(第 7 版)对此类动词的释义如下。借:①暂时使用别人的物品或金钱;借进。②把物品或金钱暂时供别人使用;借出。租:①租用。②出租。从释义来看,"借"和"租"的语义分别包含了具有对义类聚的两个义项,因此可以看作"借₁、借₂"和"租₁、租₂"。将此问题继续延伸,就可以清晰地得到汉语双及物构式的动词扩展路径。

(一)取得义动词的准入扩展

上面的分析说明,虽然汉语双及物构式义表达的是典型的"给予义",但这种"给予义"也可能蕴含对立的"取得义",能够进入此类构式的动词凸显了[＋取得]的语义特征,主要有:吃、拿、用、要、欠、骗、偷、抢、夺、罚、花费、征收、收取、挪用、敲诈、占用、贪污等等。例如:

> (15)以我多年的经验,薛非一定是擅自挪用了储户资金。(电
> 视剧《冬至》)

例(15)中,"薛非"并没有给予"储户"什么,而是通过"挪用"从"储户"那里取得了"资金",客体的领属关系被处置为反向移动。虽然在语义层面"取得"与"给予"相悖,但如果我们把受事(比如"资金")在显性层面的转移视作施事(比如"薛非")的获益,那么这种获益就来自隐性层面与事(比如"储户")即时性的受损。也就是说,在"挪用"这一事件中,施事的获益蕴含了与事的受损,"转移处置"在空间域的显性和隐性层面的方向是不一致的,具体如图2-4所示。

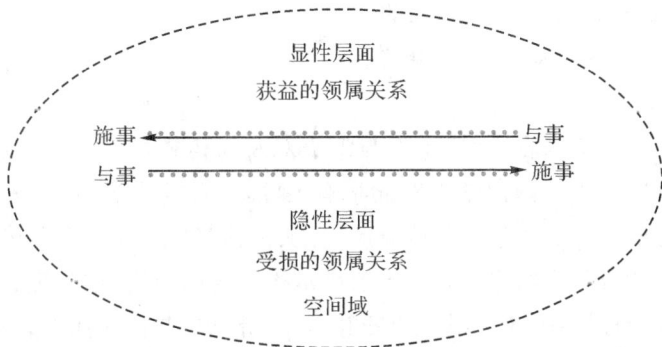

图 2-4　汉语双及物构式中领属关系的显性与隐性区别(顾鸣镝,2014:49)

需要指出的是,取得类动词进入双及物构式往往会带有主观评述的语用义。例如:

(16)我不过拿了他一支钢笔罢咧,什么屁稀奇。(白先勇《孽子》)

现代汉语双及物构式表达的是一种客观陈述,比如"我拿了他一支钢笔",其中的"我"有所受益,"他"有所受损。但就例(16)来看,说话人"我"认为"拿了他一支钢笔"是小事一桩,不值一提,这显然包含了说话人的某种情绪。也就是说,在说话人心目中,"一支钢笔"在主观上并不是什么贵重之物,说话人在说出这句话的同时也表达了自己对于"拿"这一事件的立场、态度和感情,因而才会得出"什么屁稀奇"的主观性结论。那么,为什么取得类动词的汉语双及物构式会产生主观评述的倾向呢?顾鸣镝(2014)指出,从人类认知心理的规约性分析,"给予"是一种正常的、人们喜闻乐见的行为,受益的是与事,所以倾向于较为客观的事件陈述;而"取得"对于与事而言就是受损,因而容易诱发说话人对于"受损"程度的主观评价,这是一种语用的心理倾向,而不是句法的规则制约。

(二)行为类动词的准入扩展

语块与构式的互动是导致构式变异趋向边缘化或者去范畴化的重要因素。本书所探讨的现代汉语双及物构式也衍生出一种变异构式。例如:

(17)(我们)吃他一回大餐。[顾鸣镝(2014)用例,下同]
(18)(我们)逛他三天大街。
(19)(我们)打他一夜麻将。

从表层形式上来看,上述示例与汉语双及物构式显然有着"渊源"关系,表征集中在"他"上。国内学界对此早有关注,且关注点各有不同,有从形义接口出发,把"他"处理为虚指宾语的;有从韵律形式出发,认为句中无指的"他"与动词构成一个"音步"以满足韵律结构需要的;有把该句理解为说话人在抽象认知层面上把"有界事件"投射到"无界活动"上来表达抽象"给"的。本书主张将"吃他一回大餐"这类表达方式归为现代汉语双及物构式的变异构式,这意味着它虽然承继了双及物的结构形式,却虚化了与事"他",从而导致构式的话语功能发生变化。具体来说,此类变异构式的施事通常是第一人称,即说话者本人,"与事"仅限于"他",而且并无指称对象,语义空灵,所以可以省略。如例(17)—例(19)所示,其中的施事都是"我们",而"他"可以省略。变异构式中的受事通常带有"程度义",比如例(17)中的"大餐"显然不是一般的饭菜,而"回"这个动量词含有"经历"的含义,"一回"表明这样的"大餐"不是经常会去吃的;例(18)中的"大街"显然是指繁华的购物街,而"三天"也凸显了时间上的过量;例(19)中的"一夜"指向整个通宵,而"一夜麻将"蕴含了"尽兴"的意义。此类构式的核心动词是一般的行为动词,并不要求带有或潜在带有"给予"或"取得"的含义,比如例(18)中的"逛"和例(19)中的"打";而且核心动词一般不带体标记"了",这表明此类构式表达的不是一个现实事件,而是一个非现实的活动,可码化为[(S)＋他＋NP/VP]。至此,[(S)＋他＋NP/VP]的话语功能转为表达说话人的主观意愿,从而导致"他"无所指,虚化为一个表主观意愿的话题标记;而受事凸显的"程度义"体现了说话人产生主观意愿的理由,主观意愿属于"未然"的活动,当然就可以忽略时体标记了。

　　需要注意的是,此类构式已具备了一定的能产性。例如:

　　(20)(我们)吃他个痛快。[顾鸣镐(2014)用例,下同]
　　(21)(我们)打他个落花流水。
　　(22)(我们)睡他个三天三夜。

　　如例(20)和例(21)所示,示例中最大的变化是"他"后边的成分由 NP 扩展为 VP,这显然更加凸显了"程度",比如例(20)中的"痛快"、例(21)中的"落花流水",都凸显了状态程度的高低。而例(22)中的"三天三夜"则凸显了时间的长度,也可被视作一种广义的程度。需要说明的是,这些 VP 前都带有"个",虽然"个"也已经被虚化,不再具有物量词功能,但仍可以窥见整个 VP 保留 NP 的痕迹。

第三节　语块替换与范畴理据关联

一、汉语"X 不到哪里去"构式的原型辨析

现代汉语常见的口语表达式中存在这样一个构式——"A 不到哪里去",

比如"大不到哪里去""小不到哪里去",其中的"哪里"也可以用"哪儿"替换，表示某人或某事"大"或"小"的程度有限（吴为善、夏芳芳，2011）。然而从语义角度分析，"不到哪里去"表示的是空间义，因此其上位理据应该是"V 不到哪里去"，其中的 V 应该是位移动词。例如：

(1) 会很快查出作案者的，他跑不到哪里去。（王朔《人莫予毒》）

根据北京大学中国语言学研究中心 CCL 语料库的检索结果，作为一种常见的汉语口语表达式，如例(1)所示的"V 不到哪里去"的文献记录最早可追溯到清末民初的小说语体，其中的 V 主要有"走""逃""跑"三个动词。例如：

(2) 忽然听得庄内众声说道："寻寻，走也走不到哪里去！"开开庄门，将贺恭等俱绑出来，四处搜寻。（汪寄《海国春秋》）

(3) 山高水长，跋涉不易，她就使要偷药而逃，亦逃不到哪里去，恐怕一个弱女子亦没有这样大的胆量。（钟毓龙《上古秘史》）

(4) 闹了一天，大家都累乏了。那帖木真身上带着刑具，料想跑不到哪里去，明天再找，也还不迟。（许慕羲《元代宫廷艳史》）

"V 不到哪里去"的构式义是明确的，即言者对某个事件的空间位移不会超过某个有限范围的主观评述。换句话说，就是言者预计话语所涉人物会离开，但在主观上认定这样的离开不会超过某个有限范围。这也就是为什么例(2)使用了紧缩句式"走也走不到哪里去"，例(3)采用了"就使……亦……"的让步关系复句，例(4)选用了主观推测的话语标记"料想"。这些都体现了构式所表达的空间位移的有限主观性。延续到当代，除了"走""逃""跑"，能够进入该构式的位移动词的范围持续扩大。例如：

(5) 老太平时不出门，逛不到哪里去的。〔吴为善、夏芳芳(2011)用例，下同〕

(6) 那只鸟已经受伤了，飞不到哪里去。

(7) 县城就这么大，搬来搬去，也搬不到哪里去。

需要注意的是，例(5)—例(7)中的"哪里"并非虚指一个确定的空间点，而是圈定了一个有限的空间范围，蕴含的是有限空间量。这与前文所述的

"很 NP"限制准入名词必须具有可激活性状义的特点相同。"V 不到哪里去"限制了准入动词的涉事论元必须具有可量化的语义特征,主要是与钱财、物价或指数有关的"输赢""赚亏""涨/跌"等对义动词。例如:

（8）邻居街坊打打麻将也就赌个小钱,图个消遣,赢也<u>赢不到哪里去</u>,输也<u>输不到哪里去</u>。[吴为善、夏芳芳(2011)用例]

（9）这兵荒马乱的,受金融危机影响,公司业绩不佳,不过也<u>亏不到哪里去</u>。(茅盾《子夜》)

（10）里边传来话说,你买的股票就是涨也<u>涨不到哪里去</u>的。(茅盾《子夜》)

如例（8）—例（10）所示,其中与动词相关的涉事论元依次是"赌筹""业绩""股票",都可以物化计量,说明构式中的"哪里"已从有限空间量范围映射至有限物量范围。在隐喻机制的进一步作用下,有限空间量范围继续向有限程度量投射,构式语义也因此进一步虚化。例如:

（11）有主人在此,谅你这野丫头撒野也<u>撒不到哪里去</u>,我何须怕你?(梁羽生《狂侠·天骄·魔女》)

（12）如今且把他瞒住,等到生米煮成熟饭,他老人家也<u>赖不到哪里去</u>了,我的事也好说了。(柏杨《暗夜慧灯》)

（13）认为自己出身好,思想好,三年怎么也<u>变不到哪里去</u>,还是多学点技术要紧,一头就扎进了业务堆里。(《人民日报》1971 年 6 月 17 日)

例（11）中的动词"撒"意为"尽量使出来或施展出来",凸显的是贬义,比如"撒野""撒酒疯"。例（12）中的动词"赖"意为"不承认自己的错误或责任,抵赖"。例（13）中的动词"变"意义明确,无须赘述。这些动词并不表示某个具体动作,而是与某种行为或状态相关。动词的动作性弱化,状态特征凸显,说明构式中的"哪里"已映射到性状认知域,圈定了一个有限的性状量幅范畴,蕴含了有限程度量。比如例（11）中的"撒野也撒不到哪里去",特指野丫头"撒野"的程度有限。余例解读可类推。

综上所述,"V 不到哪里去"的承继关联依赖于相关认知域的隐喻映射,其内在连通性(connectivity)主要在量范畴的轴上得以体现,具体如图 2-5

所示。

构式义：	蕴含有限空间量 →	蕴含有限物量 →	蕴含有限程度量
认知域：	空间域 →	数量域 →	性状域
量范畴：	空间量 →	物　量 →	程度量

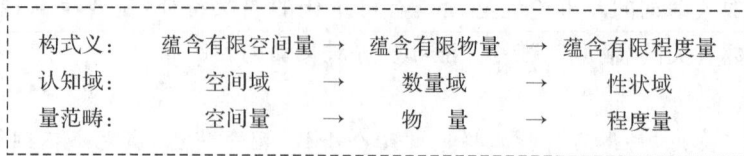

图 2-5　"V 不到哪里去"构式的内在连通性(吴为善、夏芳芳,2011:332)

"V 不到哪里去"从空间域向性状域的映射无疑为形容词进入该构式、形成"A 不到哪里去"提供了准入机会,理由有二:第一,核心成分 A 是弱化动作性、凸显状态性的延续扩展;第二,汉语口语表达方式的日益丰富,为"A 不到哪里去"凸显程度有限并成为汉语主观小量评述的典型构式提供了机遇。

二、量幅范畴的理据关联

根据语料统计结果,能够进入"A 不到哪里去"构式的一般是性质形容词。张国宪(2000)考察了汉语形容词的量性特征及其类型,区分了弥散量与固化量、隐性量与显性量、静态量与动态量,其中性质形容词的量性特征表现为弥散、隐性、静态。这些形容词有两个特征:一是凸显程度义,属性为隐性弥散量;二是凸显评价义,取值为极性静态量。另外,进入该构式的形容词,既可是单音节的,也可是双音节的。例如:

(14)这人身上就算有武功,也<u>好不到哪里去</u>。(古龙《小李飞刀》)

(15)日本在国际上的形象也许反而略高一些,却也<u>高不到哪里去</u>。(梁晓声《感觉日本》)

(16)要是一个男人向女人开枪开炮,实在也<u>高明不到哪里去</u>,……(柏杨《婚恋物语》)

(17)她也忙着辟谣,<u>轻松不到哪里去</u>。(苉羽《弟弟情人》)

如例(14)所示,言者认可"这人"有武功,但好得有限,明显承继了"V 不到哪里去"的有限量的语义特征。余例解读可类推。需要注意的是,从北京大学中国语言研究中心 CCL 语料库搜索到的 163 例"A 不到哪里去"实例的绝对数统计比例来看,其中单音节形容词 130 例,约占实例总数的 80%;双音节形容词 33 例,约占实例总数的 20%。若再考虑以上两类形容词出现的频率,则二者的比例更加悬殊。这种现象符合认知范畴观的层次论,因为单音节词属于基本认知范畴,所以具有较强的原型性特征;而双音节词存在不同程度的意义抽象与泛化,所以原型性特征较弱(王灿龙,2002)。进一步分析进入该构式的单音节形容词,其中"好"和"坏"(包括"差""糟")有 69 例,约占单音节形容词实例总数的 53%;其他的 61 例,约占实例总数的 47%。这表明"好""坏"是"A 不到哪里去"使用频率最高的词项,而"好""坏"恰恰是人类社会评价事物最基本、最常用的标准,具有极性程度评价义。其他单音节形容词中,绝大部分是量度形容词,可与数量短语搭配,比如例(15)中的"高",可组配为"一米七五高",说明此类形容词的性状程度在量幅上具备可量化的特征,具有较强的程度评价义。与"好/坏"相同,此类形容词也往往成对出现在"A 不到哪里去"构式中,其他实例还包括高/低、大/小、冷/热、胖/瘦、快/慢、远/近、轻/重、长/短等等。受隐喻机制作用,其他非量度形容词在性状程度量上也存在类似映射,表现为从具体到抽象的本体隐喻(ontological metaphor),实例包括强/弱、美/丑、真/假、苦/乐等等。

至于能够准入的双音节形容词,明显突出了两个特点:一是并列式复合词占主导;二是绝大多数表积极义,比如例(16)和例(17)中的"高明"和"轻松"。需要说明的是,由于双语素复合词本身就可被视作一个构式,因此其意义会产生不同程度的抽象或泛化,这就导致双音节形容词的性状特征不如单音节形容词那样来得显著。比如"高明","高"和"明"的意义都很明确,但"高明"表示"(见解、技能)高超"的含义并不能简单地从二者意义的加合中推导出来。事实表明,由于受社会归约性认知的取值影响,我们对特定事物的评价往往倾向于积极,这也就是能够进入"A 不到哪里去"构式的双音节形容词多数表示积极义的原因。除"高明"和"轻松"外,其他实例还有聪明、豪华、丰富、富裕、高兴、高雅、精彩、纯洁、便宜、高贵、漂亮、舒服等等。

综上所述,作为"V 不到哪里去"的下位构式,"A 不到哪里去"的承继关联自然也受到了相关认知域的映射作用,表现为其内在的连通性主要在构式义的性状程度强弱上得到了体现,具体如图 2-6 所示。

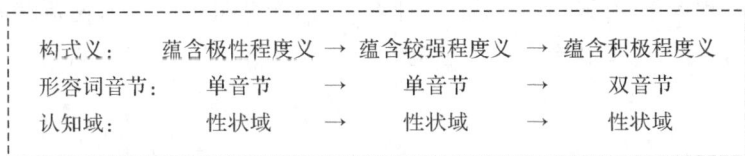

```
构式义:    蕴含极性程度义  →  蕴含较强程度义  →  蕴含积极程度义

形容词音节:  单音节       →  单音节       →  双音节

认知域:    性状域       →  性状域       →  性状域
```

图 2-6　"A 不到哪里去"构式的内在连通性(吴为善、夏芳芳,2011:329)

值得关注的是,在"A不到哪里去"构式的表述中,上下文通常会引入比较对象,或通过逻辑推论来体现因果或条件关联。例如:

(18)一定会是场很激烈的火并,败者固是全军覆没,但胜者也好不到哪里去。(古龙《圆月弯刀》)

(19)一下午的折腾让刚来实习的十几个同学叫苦连天,原来其他人也轻松不到哪里去。(秦婴宁《天之骄女》)

(20)内陆地区的气温达到了100℃,沿海地区的气温也低不到哪里去。(黄晓海译,斯蒂芬·金《厄兆》)

(21)如果干部思想作风乌烟瘴气,那么民风恐怕也好不到哪里去。[吴为善、夏芳芳(2011)用例]

如例(18)和例(19)所示,上述例句中加下画线的成分都是互相比较的对象,引进比较对象的目的是强化整个表述的心理预设,这在本书第七至第九章将重点提及,在此不再展开论述。又比如例(20)和例(21),分别以因果推论和条件推论来体现社会归约性认知。例(20)以"内陆地区"和"沿海地区"之间的某种必然联系为依据,体现了不同地区的气候特征区别;例(21)以"干部思想作风"与"民风"的某种必然联系为依据,阐释了"上梁不正下梁歪"的常理。除此之外,另一种更直接的方式是采用比较句式,在"A不到哪里去"前添加"比NP"介词短语。例如:

(22)科学研究证明,在某些领域,人比猴子聪明不到哪里去。
[吴为善、夏芳芳(2011)用例,下同]

(23)昨天买了个西瓜,有点生,比黄瓜甜不到哪去。

如例(22)和例(23)的表达方式更为简洁,一个复句紧缩成了一个单句。以上三种比较方式也从另一个角度印证了"A不到哪里去"是言者对某个主体的性状程度量(涉及量范畴)的一种判定,已涉及量范畴与差比范畴的理据关联,即量范畴是差比范畴的上位范畴。

第四节　本章小结

汉语构式词类替换现象是构式部分能产性的体现,本章具体考察了"很NP"、"有"字句和"X不到哪里去"三个具体构式。在析出上述三个构式原型的基础上,从语块的语义因子激活条件、汉语名动包含的组配同构、量范畴和差比范畴的理据关联角度分析了汉语"很NP"构式的性状义激活与名词准入、汉语"有"字句的整部关联与动词准入,以及汉语"X不到哪里去"的认知域映射与形容词准入,以此展现构式与词项的互动关系。施春宏(2014)形象地将这样的互动机制喻为"构式对组构成分的'招聘'和组构成分向构式的'求职'",可概括为:在组构成分进入构式的过程中,构式向组构成分提出需要满足的准入条件,如果组构成分的功能、意义及形式跟构式的常规功能、意义及形式不完全吻合,则通过调整其功能和意义结构及形式结构中的某些侧面以满足该准入条件;若两相契合则成功,若不能契合则无效。

需要进一步说明的是,任何阶段性研究在突出成果的同时,必然包含了后续研究的问题导向,集中表现在以下三个方面:

(1)"三个面向"的承继描写方法并不意味着可以孤立展开。在本书所主张的"三个面向"构式承继描写中,"面向切面"指的就是句法、语义和语用界面的互动,类似"很NP"构式的"副+名"现象的实质其实就涉及了句法、语义和语用的相互作用,亟待学界做出系统的本体论研究和方法论归纳(施春宏,2014)。

(2)汉语构式承继描写的阶段性成果是随着研究的发展而发展的。构式语法理论注重对构式语义的提炼,目的在于准确把握"整体大于部分之和"的整合效应。从这个角度出发,既然现代汉语双及物构式的具体表现是"处置性转移",那么现代汉语双及物构式是否与其他构式之间存在非正常样式的承继关联?比如以"处置义"范畴为理据,它是否和"把"字句存在着某种内在关联?以"转移义"范畴为理据,它能否被看作"致使—移动"构式的下位构式?以带格标记"给"为理据,它与单宾"给"字句又有什么样的联系?诸如此类的问题,涉及本书面向接口的"句法—语义"分析,将在第五至第七章中具体展开,此处不再赘述。

(3)汉语构式的词类替换凸显了语义范畴的等级序列。比如,"A不到哪里去"构式表示的是"主观评述性的程度有限量",涉及的就是语言中的量范畴。李宇明(2000:152)将量范畴分为六种次范畴,包括物量、空间量、时间量、动作量、级次量("级次量"范畴和其他量范畴不在同一层面)、语势。物量、空间量、时间量、动作量的级次序列投射至形容词表示的性状程度量,形成了形态语言中形容词的原级、比较级和最高级。汉语主要用程度副词来加以区别,构成一个性状程度量的级次序列(张斌,2002:314)。就此分析,顺序范畴可被视作量范畴的上位理据。那么,又是怎样的机制激活了范畴等级序列的呢?

第三章　面向对象与语块移位

　　综合第二章所述,语块实际上是具有一定句法语义属性的构式组配构件。关于这一点,国内学界其实早在 20 世纪 80 年代就已经关注到了,陆丙甫(1985)提出的"板块组合"概念主张对汉语句子的分析要概念化和程序化,使之最大可能地符合我们的认知直觉。所以,特定构式的组配构件在形式上就是构成线性语符链的一个个语块(顾鸣镝,2013:161;吴为善,2016:189)。

　　在第二章集中讨论面向语块替换的构式承继扩展描写的基础上,本书在这一章中将重点考察构式的语块移位现象,并揭示在这一表层变化下隐藏的构式承继路径,包括三个汉语构式的实例分析:第一,通过对定中 NV 和述宾 VN 的语块假性移位辨析,论述现代汉语 NV 构式的结构源起动因。第二,通过对汉语动结式范畴的自致使构式原型的弱致使义辨析,论述其在及物动词替换不及物动词后,受事论元前置话题化所导致的致使因凸显现象。第三,通过对汉语"V 起来"所在不同构式的语义虚化程度辨析,论述"NP＋V 起来＋AP"所在复句构式的语境适切度。

第一节　语块移位与结构源起

一、汉语 NV 构式的原型辨析

　　现代汉语粘合定中 NV 结构,其中的 V 通常是行为类动词,N 是 V 可直接支配的论元,语义角色是"受事",或可称为"产物"。需要关注的是,由于某些定中 NV 结构可变换为述宾 VN 结构,因此它们二者间看似存在语块移位的承继关联。例如:

　　　　(1)汽车制造　飞机制造　　船舶制造　　机械制造

制造汽车　制造飞机　？制造船舶　？制造机械

　　根据语料统计结果,类似例(1)中NV和VN的变换是有限制条件的,N的语义越具体,变换的可能性就越强;反之,变换的合格程度就越低("？"用来标识低合格程度)。究其原因,相对于"汽车""飞机","船舶"和"机械"属于语义抽象的集合类名词,一般不能直接进入述宾VN充当宾语。本书因此认定,定中NV和述宾VN的结构变换反映的是一种假性移位,但这恰恰可以用来说明何为构式语块的"移位"。具体来说,构式的移位语块在句法属性上需要有相当的一致性和普遍性。反观NV与VN,N的语义具体性和VN的可换序性存在正向共变关系(吴为善,2016:119)。也就是说,N在定中NV中充当定语需要具有可区别性,无论其语义是具体还是抽象,或者说无论论它处在认知范畴的哪个层次,只要它的外延义体现了"类"区别,就可以用来充当定语;而当N在述宾VN中充当宾语时,体现的却是它的"受事性"(陈平,1994),即N的语义越具体、受事性越强,才越有可能用来充当宾语。例如:

　　(2)这期间,他长期自修考古学、植物学、<u>机械制造</u>、地质学,是一个吞食书本的大功率机器。(刘炜《他在高原》)
　　(3)工矿重镇的唐山,现在也开始为<u>制造农业机械</u>而努力。(《人民日报》1949年4月27日)

　　比较例(2)和例(3),当例(3)的"制造机械"中间插入"农业"成为"制造农业机械"后,由于语义具体化程度提高,受事性随之变强,述宾VN就变得容易接受。由此可见,定中NV与述宾VN之间并不存在语块移位的承继关联。那么,定中NV的构式原型又是什么呢?本书认同吴为善(2016:120)的观点,认为NV结构是称谓性定中结构类推的结果。例如:

　　(4)黑狗　新书　花衬衫　大馒头　羊绒大衣　茅草房子
　　(5)黑的狗　新的书　花的衬衫　大的馒头　羊绒的大衣　茅草的房子

　　例(4)所举的粘合式的例子是称谓性的,而例(5)所举的组合式的例子是非称谓性的。所谓称谓性,换种说法就是可命名性,也就是粘合定中结构可以用来给某一类特定事物赋予一个通名,这在句法层面表现为不能插入结构标记"的"（"的"的基本功能是描写性的）。比如，例（4）中的"黑狗"，实际上就是用粘合定中结构给"黑的狗"赋予了通名，"的"因此不再显现。从这一视角来看，"的"字的隐现可以用来窥见称谓性和非称谓性粘合式的承继关联。关于语块隐现的承继关联描写，将在本书第四章具体展开，这里不再赘述。

称谓性粘合定中结构 NN 的中心语成分是名词，代表的是一种实体性称谓，受构式部分能产性机制的影响（参见第二章第二节），动词得以准允进入中心语位置，其条件是 V 必须具有事件指称的特征，这样才可能凸显其事件性称谓。例如：

（6）市场份额　干部素质　情报数量　图书质量　信息特征
环境状态
（7）市场监管　干部选拔　情报搜集　图书出版　信息处理
环境保护

例（6）中的中心语是典型的名词，属于粘合定中 NN 结构的实体性称谓；例（7）中的中心语是物化事件类动词，属于 NV 结构的事件性称谓，二者具有句法和语义上的同构性，构式从实体性称谓向事件性称谓的迁移体现的是一个非离散的连续统。接下来要讨论的是，哪些类型的 V 具有进入事件性称谓 NV 构式的可能？从双音动词的语义抽象性与内部构成的关联性来看，双音动词的动作性强度是存在差异的（张国宪，1997）。具体如图 3-1 所示。

构成：　前加/后附 > 偏正 > 补充 > 陈述 > 支配 > 联合
动性：　强 ————————————————————▶ 弱

图3-1　双音动词的动作性强度（张国宪，1997:183）

图 3-1 的等级序列表明，联合式双音动词的动作性最弱，最易造成功能上的名词性强化。如例（7）所示，本书讨论的事件称谓性 NV 构式中的 V 也主要是联合式双音动词，这也是 NV 构式对于动词 V 的限制所在。

二、汉语 NV 的结构源起

关于汉语 NV 的结构起源，学界倾向是和西方语言接触的结果。王力（1945:191）指出：依中国语法，叙述词（动词）必须在它的目的语（宾语）之前。例如，"杀人"不能倒过来说成"人杀"。若要把这种谓语形式转成首品，必须加上一个"之"字,例如"爱莲"可以转成"莲之爱";单说"莲爱"是不成话的。自从欧化以来,这种拘束是被打破了。西文里有 action-nouns(行为名词),而中文没有,于是那些 action-nouns 译成中文就变成了动词或动词性词组。例如,administration of industry and commerce,只能译为"工商管理"。由此可见,汉语 NV 结构似乎是为对译英语而产生的。就事实而言,汉语 NV 也的确常常用来对应英语的类似格式。例如:

> (8)企业管理　business management
> 尾气排放　gas and smoke emission
> 基础建设　infrastructure construction
> 空间探索　space exploration
> 大气污染　air pollution
> ……

贺阳(2008)进而发现,NV 结构的高频使用并非汉语固有传统,它是五四时期以来受到欧化格式影响而发展起来的一种书面语。在 20 世纪 20 年代的汉语书面语中,机构和官职名称以外的一般 NV 用例已不算少见,贺阳列举实例如下:

> (9)资本制度一天不倒,在资本制度的国家保护商业的<u>军备扩张</u>也一天不能停止。(陈独秀《社会主义批评》,《广东群报》1921 年 1 月 19 日)
> (10)不过我觉得托罗兹基(Trotsky)的<u>文艺批评</u>,倒还不至于如此森严。(鲁迅《马上日记之二》,《世界日报副刊》1926 年 7 月 19 日)
> (11)我认为这不过是<u>思想解放</u>的两面,都是疑古与贵我精神的表现。(朱自清《哪里走》,《一般》1928 年第 4 卷第 3 期)
> (12)如此,则所得的效果,是一部总括以前<u>文籍分析</u>,而启后来实地工作的一部古史。(傅斯年《与顾颉刚论古史书》,国立中山大学《语言历史学研究所周刊》1928 年第 2 集第 13—14 期)
> (13)红军人员的<u>物质分配</u>,应该做到大体上的平均。(毛泽东《关于纠正党内的错误思想》,1929 年)

贺阳就 14—20 世纪的文献进行了调查,本书将部分结果提炼后如表 3-1

所示。

表 3-1　14—20 世纪文献中汉语 NV 结构出现频率调查（贺阳，2008：82）

语料来源	语料年代	样本字数/万	NV 数/例
《水浒》	14 世纪	10	0
《西游记》	16 世纪	10	0
《红楼梦》	18 世纪	10	0
《鲁迅全集》第 3 卷	1925—1927	10	8
《毛泽东选集》第 1 卷	1925—1937	10	95
《胡绳文集》	1979—1994	10	115

　　根据表 3-1 内容，14—18 世纪的文学作品中尚未出现 NV 格式，20 世纪 20 年代后，这类结构才得到长足发展。需要指出的是，虽然在语言现象上的确存在一定时期汉英对译的实例，但从本质上讲，这并不能证明 NV 结构不是汉语自身存在的构式。其实，贺阳就提供了一些古汉语中机构和官职名称使用 NV 的实例。比如：宋代负责为朝廷祭祀活动提供牛和羊的官署叫作"牛羊供应所"（《宋史·职官志四》）；清代负责批验盐引的机构叫作"盐引批验所"（《清史稿·职官志三》）；清代负责批验茶引的官职叫作"茶引批验大使"（《清史稿·食货志五》）。以上说明，汉语中本也存在 NV 结构，只不过它通常是出现在一个更大的复合称谓结构中，作为官职或机构的称谓，语域相对单一。现代汉语中，此类现象更为普遍。例如：

　　（14）事故调查小组　文物管理局　婚姻登记处［吴为善（2016）用例，下同］
　　（15）人口普查督导　贵宾接待员　电影评论家
　　（16）商品销售计划　火力配置图　日程安排表
　　（17）信息发布专栏　废品回收站　商品展示区

　　例（14）中的实例指称某类办事机构，例（15）中的实例指称某类岗位人员，例（16）中的实例指称某类文件名称，例（17）中的实例指称某类专门区域。对此，吴为善（2016：117）指出，汉语中其实本来就存在 NV 结构，当英文中含有 action-nouns 的短语需要翻译成中文时，我们就很自然地采用这个格式去对译，NV 由此进入更广泛的语域。从这个发现上来看，受到统计文本的局限，我们无法证明汉语 NV 结构就一定是受到欧化格式影响才产生的。也就是说,英文 action-noun 短语格式的汉译需求是外因,汉语本就存在的机构和官职的 NV 结构是内因,外因通过内因产生了对译结果。

更值得关注的是,汉语中其实也存在类似于英语的名词范畴包含行为名词次范畴的现象。NV 构式中的 V 就是一个典型的具有事件指称义的动词,在词库中类似于英语中的行为名词,只不过汉语动词的指称用法没有类似于英语动词的形态标记,所以在词典中依然被标注为动词。例如:

(18) pollute [*vt.*]　　　pollution [*n.*][吴为善(2016)用例,下同]

<u>污染</u>(水质)　　　　(水质)<u>污染</u>

(19) manage [*vt.*]　　　management [*n.*]

<u>管理</u>(财务)　　　　(财务)<u>管理</u>

(20) construct [*vt.*]　　construction [*n.*]

<u>建设</u>(家园)　　　　(家园)<u>建设</u>

(21) emit [*vt.*]　　　　emission [*n.*]

<u>排放</u>(尾气)　　　　(尾气)<u>排放</u>

(22) examine [*vt.*]　　　examination [*n.*]

<u>检查</u>(身体)　　　　(身体)<u>检查</u>

(23) explore [*vt.*]　　　exploration [*n.*]

<u>探索</u>(宇宙)　　　　(宇宙)<u>探索</u>

以上示例表明,相较于英语动词和行为名词的形态标记变化,汉语是一个动词的两种形式(VN 和 NV)的变化,后一种用法(NV)中的动词与英语的行为名词功能基本相当。

第二节　语块移位与语义偏移

一、汉语自致使构式的原型辨析

现代汉语动结式是汉语致使范畴的一种典型表现形式,也是近段时间构式研究的热点。动结式表达了施事通过动词所表示的动作,以及使受事得到自动词或形容词所表示的结果,致使力呈现方向如图 3-2 所示。

$$X(致使者)\rightarrow Y(被致使者)$$

图 3-2　动结式致使力方向

从学界的普遍共识出发,动结式包含了四个语义角色:致使者、致使方式、被致使者和致使结果。如图 3-2 所示,X(致使者)通过某种行为动作使 Y(被致使者)产生了某种状态变化。比如,"他打碎了杯子","他"(致使者)通过"打"(致使方式)导致"杯子"(被致使者)"碎了"(致使结果)。需要指出的是,上述 X 和 Y 分别代表了主、客两个不同的实体,因而是一种典型的他致使构式,可码化为[致使者+致使方式+被致使者+致使结果]。然而,一旦致使者通过某种行为使其自身发生了某种状态变化,语义角色中的致使者和被致使者随即合而为一,致使力的呈现方向也随之发生变化。具体如图 3-3 所示。

$$X_i(致使者)\rightarrow X_i(被致使者)$$

图 3-3　自致使力方向

如图 3-3 所示,i 表示同指关系,表明他致使已经转向自致使。比如,"他吃饱了","他"(致使者)通过"吃"(致使方式)使其自身(被致使者)"饱了"(致使结果),可码化为[致使者+致使方式+致使者+致使结果]。由此析出自致使构式原型的两个最基本语块:一是主体 NP,通常是能够施行自主行为的生命体。二是粘合动结 VR,其中的动词 V 多为单音节不及物自主动词,比如"哭""笑""叫""喊""跑""走",表示生命体施行的某种自主行为;补语 R 多为单音节性质形容词,比如"累""烦""腻""晕""傻""呆",表示生命体出现的某种状态变化,通常是凸显消极义的。例如:

(1)接近文言文的台词,不过百余句,老外们看傻了。[《人民日报》(海外版)2015 年 6 月 1 日]

(2)那阵子她家天天吃面条,爱吃面的一家人都吃腻了。(《人民日报》2016 年 6 月 17 日)

(3)太空火车一连坐了 20 多次,冻麻了,转晕了。[《人民日报》(海外版)2000 年 6 月 7 日]

需要指出的是,典型的致使范畴体现的是动作与结果之间基于经验认知的语用因果推理,比如"他打碎了杯子","打"这个动作导致"碎了"的结果;而自致使构式是致使范畴中的非典型成员,其中的动作和结果之间并不存在必然的因果关联。如例(1)所示,不能简单地说是"看"导致了"傻",更合理的解释是"看文言文的台词"导致了"傻"。余例解读可类推。因此,此类表述中一般都存在表"过量"的语境信息,比如例(1)中的"文言文的台词",例(2)中的"天天吃面条"和例(3)中的"一连坐了20多次"。以上现象蕴含了自致使构式有别于其他致使范畴成员的语义特征,即表达了动作和结果之间的过量后果。也就是说,时间、空间或性状域中的某个"量"超出了一般人通常能够承受的范围,其结果是导致生命体在生理或心理方面的消极状态。吴为善(2010)认为,这种消极的过量后果并不符合行为生命体主观上的预期,因而凸显的是"非预期的过量后果义",这反过来又制约了自致使构式的句法表现,具体可概括为三个方面:

(1)自致使构式的独立成句性差。典型致使构式(比如"他打碎了杯子")并不强调语境依赖的特点,但自致使构式一般依赖于语境。如例(1)—例(3)所示,自致使构式往往是复句的一个分句,需要语境支撑。

(2)自致使构式无否定形式。典型致使构式通过"VR了"和"没VR"的对立来形成否定,而自致使构式的"VR"一般没有直接否定形式(用"?"标示)。例如:

(4)那头牛踩坏了不少树苗。(《人民日报》2003年4月3日)

→那头牛没踩坏树苗。

(5)他们已经吓傻了。(《人民日报》1951年2月26日)

→? 他们没吓傻。

究其原因,因为自致使构式陈述的是某种"过量"导致的"后果",所以否定的语义基础就自然而然地消退了。

(3)自致使构式无可能形式。相较于典型致使构式可形成可能式的情况,自致使构式表达的是"非预期后果"(具有不可预测性),所以不存在可能形式。例如:

(6)打碎→打得碎/打不碎 [吴为善(2010)用例,下同]

(7)笑傻→ * 笑得傻/笑不傻

上述现象的原因与自致使构式的构式义有着直接关系：因为"非预期后果"具有不可预测性，所以也就不可能存在可能式了。

二、受事论元前移与语义凸显

（一）受事论元的迁移现象

自致使构式也存在本书第二章所提及的表层语块替换的显性变化，具体表现为构式中的不及物动词被及物动词所替换。例如：

(8)这可是令人思乡的家乡小调，那个小伙子唱啊唱啊，竟然唱哭了。[吴为善（2020）用例，下同]

→小伙子唱哭了。

(9)老张能说会道，可天天说这些重复的大道理，也说烦了。

→老张说烦了。

(10)这一大盆脏衣服，妈妈洗了一天，还真洗累了。

→妈妈洗累了。

需要指出的是，及物动词一般具有可支配的论元，作为受事位于宾语位置，但在自致使构式中，如例(8)—例(10)所示，即便存在受事论元，及物动词通常也不带受事宾语。然而，一旦此类构式变换为动词拷贝句，及物动词所支配的受事论元就会显现。例如：

(11)小伙子唱小调唱哭了。[吴为善（2020）用例，下同]

(12)老张说大道理说烦了。

(13)妈妈洗衣服洗累了。

关于这种现象的形成原因，学界早有共识，即补语语义指向施事主语的现代汉语动补短语不能带宾语。例(8)—例(10)中的结果补语"哭""烦""累"，在语义上它们分别指向主体"小伙子""老张""妈妈"，所以其中的及物动词不带宾语。若出于扩充信息量的目的必须显现受事论元，则只能后置主体NP，同时将及物动词所支配的受事论元提前，使其作为句子的话题，在形式上表现为"受事论元（话题）＋及物动词VR＋主体NP"。需要注意的是，此类语块移位现象需要充分的信息量予以支撑,信息量越充分,句子的合格度就越高(用"＊"标示不合格,"?"标示一般不合格)。例如:

> (14)妈妈洗衣服洗累了。[吴为善(2020)用例,下同]
> →＊衣服洗累了妈妈。
> →? 脏衣服洗累了妈妈。
> →一大盆脏衣服洗累了妈妈。

受自致使构式"NP＋VR"的原型构式义(非预期的过量后果义)的辖制,受事论元前置突出"致使因"必须表示某种"过量"信息,这也就是信息量越充分,事实就越合理的原因。如例(14)所示,"一大盆脏衣服"体现了"脏衣服"过多的信息,凸显了"过量"致使因。由此看来,虽然句法形式上受事论元作为"致使因"充当了主语,但构式语义的角色关系依然如故,在"一大盆脏衣服洗累了妈妈"中,主体NP还是妈妈,"累"还是"洗"所导致的结果。甚至,能够进入此类构式的及物动词,比如"唱""说""洗""写""看"等,其本身并不具有使动意义,它们在构式中的浮现意义是构式赋予的结果。据此来说明学界的两个研究热点:一是关于"老王喝醉了酒"的主宾换位问题,二是关于"张三追累了李四"的多义问题。

(一)关于"老王喝醉了酒"的主宾换位问题

自致使构式"NP＋VR"的另一种表现形式是,VR的后带宾语可以通过动词的使动用法前移来充当主语。换句话说,就是动结结构为述语成分,主、宾语可在述语前后互换位置。例如:

> (15)老王喝醉了酒。[任鹰(2001)用例,下同]
> →酒喝醉了老王。
> (16)老师讲烦了课。
> →课讲烦了老师。
> (17)大家吃腻了剩菜。
> →剩菜吃腻了大家。

任鹰(2001)就此现象指出,看似相同的动结结构其实有着不同的构造方式,以动结结构为述语的句子有着自动和使动两种不同的格局,一个动结结构的前项动词和后项补语都有可能用来充当结构中心,能够分别支配各自的宾语成分。这是动结式述语结构主宾换位现象的理据所在。主宾可换位结构的存在证明,汉语句法结构和语义结构的疏离源自汉语语序的灵活多变,是缺乏足够说服力的。其实,自动和使动两种不同的格局就本书而言就是"自动"和"使动"的区别,其关键在于动结式的表意重心是否落在了补语 R上。比如,例(15)中的"老王喝醉了酒",是"老王"反映出的"醉";"酒喝醉了老王",是这个"酒"让"老王"醉的。根据语料统计的结果,能够形成这种动结式补语 R 的形容词并不多,主要集中在表心理状态的单音节动态形容词,比如"烦""腻""厌"。而这种格式之所以能形成两种"格局",其实就是这类词与构式互动的结果。这种现象具有类型学意义上的普遍性。例如:

(18)Politics interests me.[吴为善(2010)用例,下同]

政治使我感兴趣。

(19)I'm interested in politics.

我对政治感兴趣。

(20)彼の話は私を聞き飽きさせた。

她的话听烦我了。

(21)彼の話は聞き飽きた。

我听烦了她的话。

如例(18)—例(21)所示,前面所述现象在英、日语中都有着类似情况,特别是在形态上也都存在显性对立。

(二)关于"张三追累了李四"的多义问题

沈家煊(2004)指出,"追累"是一个动结式。基于"谁追谁,谁累","张三追累了李四"在释义上有四种逻辑可能。例如:

(22)张三追李四,李四累了。[沈家煊(2004)用例,下同]

(23)张三追李四,张三累了。

(24)＊李四追张三,张三累了。

(25)李四追张三,李四累了。

如例(22)所示,此类表达存在"张三使李四累了"的使成义;例(23)表现为无使成义;例(24)这样的逻辑不成立,可排除(用"＊"标示);例(25)表现出的同样是使成义。沈家煊因此强调,类似"追累"这样的动结式所构成的句子,仅仅从动词和补语的论元结构和题元结构出发,是无法对其句法和语义做出充分解释的。主要原因有二:一是动结式的意义不能完全靠动词和补语的意义推导出来,二是动词和补语有着各自的词汇选择限制。

"张三追累了李四"这样的多义结构,与本书所讨论的自致使义构式"NP＋VR"有着相当的关联性。例如:

> (26)张三追累了李四。→张三追李四,李四累了。
> (27)张三打碎了玻璃。→张三打玻璃,玻璃碎了。
> (28)张三追累了李四。→张三追李四,张三累了。
> (29)张三喝醉了酒。→张三喝酒,张三醉了。
> (30)张三追累了李四。→李四追张三,李四累了。
> (31)一瓶酒喝醉了李四。→李四喝一瓶酒,李四醉了。

比较例(26)与例(27),它们是典型的他致使义构式;比较例(28)与例(29),它们是主宾可换位的自致使义构式;比较例(30)与例(31),它们是凸显致使因的自致使义构式。通过句子成分替换,可以发现"张三追累了李四"这个多义结构实际上分属于不同构式。从语义上分析,动词"追"所支配的两个论元(施事和受事)其实是同时同步动作的;补语"累"具有"自动"和"使动"两种意义("施事累"或"使受事累")。动结式"追累"与相关论元在语义上都存在搭配的可能,比如"张三"和"李四"都能搭配"追"或"被追",因为结果都是可能"累",所以在形式上就会形成一个多义结构。由此可以窥见动词和补语的词汇选择限制;同时,这也充分说明了一个动结式的意义不能完全从动词和补语的意义加合中推导出来。

第三节　语块移位与语境适切

一、汉语"V 起来"与其所在构式的原型辨析

现代汉语的粘合动趋短语"V 起来"是由动作动词 V 与复合趋向动词"起来"组合而成的一个特殊语块。说其特殊,是因为它在句法中的不同位置分

布会导致不同的语义衍生。例如：

（1）五富爬起来了，那个推车人也爬起来了，都没事，只是手擦破了皮。（贾平凹《高兴》）

（2）凤霞哭起来一点声音也没有。（余华《活着》）

（3）说起来，也可以算是一条路上的人，你在厂里总应该尽力帮吴老板的忙。（茅盾《子夜》）

例（1）中谓语位置的"爬起来"代表了"V起来"的原型，根据《现代汉语词典》（第7版）的解释，其中的"起来"是趋向动词，用在动词后边作补语，构式可码化为"NP＋V起来"。例（2）中谓语前位置的"哭起来"代表了"V起来"在一般述谓句中的隐现，构式可以码化为"NP＋V起来＋AP"。例（3）中主语前位置的"说起来"代表了"V起来"做句首插入语的情况，构式可码化为"V起来，NP＋VP"。由于"V起来"可同时存在于以上三种构式，并形成不同的位置分布。因此以其为理据性参数考察不同构式的承继关联可谓切中要害。

（一）"NP＋V起来"构式的形义分析

"NP＋V起来"构式中的"V起来"是一个动趋式粘合述补结构，它的语义偏移主要体现在"起来"的语义虚化，溯其轨迹可分为三种情况：一是表示人或物体由下往上的空间位置移动，凸显的是位移义；二是表示动作完成并取得了某种结果，凸显的是结果义；三是表示动作开始进行并继续下去，凸显的是起始义。例如：

（4）一轮红日从河堤后边升起来，耀得我眼前一片金花花。（莫言《牛》）

（5）每天在打折扣，市场上可买的东西很少，钞票存起来。（巴金《随想录》）

（6）其他两门也接着打起来，一大团一大团蓝色的烟花顿时在这个小山谷里连成一片。（魏巍《东方》）

如以上所示，例（4）中的"升起来"凸显了位移义，例（5）中的"存起来"凸显了结果义，例（6）中的"打起来"凸显了起始义。从认知角度分析，位移义属于空间域，表示人或物体由下往上的空间位置移动，符合"起来"趋向动词的语义特征,因而代表的是原型义。需要指出的是,空间位移的过程必然伴随着时间的推移,在将概念从空间域投射至时间域的过程中,"起来"的语义虚化衍生出其他两种意义,具体如图 3-4 所示。

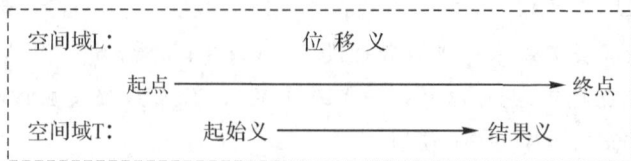

```
空间域L:                    位  移  义
        起点 ————————————————————→ 终点

空间域T:        起始义 ————————————→ 结果义
```

图 3-4 "V 起来"的语义虚化轨迹(吴为善,2012b:5)

如图 3-4 所示,起始义是用动态位移过程的整段时间来转喻时间序列上的起点,结果义是用动态位移过程的整段时间来转喻时间序列上的终点。由此说明,"NP+V 起来"中"起来"的三个义项都蕴含了时间因素。

(二)"NP+V 起来+AP"构式的形义分析

"NP+V 起来+AP"中的"V 起来"在语义上凸显的还是起始义,表示动作开始并进行下去。需要指出的是,进入谓语前位置后,此时"V 起来"所蕴含的动态时间因素消退。例如:

(7)可有的时候,又一反常态,唱起来干巴巴的。(老舍《鼓书艺人》)

→可有的时候,又一反常态唱起来,唱得干巴巴的。

→可有的时候,又一反常态,唱得干巴巴的。

如例(7)所示,"唱起来干巴巴的"实际上是"V 起来"和"V 得 AP"两个小句整合的结果,即便省略"起来",也不会影响听者对整句话的理解。如此整合的结果是在句法操作上消除了"V 起来"的动态时间因素,表现为 AP 可用来直接陈述"V 起来"的状态,"V 起来"凸显了"当……时候"的意义。因此"NP+V 起来+AP"转向了对某个事件状态的评述。

(三)"V 起来,NP+VP"构式的形义分析

当"V 起来"的评述义逐渐固化时,在构式赋义的制约下,感知类动词"说""看""听""想""算"等词语表"判断、估量、推测"的语义因子被激活,含此类动词的"V 起来"进一步虚化,成为插说语成分,表示言者在对事实做出判

断、估量和揣测时的话语标记。例如：

（8）<u>看起来</u>，一切家畜泅水的能力都是有限的。（李準《黄河东流去》）

（9）<u>算起来</u>，即便活到今天，他也不过是五十五岁吧。（王旭烽"茶人三部曲"）

如例（8）和例（9）所示，"V 起来"位于句首作小句，凸显了其插说语的用法。由此看来，当"V 起来"处于"NP＋V 起来"构式的谓语位置时，构式整体是一种表示实体变化的客观陈述；当处于"NP＋V 起来＋AP"构式的谓语前位置时，"V 起来"就具有了次话题身份，构式整体是一种表示实体状态的主观评述；而当处于"V 起来，NP＋VP"构式的句首位置时，"V 起来"作为插入语已虚化成为话题标记，构式整体是一种表示实体状态的估量评述。由此可见，语块"V 起来"在三个构式中的位置（谓语位置、谓语前位置、主语前位置）与语义虚化程度呈正向共变态势，具体如图 3-5 所示。

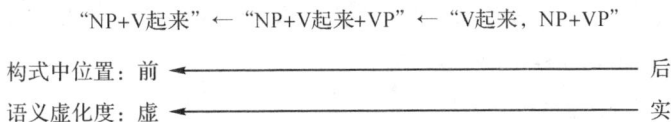

"NP+V起来" ← "NP+V起来+VP" ← "V起来，NP+VP"

构式中位置：前 ◀━━━━━━━━━━━━━━━ 后

语义虚化度：虚 ◀━━━━━━━━━━━━━━━ 实

图 3-5　"V 起来"的句法分布与语义虚化程度（吴为善，2012b:11）

二、"V 起来"的复句组构与情境识解

为避免以往语法研究中对单句的孤立处理所带来的关于句与句之间关联性的判定问题，构式语法理论主张通过语境与篇章考察来发现某个构式与其相近构式之间的功能类同和差异，因此特别强调对情境的识解。出于这样的考虑，本书接下来将重点考察"NP＋起来＋AP"构式的语境适切度。之所以提出语境适切度，是出于对学界之前所认为的汉语中动句也具有通指性解读的反思（曹宏，2005）。例如：

（10）<u>奔驰车开起来</u>很舒服。［吴为善（2012b）用例，下同］

（11）<u>对任何人来说</u>，奔驰车开起来都很舒服。

（12）<u>通常的情况是</u>，奔驰车开起来都很舒服。

(13)任何一辆奔驰车,开起来都很舒服。

学界之前关于例(10)的通指性解读,主要是比附英语中动句具有不表达特定施事而表达任意施事的通指性特点,理由主要来自三个方面:一是外部论元的通指性解释,比如例(11)中的"对任何人来说";二是所表达命题的通指性解释,比如例(12)中的"通常的情况是";三是句法主语的通指性解释,比如例(13)中的"任何一辆奔驰车"。然而,吴为善(2012b)发现,"NP+V起来+AP"构式的基本功能是言者对某种活动或现象的状态所引发的主观评述,因此例(12)的释义是合理的,但这样的命题惯常性未必建立在社会规约化认知的基础上,这导致例(11)的释义并不准确。例如:

(14)大家在一起聊起了开车,都抱怨现在交通拥挤,人车混杂,汽车开起来不容易,但几个"老司机"却不以为然,觉得汽车开起来很容易的。[吴为善(2012b)用例,下同]

(15)姐妹俩性格完全不一样,夜里走山路,漆黑一片,各种奇奇怪怪的声音在耳边缠绕,姐姐毫不理会,妹妹听起来却觉得毛骨悚然,紧紧依偎着姐姐,心里直打怵。

如例(14)和例(15)所示,"老司机"对于"开车"的感觉和众人的感觉并不一样;"妹妹"对于"各种奇奇怪怪的声音"的感觉和姐姐的也显然有所不同,但这些差别并不影响"老司机"和"妹妹"对于这种情境的感受。事实上,也正因为如此,这种超出社会规约性认知的识解激活了言者的发话动因。至于例(13)的释义限定NP是光杆通指名词的情况,吴为善则认为与语言事实不相符合,指出虽然部分NP确实是光杆通指名词,但更多的却是定指的成分。例如:

(16)这种苹果吃起来很酸。[吴为善(2012b)用例,下同]

(17)这篇文章写起来很辛苦。

(18)那种树砍起来很费劲。

(19)那些碟子刷起来很方便。

甚至有的NP前存在用特定成分修饰的情况。例如:

（20）你老兄的话听起来很高妙，其实是无所作为。（陆文夫《围墙》）

（21）八千岁的米店看起来不大，门面也很暗淡。（汪曾祺《八千岁》）

（22）学校南边那块瓜地，想起来叫人口中出甜水。（老舍《一些印象》）

（23）一日数次咆哮汹汹，回想起来不免心有余悸。（陈廷一《蒋氏家族全传》）。

根据语料统计结果，在"NP＋V起来＋AP"构式中，NP是通指性成分的仅约占13％，而定指和特指性成分的占比却约为87％。由此可以得出这样的结论：NP具有通指性在"NP＋V起来＋AP"构式中并不是必要条件。例如：

（24）汽车开起来很容易。［吴为善（2012b）用例，下同］
（25）这种汽车开起来很容易。
（26）这辆汽车开起来很容易。

如例（24）—例（26）中加下画线的NP所示，无论NP是通指还是定指、特指，它们只涉及NP所指范围的大小，并不会对其中"V起来"的语义和功能产生影响。需要特别关注的是，在本书所列举的"NP＋V起来＋AP"实例中，AP多数是以形容词为中心的词组。学界对此有着这样的共识：形容词的简单形式表示的是单纯属性，比如"乱"，意为"没有秩序，没有条理"；而形容词的复杂形式表示的是一种跟属性有关的程度量，或是言者对属性的主观估价后产生的评述义，比如"乱糟糟"，形容"事物杂乱无章"。"NP＋V起来＋AP"构式中的词组AP就是属于形容词的复杂形式，包括两种情况：一是由程度副词或表程度的代词和形容词构成的词组，比如"很大""挺好""那么长"；二是由并列形容词构成的词组，比如"又高又大""既长又宽"。

换句话说，既然"NP＋V起来＋AP"构式的话语功能是言者对某种活动或现象状态的主观性评述，那么言者往往会为此加上一个符合社会规约性认知的评述理由。第一种办法是在NP前添加理由性的修饰语。例如：

（27）简单的故事讲起来很容易。［吴为善（2012b）用例，下同］
（28）发霉的卷烟抽起来又苦又涩。

（29）受潮的柴火烧起来烟雾腾腾的。

（30）伤心的事儿提起来叫人掉泪。

第二种办法是先提出话题，而后用一个或多个分句阐明 NP 的特征。例如：

（31）桃源石很硬，磨起来很不容易。（汪曾祺《桃花源记》）

（32）那烟显然放的时间长了，抽起来十分干呛。（王朔《我是你爸爸》）

（33）鸭嘴是角质，就像指甲，没有神经，刻起来不痛。（汪曾祺《鸡鸭名家》）

（34）白巡长已有四十多岁，脸上剃得光光的，看起来还很精神。（老舍《四世同堂》）

第三种办法是先说明某人或某事的背景，然后引出相关评述性结论。例如：

（35）因为有这样一段惨事，笛子的声音听起来就很悲伤。（沈从文《生之记录》）

（36）当时的我，是初出茅庐的一个十四岁未满的乡下少年，突然间闯入了省府的中心，周围万事看起来都觉得新异怕人。（郁达夫《志摩在回忆里》）

以上三种方法说明，由于语境凸显了理由，因此言者运用"V 起来"所表达的就是结果。从这点出发可以看出，前面这些理由性的信息倒是可用来充当致使的语义角色，整个复句构式因此可归入致使范畴。

除此之外，言者也可以通过为"NP＋V 起来＋AP"提供一个符合情境规约的参照对象来强化构式的评述义。第一种办法是引入类比对象，采取"像……"这类显性隐喻。例如：

（37）这家旅馆看起来像一件破烂衣服上完好的扣子。（老舍《鼓书艺人》）

（28）那些话听起来就像刀子一样往心里扎。（王小波《歌仙》）

（29）陈治策先生又讲到另几种苦处,但是<u>归纳起来</u>似乎都在东西不齐全和"乱七八糟"。（林徽因《设计和幕后困难问题》）

第二种办法是引入差比对象,采取"比"字句凸显言者的主观感受。例如:

（30）她<u>跑起来比羚羊还快</u>。［吴为善（2012b）用例,下同］
（31）二胡的声音<u>拉起来比京胡柔和多了</u>。
（32）畅销书<u>卖起来比一般的书快得多</u>。

第三种办法是引入对比对象,采取并列小句强调说话人的主观感受。例如:

（33）饺子嘛,<u>吃起来很过瘾</u>,<u>包起来就麻烦了</u>。［吴为善（2012b）用例,下同］
（34）这个原则<u>说起来容易</u>,<u>做起来难</u>,在社会风气不正的环境中就更难。
（35）臭豆腐<u>闻起来臭</u>,<u>吃起来香</u>。

综上所述,人们在平时说话时总是"有感而发",讲究"言之有理",这是人类的言语交际经验所致。因此,为了使自己的评述更能为人所接受,更有说服力,往往在话语中会出现一些标志性的特定信息来强化所述理据。本书认为,类似这样的语境适切不仅仅可被视作"NP＋V起来＋AP"与其所在复句构式的功能性理据,更可作为"V起来"存在于"NP＋V起来""NP＋V起来＋AP""V起来,NP＋VP"构式的共性理据。这一方面为复句构式的承继描写提供了思路,另一方面或许可为构式的多重承继描写另辟蹊径。

第四节　本章小结

本章主要考察构式语块的移位现象,展开关于汉语定中NV构式、自致使构式和"V起来"组合构式的语块移位的承继描写,得出结论如下。

(一)定中 NV 和述宾 VN 的语块互换是一种假性移位

从定中 NV 结构起源分析的结果来看,虽然汉语与其他语言接触的结果会对词汇产生比较明显的"借词"效应,比如,"sofa"→"沙发","好久不见"→"Long time no see",但这对句法格式来说却并不尽其然,因为一个新的格式的出现往往是因为偶然外因与必然内因的合作作用。

(二)表层形式相同的汉语构式存在非同构的可能性

从对自致使构式受事论元前移凸显致使因的分析可以窥见,现代汉语动结式情况复杂,从表层形式上看起来貌似同构的格式,其实是非同构的。比如"长大了","长"与"大"之间虽然存在因果关系,但"长"是非自主动词,无法体现致使义;又如"睡醒了",虽然"醒"是自主动词,但它同时又是一种非可控的自然状态,因此与"睡"不存在因果关联;再如"笑死了","死"的意义虚化,不再表示结果义,只表达了程度义;等等。对此,施春宏(2015a)就动结式在相关句式群中不对称分布的多重界面的互动机制进行了梳理与探究,这里不再赘述。

(三)简单比附不能成为类型概括的方法

从对汉语中动句也具有通指性解读的反思中不难发现,通过简单比附进行类型概括的方法在研究理念上是值得商榷的。简单来说,英语的中动结构"NP＋V＋ADV"不是事件性结构,因此不具有施动性和时间性,它主要用来表述主语的状态特征。例如:

(1)Butter cuts easily.(黄油切起来很容易。)

(2)Greek translates easily.(希腊语翻译起来很容易。)

(3)Poetry doesn't translate well.(诗歌翻译起来很难。)

英语中动句的谓语动词往往采用主动句的形式,比如例(1)中的句首主语"butter",对于谓语动词"cut"而言就是受事。余例解读可类推。英语中动句因此可归为受事主语句,其具备了三个主要特征:一是英语中动句的谓语动词在形式上必须与主语保持一致,如例(1)—例(3)所示,因为主语都是第三人称单数,所以谓语动词以"-s"的形式出现;二是英语中动句的主语在语义上一般是受事,是谓语动词的可支配论元;三是英语中动句的附加语 ADV 一般是副词作后置状语。相较而言,汉语中并不存在能够严格匹配英语中动句的形式。即便是"NP＋V起来＋AP"构式,它与英语中动句也存在三个方面的差别:一是"V起来"的句法属性虽然学界尚无定论,但它一定不是谓语核心,而且能在一定条件下移位至句首;二是构式中的NP是句子的主话题,除了受事角色外,还可以是施事、工具、处所、时间等;三是构式中后边的AP是广义的描述性词语,它才是句子的真正谓语。由此看来,用对译来判断不同语言中的形式是否属于同类构式的观点,其理据是不充分的。

第四章　面向对象与语块隐现

学界对语块的重视可追溯到 20 世纪 90 年代。迈克尔·刘易斯(Michael Lewis)在 1997 年系统地提出了"语块理论"(The Chunk Theory),指出语言是由有意义的语块组成的,语块与语块的组合形成了连贯语篇。本书认为,随着语料库语言学的不断发展,自然语言中存在着大量兼有句法和词汇特征的语言结构,这已是不争的事实。越来越多的研究者也已意识到语言产出不是一个受制于句法规则的过程,而是一种理解和产出整体语块的能力。语块可以是词,也可以是半固定或固定结构。基于上述认识,本章从汉语构式的三个实例分析入手,重点考察汉语构式表层形式上的语块隐现现象,其中包括:第一,以助词"得"的隐现作为现代汉语粘合述补构式和组合述补构式的形式区别,分析在这一表层变化下说话人对语境的主观判断,探究基于功能扩展的承继描写;第二,以"不可"在"非 VP 不可"构式中的隐现为观测点,从言者和当事人的表达视角切入,探究"非 N 不可""非 VP 不可""非 VP"构式及其延伸构式的承继关联;第三,以"说"字隐现考察推理构式"如果"和"如果说"的异同,分析和判断"说"字强制共现与可隐退的组配模式,并得出相关组配的承继特征。

第一节　语块隐现与句法象似性

一、汉语述补构式的粘合式与组合式

为了突出体验哲学和认知语言学的理论背景,戈德伯格在其 2006 年的专著中对构式定义进行了修订,指出任何语言结构只要在形式或功能的某个方面不能从其组成部分或其他已知构式中严格预测出来,即可被认定为构式。至此构式定义从形式与意义的匹配拓展到了形式与功能的匹配。这一改变

说明,构式语法理论已不再局限于一般形义的单纯分析,而是将其应用延伸到了语义、语用,甚至是认知层面(顾鸣镝,2013:147)。以此关照汉语述补构式,在之前的研究中,学界普遍认同将"得"字隐现的显性区别作为粘合述补构式和组合述补构式的辨识依据。反映在组配形式上,组合述补构式有助词"得",粘合述补构式则没有。需要指出的是,受到述补构式的范畴特征压制,组合述补构式和粘合述补构式在语义上是存在共同点的。例如:

(1)老李吃<u>饱了</u>。〔顾鸣镝(2013)用例,下同〕

(2)老李吃<u>得饱饱的</u>。

(3)我写<u>烦了</u>。

(4)我写<u>得不耐烦了</u>。

(5)刀磨<u>亮了</u>。

(6)刀磨<u>得雪亮</u>。

先来比较例(1)和例(2),"吃饱了"是粘合述补构式,"吃得饱饱的"是组合述补构式。虽然它们在形式上存在"得"字隐现的差别,但二者都可以用来表达逻辑结果。除此之外,二者的语义指向也存在相同之处。比如,例(3)和例(4)中的"我"是施事,例(5)和例(6)中的"刀"是受事,语义角色虽有不同,但无论后面跟的是粘合式,还是组合式,语义同样指向前面的成分。需要指出的是,上述关于二者共同点的分析只是基于形义层面的考察,一旦将其延伸至语用功能,二者就会显现出差异。其中的关键点就在于:为什么同样是表达结果,言者却会选择不同的构式?郭继懋、王红旗(2001)认为,这取决于言者想以何种程度来凸显逻辑结果。例如:

(7)看到这些痛苦的形象,我们脚下不自觉地<u>走快了</u>。(冰心《我们这里没有冬天》)

(8)虽然明白过来,可是他依然<u>走得很快</u>。(老舍《四世同堂》)

如例(7)和例(8)所示,虽然都是为了说明"走快"的结果性状,但相较于"走快"的相对事实描写,"走得快"更体现了言者的主观判断,反映了在同一个语用情境中,同一结果的不同程度凸显。也就是说,言者倾向于选择粘合述补构式来表达结果的低程度凸显,而选择组合述补构式来表达结果的高程度凸显。现代汉语中,至少存在三种结果凸显程度的处理方式。比如,以"喝水后水消失"为场景,第一种方式是只用谓语动词,不用补语,"……喝了"。第二种方式是用粘合述补构式"……喝光了"。第二种方式在结果凸显的程度上显然要高于第一种。第三种方式是用组合述补构式"……喝得一点都没剩",较之前两种,它的结果凸显程度明显又有了提升。三种方式结果凸显的程度与言者对于结果的主观判断密切相关,具体如图 4-1 所示。

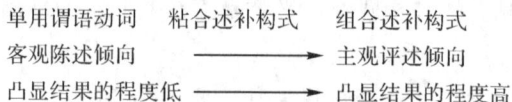

单用谓语动词　　粘合述补构式　　组合述补构式

客观陈述倾向　　———————→　主观评述倾向

凸显结果的程度低　————→　凸显结果的程度高

图 4-1　结果凸显程度的方式比较

那么,又是什么激发了言者对不同述补构式的选择呢?从语境识解的角度来分析,如果某一事件结果被言者主观判断为表达价值有限,那么他就会选择有限程度的表达,以总括扫描的方式将结果与原因合并起来作为一个单一的完形,为此言者会选择粘合述补构式。然而,一旦结果被言者认为表达价值足够高,可以作为一个独立语块来显现时,原因和结果就会以次第扫描的方式被分割为两个单独的事件,言者因而会选择组合述补构式。这可以作为"得"字隐现的理据,体现了述补构式范畴内不同次范畴的承继关联。

值得注意的是,语言中词和词的固化组合代表了现成的、概括的和模型化的意义,适用于表达一般的凸显信息;而词的自由组合与临时组合则代表了鲜活的、具体的和尚未模型化的意义,更适合表达不一般的凸显信息。由此看来,粘合述补构式是一般凸显的,信息价值低;组合述补构式是高凸显的,信息价值高(郭继懋、王红旗,2001)。据此推导,粘合述补构式具有常见、概括、已模型化、无时间/空间/方式/量范畴等规定限制,且具有可预测性高、信息价值较低的特点,因而只需凸显结果的一般性状;而组合述补构式则具有不一般、鲜活、具体、尚未模型化、有时间/空间/方式/量范畴等规定限制,且具有可预测性低、信息价值高的特点,因而需要突出结果的表达程度。表现在指称上,粘合述补构式是通指的,组合述补构式是特指的,符合逻辑上通指词语表上位概念、特指词语表下位概念的特征。换言之,前者更为概括,后者更为具体。例如:

(9)逗笑了→逗得他笑哈哈的[顾鸣镝(2013)用例,下同]

(10)画漂亮了→画得跟好莱坞女明星梦露一样漂亮

(11)抬累了→抬得我接下来这一个星期都直不起腰来

例(9)中的"笑哈哈"说明了"笑"的状态与程度,例(10)中的"跟好莱坞女明星梦露一样漂亮"说明了"漂亮"的方式与程度,例(11)中的"我接下来这一个星期都直不起腰来"说明了"累"的后果与程度。以上说明例(9)—例(11)中的后者("→"后)除了具备前者的特征,还兼具自己的词语特征。从这点出发,言者对语境识解的差异,使得组合述补构式往往蕴含了丰富的主观情感,这就导致许多组合述补构式成了夸张性的表达式,明显带有言者在面对未预料到的情况时所反映出来的激动情绪。例如:

(12)今天的菜<u>贵得要命</u>。[顾鸣镝(2013)用例,下同]
(13)村内外的树<u>绿得不能再绿</u>。
(14)夜<u>静得没有一点声音</u>。
(15)他<u>饿得肚皮紧贴着脊梁骨</u>。
(16)大婶<u>忙得昏天黑地</u>。
(17)她<u>哭得死去活来</u>。
(18)他<u>被吓得人事不知</u>。
(19)爹<u>笑得一脸的皱纹</u>。

如上所示,"得"字在述补构式中的语块隐现,体现了言者出于始料未及的情绪反应。

二、"得"字隐现的句法象似性

从句法象似性原则来解释"得"字在粘合述补构式和组合述补构式中的隐现现象,就要说明以上二式与规约性结果和偶发性结果的对应关系。莱考夫在其1987年的专著《女人、火与危险的事物:范畴所揭示之心智奥秘》(*Women, Fire, and Dangerous Things: What Categories Reveal about the Mind*)中提出了人类认知的"理想化认知模式"。在论及"命题结构"(propositional structure)时,莱考夫指出:人类大部分的知识都是以命题结构的形式存在的,它概括了我们在某个语义范畴所涉及的认知域中的背景知识和信仰,是数个认知域知识形成的网络。这些知识包括人们对特定对象成分、属性,以及彼此之间关系的认识,凸显了人们在特定言语社会中进行某种特定活动时,比如"上街""购物""看病""开车""洗衣服",根据时空和因果关系联系起来的一个标准化、理想化的结构场景。从人类生活经验和社会规约性认知的角度出发,客观世界里存在"规约性"和"偶发性"两种结果:当因果关系的两个情况属于同一个命题结构时,其结果就是规约性的;当因果关系的两个情况不属于同一个命题结构时,其结果就是偶发性的。也就是说,前一种因果关系是规约性的、稳定的、紧密的,后一种因果关系是偶发性的、临时的、松散的(郭继懋、王红旗,2001)。先来看规约性的结果。例如:

(20)我下决心了,拿出三袋小米,一百八十斤,煮几锅干饭,让同志们吃饱。(莫言《红高粱家族》)

(21)我们只是活够了,请你把我们杀死。(莫言《四十一炮》)

例(20)和例(21)中的"让同志们吃饱"和"把我们杀死"同属致使范畴,表示由某件事情导致某一结果的发生或持续,蕴含了典型的规约性因果关系。"吃"与"饱"处在同一个命题结构中,"杀"与"死"亦然。简单来说,"吃"就是"致使饱","杀"就是"致使死"。"吃饱"和"杀死"所蕴含的因果关联已超越了具体语境,凸显了具体行为动作的规约性结果;同时,这种规约性结果反过来又以具体行动为目的。当然,我们也必须认识到,由于行动性质不同,规约性结果的表达方式也可能存在差异。例如:

(22)士毅用手按了碗道:"行了行了,我吃饱了。"(张恨水《美人恩》)

(23)雁雁害怕他吃坏了,劝他说:"爹,你的病才回头,别吃坏了。"(李準《黄河东流去》)

如例(22)和例(23)所示,当同一个行为动作"吃"作用于某个行为客体,其结果可以是"饱",也可以是"坏",虽然表达方式有所差异,但它们仍属同一个命题结构。这样的实例还有很多,比如"爬",结果可以是"上来""下去""出来""出去""进来""进去"等;"寄",结果可以是"走""出""来""去"等;"摔鸡蛋",结果可以是"破""碎""烂""坏"等。但是,如果行为客体发生变化,则命题结构的所属关系也会随之改变。比如"踩蚂蚁"和"踩手绢",其结果可能是"蚂蚁死了"和"手绢脏了","踩"在两个情境中分别与"死"和"脏"这两个结果形成两个命题结构。也就是说,同一个行为作用于同一个客体产生的才是某个特定的规约性结果。

再来看偶发性的结果,比如"老王在公园里睡觉"与"老王不会说话了",

前者是一个事件,后者是另一个事件,一般认为这两个事件之间不存在紧密和稳定的因果关系,因此不能纳入同一个命题结构。但在生活中,"老王在公园里睡觉"可以导致无数个临时性的、偶发性的结果,"老王不会说话了"也可能是其中之一。比如,"老王在公园的椅子上睡觉,受了风寒,不会说话了"。反之,在具体语境的支撑下,"老王不会说话了"也可以有无数个临时性的、偶发性的原因。比如,"老王中风了,不会说话了""老王喉咙哑了,不会说话了""老王昏迷了,不会说话了"。需要指出的是,一旦脱离语境,我们只能笼统地知道这里"老王"的某个行为和"不会说话"之间有因果关系,但具体是怎样的因果关系就无法推导得知了。又如,"他跑啊跑啊,跑得连我都不好意思了",必须由语境补上中间环节,才能确切理解到它们之间的因果关系,比如"因为我忘了带某件东西,他跑着去取,跑得很吃力,所以我感到不好意思了"。由此可见,偶发性的因果关联必须是在牺牲语言经济性原则的前提下依据语境建立起来的。换句话说,只有处在该语境中的言者才有可能如此在线编码,这是规约性结果与偶发性结果的差异所在。

结合上述内容,两种不同结果与粘合述补构式和组合述补构式存在一一对应关系。其中,粘合述补构式适用于规约性结果的表达,组合述补构式适用于偶发性结果的表达。例如:

(24)撕开 摔倒 睡着 掏出 跳起 吃下 吸进(顾鸣镝 2013用例,下同)

吐出 杀死 听懂 摔破 脱下 穿上 学会

镂空 钻进/出 爬上/下……

(25)哭得眼睛都红了。 笑得都岔气了。 羞得鼻子尖儿都冒汗了。

笑得小刘都摸不着头脑了。 喝酒喝得天旋地转。

如例(24)所示,根据句法象似性原则,规约性结果与原因概念的距离相对较近,结果本就蕴含在原因中,所以表达因果关系的语言形式的距离也近,表现为"得"字隐;如例(25)所示,偶发性结果与原因概念的距离相对较远,所以表达因果关系的语言形式的距离也就拉长了,表现为"得"字现。从会话原则的适量准则出发,一个结果如果是规约性的,那我们就没有必要也不可能去强化它的凸显程度;但一个结果若是偶发性的,那我们就有可能也有必要去强化它的凸显程度。简单来说,会话时言者提供的信息应该不多不少刚刚好。比如"摔得都倒了",该表达式之所以不能够成立,是因为"倒"是"摔"的规约性结果,不需要强化凸显程度,否则信息就冗长了;又如,"气得把柜台给砸了",该表达式之所以无法匹配恰当的粘合述补构式,是因为"气疯了""气坏了"等的表意太过概括,缺省了较多细节,导致言者认为在信息量的传递上存在不足。综上所述,规约性结果和偶发性结果与粘合式述补构式和组合式述补构式之间不但存在对应关系,还存在反向共变关系,具体如图 4-2 所示。

	结果偶发性/高程度凸显	结果归约性/一般凸显
粘合述补构式	—	+
组合述补构式	+	—

图 4-2 粘合述补构式和组合述补构式的反向共变关联

如图 4-2 所示,对言者来说,如果主观判断事件结果是规约性的,就会倾向于选择粘合述补构式;如果主观判断事件结果是偶发性的,就会倾向于选择组合述补构式(带"得"的状态补语)。两种结果与两类述补构式之间存在的承继关联,凸显了人类将因果关系的主观认识通过句法象似性投射至表层形式。从这个意义来说,"得"字隐现折射出的是述补构式语用功能的变化,以及言者对客观情景的识解。

第二节 语块隐现与表达视角

一、汉语"非 VP 不可"与"非 VP"构式

现代汉语"非 VP 不可"构式中的"不可"有时可隐去,有时又必须明示,它的出现与否受到一定规律的支配。从结构上来看,"非 VP 不可"构式中的"非"字在古汉语中是一个否定词,主要用于对名词谓语加以否定(王力,1980:352)。从秦汉时期开始,"非"字与"不可"组配形成"非 X 不可"构式。根据洪波、董正存(2004)的研究,该构式旨在通过双重否定来表示对某种事理必要性的主观推论和强调。

(一)"非 VP 不可"与"非 N 不可"

从历时角度分析,"非 VP 不可"与"非 N 不可"这两个构式是存在承继关

联的。首先来看"非 N 不可"，古汉语中该构式中的 N 大多是实词；"非"和"不"是意义实在的否定词，"非"的否定对象是 N，"不"的否定对象是"可"；"不可"在整体上反过来否定"非 N"。例如：

(1)今欲并天下，凌万乘，诎敌国，制海内，子元元，臣诸侯，非兵不可！（刘向《战国策·苏秦始将连横》）

(2)君且欲霸王，非管夷吾不可。（司马迁《史记·齐太公世家》）

(3)曰："陛下欲制北戎以安天下，非维翰不可。"（欧阳修《新五代史·桑维翰传》）

如例(1)—例(3)所示，"兵"指军队（武力），"管夷吾"是人名，"维翰"意为国家重臣。它们皆为实词，同时也是"非"的否定对象。"不可"反过来否定了"非兵""非管夷吾"和"非维翰"，以此形成双重否定表肯定。王灿龙(2008)就此提出，"非 N 不可"的构式义是由"非"和"不可"共同承载的，对 N 的否定会遭到"不"的否定；反过来看，就是必须肯定 N。在构式部分能产性机制的作用下，"非 N 不可"发生语块替换，VP 由此取代 N 形成"非 VP 不可"。

与此同时，构式与语块的互动性也得以显现。具体来说，VP 所表动作一定会涉及话语主体，在多数情况下，话语主体会在句法层面占据一个位置，"非 VP 不可"因此在句法上不再依附于前置小句。在移情效应的作用下，"非 VP 不可"延伸出"S 非 VP 不可"的变式。句法上趋向自由使得"S 非 VP 不可"（比如"他非去不可"）通常可被视作一个简单的主谓句，VP 也因此成为整个句子的述语成分，"非"和"不"独立的句法地位被彻底动摇了。从历时演变的角度来观察，虽然"非"在古汉语中用作否定词，但直接否定动词的情况却不常见，惯常的组配是"非 NP""非所以 VP""非不 VP"等；近代以来，"非"开始倾向于固化，它作为否定词的用法逐渐消退；到了现代汉语，除了少数从古汉语遗留下来的固定表达之外（比如"答非所问"），"非"的否定词用法已很少见。以此关照现代汉语的"非 VP 不可"构式，根据《现代汉语词典》(第 7 版)的注释，"非"用于动词之前为副词，一是表"不"，比如"非同小可""非比寻常"；二是跟"不可""不成""不行"呼应，表"必须"，比如"非下苦功不可""我非知道答案不可"。由此看来，在现代汉语"非 VP 不可"构式中，"非"和"不可"的句法地位已发生了变化，比较"非 VP 不可"（比如"非去不可"）和 VP（比如"去"），虽然二者的语义真值相等，但主观性程度存在差异，因此"非"更可被看作"非 VP"的主观性标记。由此可见，"非 N 不可"表示的是言者对某种事理必要性的主观推论,延伸出"S 非 VP 不可"后,一方面"非"字的否定义不断虚化;另一方面,"非"字辅助述语的功能持续增强,在客观上导致"不可"的隐退,从而继续延伸出"非 VP"构式。

(二)"非 VP 不可"与"非 VP"

再来看"非 VP 不可"与"非 VP"构式。从形式上看,"非 VP"是由"非 VP 不可"中的"不可"隐退得到的。那么,是否任何一个具体的实例都可以形成这样的"不可"隐退呢?事实并非如此。例如:

(4)我非去不可!→我非去![王灿龙(2008)用例,下同]
(5)这点东西你非收不可。→*这点东西你非收。

如例(4)所示,"我非去不可"可变换为"我非去";而例(5)中变换后的"这点东西你非收"却不能为人所接受(用"*"标示)。王灿龙(2008)因此指出,在"非 VP 不可"这个表达式中,"不可"并不是可以随意隐而不现的。那么,什么才是"不可"隐退的充分条件呢?先来看"非要/非得(děi)VP 不可"的具体情况。例如:

(6)我们虽没动手打他,可是每次开会总一副剑拔弩张的样子,非要他交代个水落石出不可。(萧乾《老唐,我对不住你》)
→我们虽没动手打他,可是每次开会总一副剑拔弩张的样子,非要他交代个水落石出。
(7)你若是上落子馆,一样的望客人花一块钱点曲子,非得人捧不可。(张恨水《啼笑因缘》)
→你若是上落子馆,一样的望客人花一块钱点曲子,非得人捧。

以上这两个示例中的"不可"能够隐去且不影响句子的表意,说明"要"和"得"可以用来作为"不可"隐去的充分条件。究其原因,"要"和"得"的语义实在,与"不可"的功能重合。这就导致一旦"要"或"得"与"不可"同时出现,就会发生语义羡余现象。根据语言的经济原则,应该可以略其一。同样由于"要"和"得"的表意明确,且又都是单音节词,受汉语词汇双音化的影响,它们必然倾向于与"非"组成新词("非要"或"非得"),"不可"在该表达式中的地位由此降低,更趋向于一个辅助成分。"不可"于是可以隐去不用。

根据语料统计结果,"非要 VP"和"非得 VP"在出现频率上要远高于"非要 VP 不可"和"非得 VP 不可"。从这个意义上来说,绝大多数的"非 VP 不可"都可通过添补"要"或"得"的方式来隐去"不可"。例如:

(8)爱弟,我非爱你不可,非和你往来不可。(白薇《情书》)

→爱弟,我非要爱你,非要和你往来。

(9)售货员非把他拉到公安局去不可。(汪曾祺《讲用》)

→售货员非要把他拉到公安局去。

(10)请你跑一趟,面见文司令,非面见不可!(老舍《蜕》)

→请你跑一趟,面见文司令,非得面见!

(11)我有件要紧事儿跟你商量……你非回来不可!(陈建功、赵大年《皇城根》)

→我有件要紧事儿跟你商量……你非得回来!

如例(8)—例(11)所示,"要"和"得"是隐去"不可"的充分条件。但二者也存在一定差别,表现为出于当事人主观意愿和言者主观意愿,"要"和"得"的添补对象有所不同。比如,例(8)和例(9)只能添补"要"以隐去"不可",从而凸显当事人的主观意愿;例(10)和例(11)只能添补"得"来隐去"不可",从而凸显言者的主观意愿。当然,还有很多实例并不需要添补"要"和"得"就可直接隐去"不可"("非 VP"构式)。例如:

(12)你招了我,我就赖上你了,你想不答应都不行,我还非嫁给你。(王朔《刘慧芳》)

(13)我正在盯着,门口出来一小丫头,非和我聊天。(冯向光《二晋春秋》)

(14)他们干嘛非跟咱们过不去?(王朔《懵然无知》)

王灿龙(2008)认为,不同的表达视角和 VP 的韵律特征导致了言者自然隐去"不可"。从表达视角来看,若是出于当事人主观意愿的表达,原则上"不可"都可以隐而不现。例如:

(15)我要是有钱的话,非把这铺子盘下来不可。(王小波《绿毛水怪》)

75

→我要是有钱的话，非把这铺子盘下来。

(16)只要人家一说中国人好，他非请人家吃饭不可。（老舍《二马》）

→只要人家一说中国人好，他非请人家吃饭。

如例（15）和例（16）所示，由于述语是对主语进行陈述的，因此既然整个表达出于作主语的当事人视角，主语施行 VP 的主观意愿在主谓结构中就已强烈地表现出来了，用不用"不可"显得无足轻重。但是，如果 VP 只是个光杆动词，那即便是出自当事人视角，"不可"也不能隐去。例如：

(17)大赤包漱了漱口，宣布她非报仇不可。（老舍《四世同堂》）

→＊大赤包漱了漱口，宣布她非报仇。

如例（17）所示，虽然依旧是出自当事人视角，但因为 VP 是光杆动词，因此一旦隐去"不可"，"非 VP"在表达语气上就会显得短促与突兀（用"＊"标示）。然而，如果将"大赤包"转换为第一人称，则不会有这样的问题。例如：

(18)我非报仇不可，不报仇我誓不为人。（王灿龙 2008 用例，下同）

→我非报仇，不报仇我誓不为人。

此类现象反映出，当主语为第一人称时，言者与当事人因为具有同一性，所以不需要更多的标记手段；当主语是第三人称时，言者需要用语言来表达第三方的心理活动，因而需要更多的标记手段来传递附加信息。那么，在什么情况下"不可"是原则上不能隐去的呢？这种情况可描述为：当整个表达是言者视角，不管主语是表人名词还是表物名词，一般来说"不可"不能隐去。例如：

(19)那照你这说法儿，咱是非死不可？（王朔《编辑部的故事》）

(20)我的女人病得很重，今天非进医院不可。（曾阜《悲歌》）

(21)辛楣发狠道："这种学生非严办不可，我今天晚上就跟校长去说——你报告刘先生没有？"（钱锺书《围城》）

(22)西洋进口的鸦片有毒，非禁不可。（钱锺书《围城》）

除了例(19)和例(20)这样的主动句不能隐去"不可",类似于例(21)和例(22)的受事主语句也不能隐去"不可"。理由是,受事主语句的一个典型特点是作为当事人的主语无法掌控其与VP之间的关系。

二、"不可"隐现的表达视角

从历时角度来看,"非 N 不可"发展为"非 VP 不可"不仅仅是"非"字的否定对象发生了改变,更重要的是它们的形义发生了变化。理由有二:一是如前面的例(1)—例(3)所示,示例中的"非 N 不可"句法独立性弱,不能单独成句,"非"字前也无法补上一个主语;二是在语义上,"非 N 不可"无法单独表达一个完整的意思,往往与前句形成某种因果关联,即因为要完成或实现前面小句所表示的事件与状态,所以没有 N 是不行的。以例(2)具体说明,一是无法在"非管夷吾不可"前加上表人的名词作主语;二是出于表意的完整性,必须联系前置小句"君且欲霸王",二者加合才表达了"因为大王想雄霸于诸侯,所以没有管仲是不行的"的意义。由此可见,"非 N 不可"实际表达的是言者的主观判断和强调,即言者认为要干成某事,必须依靠 N。"非 N 不可"因此可以被视作言者视角的表达方式。VP 替代 N 形成"非 VP 不可"之后,随着构式与词项的互动,在句法和语义上有了更多的自由,一方面表现为可加上主语,另一方面表现为可加强独立成句性。例如:

(23)我非找到她们家地址不可。(王朔《编辑部的故事》)

(24)天要你活,你不得不活。天要你死,你非死不可。(毕淑敏《预约死亡》)

(25)当时,村干部不让袁殿臣去,因为他是独生子;可是袁殿臣非去不可。(《人民日报》1959 年 12 月 9 日)

以上三例涉及三种人称作"非 VP 不可"的主语,是动词 VP 所表动作的当事人,但例(23)中的"我"说明当事人与言者是同一人;例(24)和例(25)中的"你"和"袁殿臣"说明当事人与言者是两个不同的人。从逻辑上讲,当当事人与言者相同时,似乎可以不区分其表达视角。但就具体句子而言,这样的区分还是必要的。比如,"我非去不可,我想知道答案"和"我非去不可,这是上面的要求",前者属于当事人视角,后者属于言者视角。若在"S 非 VP 不可"前加上"看来",言者和当事人的差别就会变得更为清晰。比如"看来我非去不可,我想知道答案"一般难以接受,而"看来我非去不可,这是上面的要求"却很自然。这是因为言者视角表达的是某种主观推断,"看来"一词正好迎合了这种语义特征。如例(23)所示,当主语是第一人称时,"非 VP 不可"凸显的是当事人视角,强调了"我要找到她们家地址"的主观愿望。又如例(24)所示,当主语是第二人称时,言者要求当事人"你"必须"死",凸显的是言者视角。需要指出的是,言者视角是第二人称最基本的表达视角,若一定要转为当事人视角,则需要特定语境予以支撑。比如,我们一般不会出于当事人视角孤立地说"你非去不可"。但在语境激活当事人主观意愿的情况下,可以说"我叫你别去,你非去不可"。在疑问句中,这种用法会更容易被接受,比如"你非去不可吗""你干吗非去不可呢"。第一、第二人称的言者视角,除了可以用来表达言者的意愿,也可以用来表达言者的推断。比如,"这样下去,我非累趴下不可"和"跟着他这么干,总有一天你非倾家荡产不可","累趴下"和"倾家荡产"不可能是言者的意愿,它们只是言者对某种特定情景做出的主观判断。再来看主语是第三人称的情况,如例(25)所示,其中涉及的当事人是"袁殿臣",因此属于出自当事人视角的表达式。但是,若只孤立地看待"袁殿臣非去不可",它也可以是出自言者视角的,比如"袁殿臣非去不可,因为他已经正式报名了"。王灿龙(2008)将这一现象分为两种情况:一种是纯粹的言者意愿,另一种是言者根据某种情景做出的强势推断。比如,"他非说不可,我们就要他一句话"凸显的是言者意愿;"他非说不可,警方已经介入此事了"凸显的是言者推断。王灿龙(2008)进一步指出,类似这种出于言者视角的表达方式,对于当事人来说,丝毫谈不上有一点儿主动的意味;整个句子所表达的就是当事人在某种外因的作用下,必须实施 VP 的动作。这个外因对当事人来说完全是一种客观因素。

再来看表物名词作主语的情况,由于表物名词没有主观意愿,更不可能实施自主性动作,因而它只是出于言者视角的表达。当然,它也只能是言者根据某种情境做出的推断。例如:

(26)风一吹,这些树非折不可。[王灿龙(2008)用例]

(27)像这样下去,那个大坝非塌不可。[王灿龙(2008)用例]

(28)也许有人会说,要避免鱼儿流入河里,水闸非建不可。(林语堂《朱门》)

(29)天气今年免不了是热,棚子竟象非搭不可!(沈从文《好管闲事的人》)

（30）例如脖子底下的纽扣，在西装可以不扣，长袍便非扣不可，否则便不合于"新生活"。（梁实秋《衣裳》）

"非VP不可"的表意明显与动词的自主性密切相关，将例（23）—例（25）中的"找""死""去"与例（26）和例（27）中的"折""塌"相比较，当主语是表人的名词时，"非VP不可"中的VP可以是自主动词"找""去"，也可以是非自主动词"死"。而当主语是表物名词时，VP局限于非自主动词。即便出现自主动词，比如例（28）—例（30）中的"建""搭""扣"，也是在受事主语句中的被动用法。这符合无生名词无意识性与自主动词有意识性的不相匹配特征。

接下来再以助词"要"和"得"来进行论证。根据《现代汉语八百词》（增订本）的注释："要"主要置于动词前面，表示做某事的意志。这样的意志可以是当事人的，比如"你要我来的""他要陪我去的"；也可以是言者的，比如"我要给他钱，碍你什么事""你要六点就到，否则我不等你"。"得"置于动词前面表示情理或事实上的需要，义同"应该"或"必须"。相较于"要"，"得"表情理上或事实上需要的客观性更强，所以它只能表示言者的"需要"。比如，"你得马上离开""他十二点之前得把钥匙交回来"。例如：

（31）风一吹，这些树非得（要）折不可。［王灿龙（2008）用例，下同］

（32）像这样下去，那个大坝以后非得（要）塌不可。

将"要"和"得"同时添补至"非VP不可"。如例（31）和例（32）所示，这样的添补对句子的基本语义不会造成什么影响，但由于"树"和"大坝"是表物名词，只能凸显言者视角，因此用"得"是顺理成章的。至于用"要"，是因为这里的"要"除了表"意志"外，还可表"可能性"，相当于一个将来时标记，比如"天要下雨""房子要塌了"。由此看来，例（31）和例（32）中的"要"并非用来表示"意志"，而是标示"将然"，因此只能出现在部分"非VP不可"构式中。例如：

（33）他没想到他父亲就那么软弱，没胆气，非要把铺子卖了不可！（老舍《二马》）

（34）钱如泉非要把他送到车站不可，拦都拦不住。（张贤亮《浪漫的黑炮》）

（35）孙主任气呼呼地说："这问题严重了，非得找家长不可！"

（王小波《绿毛水怪》）

（36）他不能逃避，<u>非得今天回去不可</u>，这是毫无疑义的。（楚良《抢劫即将发生》）

如例（33）和例（34）所示，"他父亲"和"钱如泉"说明这两个示例中的"非VP不可"是出于当事人的视角；而例（35）和例（36）中的"非VP不可"是出于言者的视角：以上示例中的"要"和"得"因此不能互换。

第三节　语块隐现与推理方式

一、汉语断言推理"如果说"与非断言推理"如果说"

现代汉语"如果说"推理构式中的"说"字存在隐现现象。具体来说，当前面一个分句的断言性质仅由"说"来体现时，"说"字被强制共现；否则的话，"说"字一般可以隐退。例如：

（1）<u>如果说</u>她能打得过，未免是神话。（王小波《青铜时代》）

→<u>说</u>她能打得过，未免是神话。

→﹡<u>如果</u>她能打得过，未免是神话。

（2）<u>如果说</u>唱戏是救场如救火，那么医生是救场如救命。（毕淑敏《阑尾刘》）

→<u>说</u>唱戏是救场如救火，那么医生是救场如救命。

→<u>如果</u>唱戏是救场如救火，那么医生是救场如救命。

同样是由"如果说"引导的推理构式，例（1）中的"说"强制共现，"说"一定不能隐退（用"﹡"标示）。原因在于"她能打得过"在言者看来只不过是一说，分句的断言性质仅能由"说"来体现。例（2）中的"说"可以隐退，原因在于"唱戏是救场如救火"表假设的断言性质，也可由"如果"来体现。为厘清"说"字隐现的个中关联，我们需要区分元语语境的"如果说"与推理语境的"如果说"。

（一）元语语境的"如果说"与推理语境的"如果说"

根据冉永平（2005）关于"元语言"（metalanguage）是对目标语言进行标

示、说明或评述等的阐述，"如果说"推理构式在共时平面上主要存在两种语境：一是元语语境的"如果说"；二是推理语境的"如果说"。元语语境的"如果说"是指，在"如果说 X，（那么）Y"中，X 是断言，Y 是对断言的评价。例如：

　　（3）如果说芭蕾舞是建立在足尖上的艺术，这并不是夸张的说法。（李晋霞、刘云 2009 年用例，下同）
　　　→说芭蕾舞是建立在足尖上的艺术，这并不是夸张的说法。
　　　→＊如果芭蕾舞是建立在足尖上的艺术，这并不是夸张的说法。

　　如例（3）所示，该句的前一分句"芭蕾舞是建立在足尖上的艺术"是一个断言，后一分句"这并不是夸张的说法"是对断言的肯定评价，因此具有元语言的性质。结合例（1）和例（3），在这类"如果说"的推理构式中，"如果"和"说"的整合度相对较低，表现为"如果"可删除，而"说"却不能隐退（用"＊"标示）。推理语境的"如果说"是指，在"如果说 X，（那么）Y"中，X 依旧是断言，而 Y 既可以是断言，也可以是断言之外的其他言语行为，X 和 Y 之间存在"假设—结果"的推理关系。在推理语境的"如果说"中，"说"字似乎是可以自由隐退的。例如：

　　（4）如果说山是雄壮的标志，那么，水则代表着柔情。［李晋霞、刘云（2009）用例，下同］
　　　→如果山是雄壮的标志，那么，水则代表着柔情。

　　李晋霞、刘云（2009）在考察推理语境"如果说"共时用法的基础上，重点分析了"说"字强制共现的条件及其隐现时的倾向性规律，由此得出"说"字在推理语境中的隐现并不是完全自由的结论。本书认为，"说"字隐现实际上折射出的是言者基于某个特定情景的假设及其结果的推理方式，接下来具体进行说明。

（二）断言推理的"如果说"与非断言推理的"如果说"

　　从上面的论述中可知，元语语境的"如果说"与推理语境的"如果说"在表层形式上的一个显性区别在于，推理语境的"如果说"，后面的分句既可以是断言，也可以是其他的言语行为。据此，可将推理语境的"如果说"进一步划分为断言推理的"如果说"与非断言推理的"如果说"。其中，断言推理的"如

果说"是指,在"如果说 X,(那么)Y"中,X 和 Y 都是断言,且二者之间具有"假设—结果"关联。例如:

(5)如果说不是更美了,那也是更加显眼了。(张谷若译,托马斯·哈代《德伯家的苔丝》)

(6)如果说世界是一条在海上航行的船,那么这一次必将沉入海底。(范维信译,若泽·萨拉马戈《修道院纪事》)

(7)如果说主人房的稀疏简约让它成为索菲娅的天地,那马库斯的天地则是书房。(陈新宇译,维多利亚·希斯洛普《岛》)

(8)如果说人们已经有了办法,可以叫蒸汽机停止转动的话,那要让一个看门的女人的舌头停止活动,恐怕得让天才的发明家绞尽脑汁。(傅雷译,巴尔扎克《邦斯舅舅》)

出于"是"字句是典型判断句且同时又是断言常见句式的考虑,李晋霞、刘云(2009)将带"是"字句的"如果说"推理构式作为推理语境的"如果说"构式的典型特征。从其随机搜集到的 1000 例语料来看,断言推理的有 928 例,约占 92.8%。其中,由"是"字句在前后分句中充当断言的有 571 例,约占 61.53%。从分布上看,类似例(5)中前、后分句均由"是"字句充当断言的有 257 例;类似例(6)和例(7)中前后分句之一由"是"字句充当断言的有 314 例。除此之外,由非"是"字句充当前、后分句的,比如例(8),共有 357 例,约占 38.47%。从出现频率来考察构式的原型性,带"是"字句的断言推理"如果说"无疑是此类构式范畴的典型成员。再来看非断言推理的"如果说",在"如果说 X,(那么)Y"中,X 是某种断言,Y 是断言之外的其他言语行为,X 和 Y 同样具有"假设—结果"关系,在搜集到的 1000 例语料中,此类"如果说"构式只有 72 个实例,约占 7.2%,因此是非典型的推理语境"如果说"构式。例如:

(9)如果说这样做不对,我们马上停下来![李晋霞、刘云(2009)用例,下同]

(10)如果说这位当代才女面对千年前的苏东坡尚属"雾里看花",那么就让我们看看与苏学士同时的那些女性吧。

(11)如果说,整个戏是他的艺术品,刚才不是说过那是集体的创造成果么?

(12)如果说只有声音轻重的差异,那么应以多少响度为宜呢?

如例(9)所示,句子的整体表达凸显了"许诺"的言语行为,例(10)的表达凸显了"委婉命令"的言语行为,例(11)的表达凸显了"提醒"的言语行为,例(12)的表达凸显了"提问"的言语行为。以上说明,虽然都是非典型的推理语境"如果说"构式,但因言语行为不同,它们之间依然存在差异。综合上述关于"如果说"的语境判断与分类,接下来进一步阐明"如果说"的历时演变与"说"字的共现条件与隐现倾向。

二、"说"字隐现的推理类别

(一)"如果说"的历时考察

根据李晋霞等(2009)的调研,明代的《水浒传》《西游记》《喻世明言》《警世通言》《醒世恒言》等文献中有"如果"而无"如果说"。在清代的《醒世姻缘传》《儒林外史》《红楼梦》《儿女英雄传》《二十年目睹之怪现状》等文献中只搜得1例"如果说":

> (13)到了次日,他再去访龙光,面订他晚上之局。龙光道:"老伯跟前,小侄怎敢放恣。"弥轩道:"你这个太客气。其实当日我见尊大人时,因尊大人齿德俱尊,我是称做老伯的。此刻我们拉个交情,拜个把罢。晚上一局,请你把帖子带到席上,我们即席换帖。"龙光道:"这个如何使得!"弥轩道:"如果说使不得,那就是你见外了。"龙光见弥轩如此亲热,便也欣然应允。(吴趼人《二十年目睹之怪现状》)

直至20世纪二三十年代,可搜得文献中的"如果说"共计20例,可根据前一分句的性质分为三种:一是前一分句是引语;二是前一分句既可被视作引语,也可被视作断言;三是前一分句即断言。例如:

> (14)但同时又想到这也许还是自己错,我曾经发表过,我的文章,不是涌出,乃是挤出来的。他大约正抓住了这弱点,在用挤出法;而且我遇见编辑先生们时,也间或觉得他们有想挤之状,令人寒心。先前如果说"我的文章,是挤也挤不出来的",那恐怕要安全得

多了。[鲁迅《"题未定"草(一至三)》]

→先前如果我说"我的文章,是挤也挤不出来的",那恐怕要安全得多了。

(15)《子见南子》,是作者在表现他所发见的南子的礼,与孔子的礼的不同;及周公主义,与南子主义的冲突。他所发见的有浅深,所表现的有好坏,这是我们可以批评的。如果说:他不应该把孔子扮成剧本中的脚色,不应该把"子见南子"这回事编成剧本,我们不应该在曲阜表演这样的一本独幕悲喜剧:这是我们要付讨论的。(鲁迅《关于〈子见南子〉》)

→*如果:他不应该把孔子扮成剧本中的脚色,不应该把"子见南子"这回事编成剧本,我们不应该在曲阜表演这样的一本独幕悲喜剧:这是我们要付讨论的。

(16)所以漫画虽然有夸张,却还是要诚实。"燕山雪花大如席",是夸张,但燕山究竟有雪花,就含着一点诚实在里面,使我们立刻知道燕山原来有这么冷。如果说"广州雪花大如席",那可就变成笑话了。(鲁迅《漫谈"漫画"》)

→如果有人说"广州雪花大如席",那可就变成笑话了。

如例(14)—例(16)所示,形式上,此类"如果说"后常有冒号、引号等引语标志,前面的分句 X 用来作为引语,"说"可以被视作引语的词汇标记。也正是因为这一点,如例(15)所示,"如果说"一般不能隐去"说"而单独使用"如果"(用"*"标示)。从语料统计结果来看,在 20 世纪二三十年代的文献中,X 用作的多为间接引语,只有例(14)是作者引出自己的话,即"如果说"相当于"如果我说"。由于存在一个潜在的被引述人,如例(16)所示,"如果说"往往可替换为"如果有人说"。由此看来,此类"如果说"推理构式可码化为["如果"+"说"X+Y],"如果"和"说"的整合度较低。

随着"如果"和"说"整合度的不断提升,X 不再用作引语,而是成了断言;"说"字语义发生虚化,"如果说"由此可以隐去"说"。例如:

(17)青年里面,当然也不免有洋服上挂一枝万年笔,做做装饰的人,但这究竟是少数,使用者的多,原因还是在便当。便于使用的器具的力量,是决非劝谕,讥刺,痛骂之类的空言所能制止的。假如不信,你倒去劝那些坐汽车的人,在北方改用骡车,在南方改用绿呢

大轿试试看。如果说这提议是笑话，那么，劝学生改用毛笔呢？（鲁迅《论毛笔之类》）

→如果有人说这提议是笑话，那么，劝学生改用毛笔呢？

→如果这提议是笑话，那么，劝学生改用毛笔呢？

如例(17)所示，这里的"如果说"既可替换为"如果有人说"，也可替换为"如果"，说明前一分句"如果说＋X"中的 X 已可同时解读为间接引语和断语。鉴于"是"字句参与了编码，"如果说＋X"更趋向于断语形式。在"如果"和"说"的整合度继续提高的情况下，"说"字语义完全虚化，X 不再是引语。例如：

(18)如果说，吴府的三十多男女仆人也有党派，那么这李贵便算是少奶奶的一派。（茅盾《子夜》）

→? 如果有人说，吴府的三十多男女仆人也有党派，那么这李贵便算是少奶奶的一派。

→如果吴府的三十多男女仆人也有党派，那么这李贵便算是少奶奶的一派。

如例(18)所示，这里的"如果说"推理构式已可码化为［"如果说"＋X＋Y］，由于 X 不再是引语，若将"如果说"替换为"如果有人说"，句子整体的可接受度就会下降（用"?"标示）；隐去"说"倒是可以成立。

(二)"说"字隐现的推理类型

如果上述分析是合理的，那么"说"字的隐现条件与 X 的断言性质就是密不可分的。换句话说，在推理语境的"如果说"构式中，当 X 是断言句时，"如果说"后接分句的断言要求就已满足，"说"字因此可以隐去；当 X 不是断言句时，为表明"如果说"后面分句的断言性质，"说"字就必须出现。例如：

(19)如果说是真理的话，真理就仅仅在这里！（张贤亮《男人的一半是女人》）

→如果是真理的话，真理就仅仅在这里！

→? 如果真理的话，真理就仅仅在这里！

→如果说真理的话，真理就仅仅在这里！

85

在"如果说＋'是'字句"中，"说"与"是"都具有标示断言的功能，这就使得"说"在一定程度上可有可无；只有当前一分句不是"是"字句，且不具有断言性质时，"说"字的显现才是强制性的。如例(19)所示，当前一分句去"说"留"是"时，比如"如果是真理的话"，分句的断言性质依然存在，句子在整体上是合格表述。一旦去"说"又去"是"，前一分句已非断言，比如"如果真理的话"，句子的可接受度明显下降(用"?"标示)，这时"说"字的共现就具有了强制性，比如"如果说真理的话"。需要说明的是，除了"是"字句，断言的类型还有很多，有的甚至不仅可以隐去"说"，也可以隐去"是"。例如：

(20)如果说<u>是看不起叶志清</u>，为什么也不带秀春回娘家？(张洁《无字》)

　→如果说<u>看不起叶志清</u>，为什么也不带秀春回娘家？

　→如果<u>是看不起叶志清</u>，为什么也不带秀春回娘家？

　→如果<u>看不起叶志清</u>，为什么也不带秀春回娘家？

例(20)可依次隐去"是"、"说"、"是"和"说"，原因就在于"看不起叶志清"本身就可用来作为断语。由此可见，当前一分句的断言性质不是仅由"说"才能体现时，"说"字可隐去。接下来需要解决的问题是，"说"字的隐现是否受到了分句间逻辑关系的制约？答案是肯定的，表现为："如果＋"主要表示具有实质蕴含关系的逻辑推理，是普通的表示充分条件的句子；"如果说＋"主要体现的是隐喻推理，是对两个不同认知域的假设性投射。例如：

(21)<u>如果</u>学习者是被有意义的和有关的材料所激励，那么他所能获得的学习速度要比一般人快3—5倍。(李晋霞、刘云2009年用例，下同)

(22)<u>如果说</u>，洋务派的历史功绩是为现代化留下了虽然菲薄却极其宝贵的物质遗产，维新派的历史功绩则是为现代化留下了虽是昙花一现却影响深远的政治遗产。

例(21)中的前后分句明显存在逻辑上的因果关系，即"被有意义的和有关的材料所激励→学习速度要比一般人快3—5倍"，这种情况下"说"字隐去。例(22)中的前一分句说的是"洋务派的历史功绩"，后一分句说的是"维新派的历史功绩"，二者在逻辑上没有必然的因果关联。但是，二者共同构成的"历史功绩"的认知域与"虽然菲薄却极其宝贵的物质遗产""虽是昙花一现却影响深远的政治遗产"之间建立起了隐喻推理，这种情况下"说"字不能隐去。对此，李晋霞、刘云(2009)的解释是，在人们的自然语感中，普通的假设推理与"如果"是一组无标记的组配模式；隐喻推理与"如果说"是一组无标记的组配模式。这种优势组配模式表现为两个形式上的差别：一是后面分句的句式差异，二是前面分句的肯定与否定。先来看后面分句的句式差异。当"如果说"的前面分句是"是"字句时，后分句也常是"是"字句。根据李晋霞、刘云(2009)的语料统计结果，在 400 个"是"字句作前分句的实例中，后分句也是"是"字句的有 257 个，占 64.25%；在其随机搜集的 388 个"如果+'是'字句"中，后面分句也是"是"字句的却只有 72 个，约占 18.56%。由此可见，对于后一分句由"是"字句充当的"如果+'是'字句"而言，其无标记的程度要高得多。再来看前分句的肯定与否定，在"如果说+'是'字句"中，"是"字句绝大多数是肯定形式，在随机搜集的 400 个例句中，只存在 2 例否定形式，占比为0.5%；而在"如果+'是'字句"中，虽然肯定形式也多于否定形式，但后者的数量明显增加，在随机搜集的 388 个"如果+'是'字句"中，存在否定形式 97例，占比为 25%。这说明，当前面分句由肯定的"是"字句充当时，对于"如果说"而言，无标记的程度更高。由此反推，隐喻推理的必须肯定与普通假设推理的无须肯定是造成"说"字隐现差异的主要原因。

第四节　本章小结

语块可以是词，也可以是半固定或固定结构。本章主要考察汉语构式在表层形式上的语块隐现现象，并进行相关构式的承继描写，具体结论如下。

(一)"得"字隐现体现了言者"常态"与"非常态"主观判断的句法象似性

从述补构式"得"字隐现现象可以得出这样的结论：粘合述补构式用于表达客观世界中的归约性结果，组合述补构式用于表达客观世界中的偶发性结果。而一种事件结果是偶发性的还是归约性的，取决于言者对情境的识解，即在遵循理想化认知模式的前提下，对客观存在的某个具有因果关系的事件做出的"常态"与"非常态"的主观判断。从这个意义上说，规约性结果是符合言者心理预期的"常态"，偶发性结果是超出言者预期的"非常态"。受会话原则适量准则的辖制,在句法象似性的作用下,"常态"的事件结果与原因概念距离近,在表层上因此表现为粘合述补形式;"非常态"的事件结果与原因概念距离较远,在表层上就会表现为组合述补形式。其实,类似于本书所描写的助词隐现的现象在现代汉语中具有一定的普遍性,比如在第三章论及汉语NV构式的结构源起时,曾提及用"称谓性"和"非称谓性"的对立来概括粘合NN与组合NN构式的区别,这就涉及定中结构标记"的"的隐现。那么,"称谓性"和"非称谓性"的对立与"规约性"和"非规约性"的对立是否在存在某种承继关联,这是接下来特别值得关注的。

(二)"不可"的隐现体现了"非VP不可"言者和当事人不同的表达视角

"非VP不可"构式中的"不可"隐现存在这样的规律:一是在"非要/得VP不可"中,"不可"原则上可以不出现。二是在"非VP不可"中,当表达出自当事人视角时,"不可"原则上同样可以不出现;但当表达出自言者视角时,"不可"则一般不能省略。这样的规律说明"非VP不可"构式会因表达视角的差异而存在不同,这在"S非VP不可"主语第一、二、三人称的差别中可以得到非常清晰的显现。概括来说,当主语是第一人称时,"非VP不可"是当事人视角还是言者视角,必须具体句子具体分析,如表示的是言者意愿,对于第一人称来说当事人就是主动的;如表示的是言者推断,对于当事人来说就是被动的。当主语是第二人称时,"非VP不可"通常是出于言者视角的表达式,无论是凸显言者意愿还是凸显言者推断,对于当事人"你"来说,都是被动的。当主语是第三人称时,"非VP不可"可同时存在两种表达视角:当事人视角和言者视角。当事人视角凸显的是当事人自身的某种意愿或要求。言者视角又可再分为两种情况:一是言者对当事人的强烈要求,二是当事人迫于某种外部因素的无奈之举。无论哪种情况,对当事人而言都有被动的意味。将这样的表达视角置入"行""知""言"三域来进行考察(沈家煊,2003),凡属"知""言"二域的"非VP不可"构式中的"不可",都不能隐去;凡属"行"域的"非VP不可"构式中的"不可",都可以隐去。由此看来,"知""言"二域一般是跟言者的视角表达相对应的;而"行"域一般对应的是当事人的视角。

(三)"说"字隐现体现了"如果说"的不同推理类别

从普通假设推理与"如果"是一组无标记组配模式,隐喻推理与"如果说"是一组无标记组配模式的结论来看,"说"出现在"如果"后的动因应该是为了导入引语,所谓的导入断言是一种假象。李晋霞、刘云(2009)对《鲁迅全集》

（前 5 卷）中"如果"的考察证实了这一点，在其检索获得的 287 个例句中，"如果"后的 X 没有一个是引语，说明在"如果说"出现之前，"如果"就具有了引导断言分句的功能。将这一现象推广至其他"连词＋说"，"说"字的功能似乎不局限于导入引语。例如：

（1）"银笑"也许是卖笑得利，笑中有银之意，<u>好比说</u>书中有黄金屋。（钱锺书《说笑》）

（2）要齐家，先得修身。要修身，先得正心，<u>就是说</u>，不能偏心眼儿。（杨绛《走到人生边上》）

（3）丽鹃已经下定决心，<u>原本说</u>顺着老太太哄老太太高兴，就因为一早上老太太都没让丽鹃高兴过一秒，丽鹃决定，哪怕最后一天，我都要跟她作对到底！（六六《双面胶》）

如例（1）所示，"好比说"引出"书中有黄金屋"的结论；例（2）中的"就是说"引出"不能偏心眼儿"的解释；例（3）中的"原本说"引出"丽鹃"下定决心的原因。由此看来，"说"出现在连词后的功能主要是为了引出下文，这是部分连词与"说"经历概念整合和语义虚化的结果。也正因为如此，"如果"与"说"高度整合，成了一个新的连词。

第五章　面向接口与语义延伸

　　如果说前面第二至第四章的面向对象承继描写的内容,点明了汉语构式在表层形式上的重要扩展路径,那么在接下来的面向接口的承继描写中,本书所希冀体现的则是汉语构式的语义变化及其成员的边缘化现象。需要说明的是,本书主张自上而下的"主从—平行"共生包含的辐射状承继描写(参见第一章第三节),因此在接下来的三章(第五、六、七章)中,本书将结合前面所提及的语块显性变量(语块替换、语块位移、语块隐现),从构式语义延伸、语义对立和语义序列的角度,梳理和描写相关汉语构式在"句法—语义"接口上的承继关联。

　　具体来说,本节将展开基于构式同构性的语义延伸描写,其中很重要的一个理论基础就是"概念隐喻"(conceptual metaphor),它源于莱考夫在 20 世纪 70 年代末创立的认知语义学。基于构式同构性的隐喻派生承继描写主要围绕该理论框架的三个要点展开:一是隐喻的普遍性,隐喻不是语言的特殊化表达手段,而是语言的常态,它是在人类日常语言生活中长期形成的规约;二是隐喻的系统性,隐喻不是个别、随意制造出来的,不少看似孤立的隐喻现象,其实都蕴含着一定的承继性理据;三是隐喻的概念性,因为思维过程本身具有隐喻性,所以隐喻不仅仅是语言现象,更是一种思维方式。人类赖以思考和行动的概念系统大多是以隐喻方式建构和界定的。

　　在莱考夫认知语义学的影响下,认知构式语法把"隐喻扩展链接"[Metaphorical Extension (I_M) Links]视作构式子类扩展的重要类型,通过把概念隐喻作为重要的承继性理据来描写原型构式向子类构式的语义延伸,得到相关构式在形义接口上的映射动因。基于上述理解,本节将重点考察汉语三个构式的语义延伸现象:一是"有 X"构式的隐喻派生,表现为 X 的名动替换(参见第二章),发现"有"字与名词、动词组配的功能同一性实际源于事件陈述向性质评述的隐喻引申;二是"NP(受)＋VP(t)＋QM"构式的隐喻派生,表现为 NP 前移话题化(参见第三章),量词功能的同一性和"VP＋QM"的同构性体现了计量状态句法实现的类推效应和语言使用者类比思维的隐喻投射；三是"把"字句图示的隐喻派生，表现为"把 X（被处置客体）"语块的强制共现（参见第四章），其所带来的主观处置义反映了物理空间层面的客体位移向时间层面、人体空间层面、社会空间层面等的隐喻映射。

第一节　语义延伸与词项扩展

一、汉语"有 X"构式的同构解析

现代汉语"有 X"构式是指在形式上以动词"有"，或其否定形式"没有""没"作为谓语中心词的结构。本书主要以表示肯定的"有 N"和"有 V"为对象，展开基于构式的同构解析与词项扩展描写。例如：

(1)张三有车。［顾鸣镝（2016a）用例，下同］
(2)院子里有车。
(3)李四有去北京。

如例（1）—例（3）所示，学界之前的研究对以上这三个"有"字句是否存在同构性有疑问。主要是因为：例（1）中的"张三有车"表示的是生命体对客体的实际领有；例（2）中的"院子里有车"凸显的是事物的客观存在；例（3）中的"李四有去北京"体现的是"有"字标示完成体的用法。对此，顾鸣镝（2016a）认为，虽然只要构式的格式不能够被完全预测，它的形式就会记录在构式清单之中，但清单的完整性与理据的概括性之间并不存在矛盾。以此为出发点，可以发现"有 N"和"有 V"组配的同构性理据。

（一）"有"字的义项之分及其功能同一性

对于"有"字到底是表"领有"，还是表"存在"，学界之前已有较多讨论。比如，刘丹青（2011）指出，虽然"有"字存在多种引申甚至虚化的用法，但它从古到今的基本语义大体是一致的，都表示领有关系。吴为善（2011b：110）在此基础上认为，"有"字的"存在"义域要大于其"领有"的语域。本书认为，作为"N_1＋有没有＋N_2"疑问形式的回答，不管是"有"字领有句，还是"有"字存在句，其肯定形式一定是"有"，否定式一定是"没有""没"，且都能带上体标记

"了""过"。例如：

> (4)——张三有没有车？〔顾鸣镝（2016a）用例，下同〕
> ——张三有车了。/张三有过车。
> ——张三没（有）车。
> (5)——屋子里有没有人？
> ——屋子里有人了。/屋子里有过人。
> ——屋子里没（有）人。

　　如例（4）和例（5）所示，无论是用领有句还是存在句来回答"有没有"的问题，其肯定及否定形式均具有结构上的平行性。在这里，需要特别关注的是，"有 X"构式中"有"字功能的同一性。换言之，"有 V"中的"有"字是否与"有 N"中的"有"字相同，在共时平面同样具备"领有"和"存在"语义变量参数的特点。学界之前的研究同意"有 V"是表示"动作的完成"的观点，但同时指出如果把"有"看成"完成体"标记，这是对"有"的误解，"有"就是表示"有无"的"有"，不表示别的（沈家煊，2010）。也就是说，所谓"有 V"中的"有"具有标示完成体的作用，实际上是把"有"字参与的"有没有完成？"的肯定回答误认为了"完成没完成？"的肯定回答。需要解决的问题是：为什么在现代汉语普通话中，往往使用"V 了"作为"有没有 V？"的肯定回答，而一般不采用"有 V"的表达方式（用"?"标示）？例如：

> (6)张三有没有去北京？〔顾鸣镝（2016a）用例，下同〕
> 没（有）去。
> 去了。/? 有去。

　　从汉语双音化和语言类推这两方面来对这一问题进行思考。作为否定动词的用法，"没"最早出现在唐代，并逐渐虚化为副词；由于汉语双音词是两个单音词临时组合进而固化的产物，单音词"没"和"有"直至南宋时期才开始逐渐固化为"没有"；16 世纪后，"没有"从动词进一步虚化为否定标记。例如：

> (7)若谓《春秋》谨严，便没理会。（《敦煌变文集》卷八十三）
> (8)此间正是鱼米之乡，如何没有鲜鱼？（施耐庵《水浒传》第三十七回）

（9）这三处中间,怎见得就都没有走了一个。(罗懋登《三宝太监西洋记》第五十五回)

如例(7)所示,唐时的"没V"结构尚不固定,"没"依旧是一个动词,可与"理会"组成连动式谓语来说明主语。又如例(8)所示,句子中的"没有"是动词做句子的谓语。再如例(9)所示,其中的"没有"和"走"形成的是"没有V"的连动式结构。受语言经济性原则辖制,"没有"固化后,双音节音步中的两个单音节成分"没"和"有"在语义表达上产生了不平衡,表现为语义重心偏至"没"。重心成分"没"在成型后已可作为独立单位发挥其功能性作用,由此形成了"没○V"("○"为"零形式"标记)。以此解释在"张三有没有去北京?"的否定回答"没有去"中,"有"字为什么通常是缺省的("没去")。此外,在"有"字脱落形成"没V"后,其对立模式的"有V"因受到语言类推效应的影响,逐渐形成了中间形式"○V"。又因为"没有V"是否定形式,无关时间标记,而"○V"是表示行为动作的完成,所以填补体标记"了"作为补偿手段,形成"V了",具体如图5-1所示。

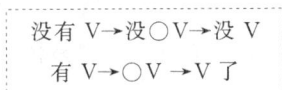

$$没有 V → 没○V → 没 V$$
$$有 V → ○V → V 了$$

图5-1　"V了"的历时演变(顾鸣镝,2016a)

实际上,在现代汉语的闽方言中,人们保留了"有"对"有没有"的肯定回答方式。例如:

（10）师问:"六根无用底人,还有行持佛法也无?"(《祖堂集》卷一三)

对曰:"有。"

（11）汝有来阿无?(闽方言)

有。

根据以上所述,可以推断"有N"和"有V"中的"有"字存在功能同一性,具体表现为:要么是"领有"实体或事件,要么是表示实体或事件的"存在"。

(二)"有N"和"有V"的同构性

论证"有N"和"有V"的同构性,需要从两个视角出发:一是"有"字领有句与"有"字存在句的同构性;二是"有"字领有句与"有 V"的同构性。"有"字句最典型的格式是"N_1＋有＋N_2":当 N_1 为生命体时,表达了 N_1 领有 N_2 或者 N_2 隶属于 N_1;当 N_1 为处所或时间名词时,表达了某处、某时存某人或某物。我们来看"有"字领有句与"有"字存在句的同构解析。例如:

(12)我发现<u>彭斯有一本书</u>作伴,全神贯注,沉默不语,忘掉了周围的一切。(吴钧燮译,夏洛蒂·勃朗《简·爱》)

(13)<u>柏格森有一本书</u>,名字就叫做《笑》,我没看过。(吕叔湘《语文常谈及其他》)

(14)我发现<u>柜里有一本书</u>,就蹲在那里看起来,虽然并不全懂,但觉得很有味道。(贾平凹《读书示小妹十八生日书》)

(15)再往后我们又发现了<u>在明代万历年间有一本书</u>叫《三家村老委谈》,这里边讲,施耐庵就是施惠。(《百家讲坛》品读水浒第2集)

如例(12)—例(15)依次所示,其中的"N_1＋有＋N_2"分别表示"领有""隶属""某处存在某物"和"某时存在某物"。然而,若以一个变量参数,比如 N_1 的属性,来区分其所在构式"N_1＋有＋N_2"的整体语义,实际上会存在较大的不稳定性。例如:

(16)民有饥色,<u>野有饿莩</u>。(《孟子·梁惠王》)
(17)天有十日,<u>人有十等</u>。(《左传·昭公七年》)

如例(16)所示,"民有饥色"并不一定表示"民"领有"饥色"或"饥色"隶属于"民";而"野有饿莩"却明确了"荒野中存在饿死的人"。根据古汉语诗歌格律重视把同类或对立概念的词语放在相应位置上的特点,可以推断"民有饥色"表示的也应该是"存在"。同理,例(17)中的"人有十等"也不能理解为"人"领有"十等"或"十等"隶属于"人",只能说人类社会"存在"等级之分。事实上,"N_1＋有＋N_2"构式的同构性特征存在于 N_1 与 N_2 的"整体—部分"关联。如例(12)—例(15)所示,"彭斯有一本书"表达的是时间轴上的某个领有事件;"柏格森有一本书"表达的是隶属于"柏格森"著书中的一本;"柜里有一本书"表达的是"书"存在于"柜"的空间之中;"明代万历年间有一本书"表达的是隶属于"明代万历年间"著书中的一部。正是 N_1 和 N_2 的"整体—部分"关联从时间域向空间域投射,才导致了"N_1＋有＋N_2"的构式义从"领有"向

"存在"漂移。陆宗达（1981:221）通过对毛公鼎、令鼎诸古字形的研究断定，"有"字系以手持肉（ ）。这一方面说明"有"字的最古老意义，的确表达了对客观实体的"领有"；另一方面，"有"字的造字本身也凸显了"人"和"领有物"的"整体—部分"关联。顾鸣镝因此得出这样的结论：当 N_1 与 N_2 "整体—部分"的关联存在于时间域时，构式整体表"领有"；而当这种关联性被投射至空间域后，构式则凸显了其"存在"的意义。例如：

（18）彭斯有了一本书，就忘掉了周围的一切。［顾鸣镝（2016a）用例，下同］

→? 彭斯有一本书，就忘掉了周围的一切。

（19）柏格森有一本书，我没看过。

→ * 柏格森有了一本书，我没看过。

如例（18）和例（19）所示，在相应语境的支撑下，如果 N_1 与 N_2 的关联存在于时间域，"有"字可以带上体标记"了"；而一旦这种关联性被投射至空间域后，话语编码的合格性就降低了（用"?""*"标示）。

再来看"有"字领有句与"有 V"的同构解析。学界之前的研究普遍认为，现代汉语"有 V"多出现在客家话或闽、粤方言中，而普通话中的"有 V"多固定在其疑问形式"有没有 V"或否定形式"没有 V"中。例如：

（20）册有带来咧。（闽方言）

（21）佢今日有食烟。（粤方言）

（22）"碎梦刀"有没有失去，我可不知。（温瑞安《碎梦刀》）

（23）去！没有招呼你，不要进来。（卧龙生《花凤》）

例（20）是闽方言的实例，意思是"书拿来了"；例（21）是粤方言的实例，意思是"他今天抽烟了"；例（22）和例（23）分别是"有 V"在疑问句和否定句中的用法。然而，从语言生活的事实来看，目前无论是口语性较强的影视传媒作品，还是古汉语或现代汉语的书面文献，都存在使用"有 V"作为肯定形式的表达方式。这至少表明"有 V"作为合格普通话表达式的趋势是存在的。例如：

（24）其妄有识，其真有惑。（《大藏经》第四十五卷）

（25）你们这个牌子在其他商场有卖吗？（《每日商报》2003 年 2

月28日)

(26)综合执法车半夜撞毁路灯,目击者称司机<u>有喝酒</u>。(《三秦都市报》2014年2月5日)

如例(24)—例(26)所示,"有V"和"有N"具有结构上的平行性。兰盖克指出,英语领有动词have典型用法的语义结构与完成体标记是相互对应的。也就是说,英语"have＋NP"构式的领有义与"have＋VP"构式的完成义之间存在着对应关系,涉及领有某一客体向完成某一事件的投射(Langacker,1991:211)。以此视角审视汉语"有"字领有句和"有V"的同构性。根据前面所述,当"N₁＋有＋N₂"存在于时间域时,构式整体凸显了"领有义",这与"有V"在时间域中凸显对事件的领有是一致的。例如:

(27)马兵望望老船夫,就向二老说:"你来,<u>有话说</u>!"(沈从文《边城》)

(28)刘冕故作愕然:"我<u>有说过</u>不回去吗?"(寻香帅《复唐》)

如例(27)所示,其中的"有话"说明"马兵"在某个时间点上"有了话",蕴含了"领有客体—影响事件"的意义,因此能够与动词"说"形成一个连动结构,成为"趋向—动作"语义的起点。例(28)中的"有说过"表示在某个时间点上完成了某个事件,蕴含了"完成事件—影响事件"的意义,凸显了"说过"的事变性。由此看来,"有N"与"有V"在功能上也具有同一性,它们都是以"领有"为参照点构建了后续可能或隐含的事件框架。

二、"整体—部分"的隐喻映射与词项扩展

如果上述分析是合理的,那么"有N"和"有V"的同构性就是有理据的,二者是"有X"构式范畴的两个子类成员。"有X"的构式原型是在特定时间轴上对某个客体的领有:当"生命体"与"领有物"的"整体—部分"关系被投射至空间域时,"有N"就凸显了"领有物"的存在;一旦"领有物"的实用性通过隐喻映射到"完成事件"的相关性,"有V"就产生了"事件影响"的意义。可见,"有"字的基本功能在于显示其前后话语的"整体—部分"关联。学界前期的研究表明,"有"字与名词组配的疏密程度可以从它的词项扩展中得以窥见。例如:

(29)我要有一大片土地,要有马、有车、有仆人、有一片松林、有……(颜湘如译,卡尔维诺《沙漠法则》)

(30)我并且早知道夫人你是一个很有本事也很美的人。(萧逸《十锦图》)

如例(29)所示,这组"有 N"都是述谓性的,"有"字和名词组配的内部关系较为松散,表现为它们都可以扩展为有界形式,比如"有了一大片土地""有一匹马"等。但如例(30)所示,"有本事"的整体功能已相当于一个形容词,比如"美",表现为前面可加上程度副词"很"予以修饰,比如"很有本事"。需要指出的是,例(29)中的"有 N"是对一个领有事件的陈述,当这个领有事件陈述投射至空间域后,如例(30)中的"有本事",即表现了对客体存在的性质评述,"有 N"从事件陈述向性质评述的隐喻映射是毋庸置疑的。既然"有 N"与"有 V"在功能上具有同一性,那么"有"字与动词的组配也应该会发生相应的词项扩展。例如:

(31)叶素平说得滔滔不绝,似乎很动听,但何崇校却有打算了。(袁锐《香港黑帮》)

(32)皇帝有后的消息也让不少人失望,尤其是一些很有打算的蕃王"狐媚子"。(老茅《明血》)

如例(31)所示,"有打算"指向一个完成事件,后面可加上体标记"了",体现了"有 V"的事件陈述功能。而例(32)中的"有打算"也已经向性质评述漂移,前面同样能够加上程度副词"很",比如"很有打算"。这样的实例在现代汉语中还有很多,例如:

(33)有保留　有帮助　有保障　有触动　有感悟　有怀疑
　　有计较　有讲究　有了解　有体会　有挑战　有提高
　　有威胁　有压迫　有影响　有研究　有议论　有预见
　　有依赖　有主张　有追求　有触动　有自制　有指责

甚至,《现代汉语词典》(第 7 版)已将一些"有"字与光杆动词的组配标注为动词,说明它们已完成词项扩展,成为固定搭配,熟语性很强。例如:

(34)有劳　有请　有碍　有差　有成　有待　有得　有感
　　有救　有赖　有染　有损　有望　有喜　有余

上述语言现象说明,"有 V"在时间域中凸显"领有事件"的意义已逐渐消退,转而浮现出属于空间范畴的"存在义"。比如例(34)中的"有喜",指向了妇女的怀孕状态。进一步比较"有 N"与"有 V",虽然两者同样具有性质评述的表意功能,但"有"字与动词组配的牢固程度要大于与名词的组配。例如:

(35)婉儿(暗示地)她不言不语,倒像心里挺有打算的样子。
(曹禺《家》)
　→＊心里挺打算的样子。
(36)吕西安想:"我挺有本事的。"(王培洁译,圣约翰《我爱吕西安》)
　→我挺本事的。

如例(35)所示,这里"有打算"中的"有"字依然是"有 V"必不可少的组配语块,说明评述性"有 V"构式中的"有"字一定不可省略(用"＊"标示)。据李先银(2012)的研究,此类"有 N"中的"N"主要是反映主体内在情状的寄生抽象名词,"有 N"只表达具有关系,句法功能单一,类似于性质形容词。而对于例(36)中的"有本事"来说,评述性"有 N"构式中的"有"字存在脱落的可能性。究其原因,"有本事"中的名词"本事"自身就蕴含了"能力强、本领高"的语义因子,"有"字只是起到了标示话语主体的作用,目的是凸显"本事"是话语主体所具有的"能力、本领"的一部分;但对于"打算"这一事件而言,事件的完整性是事件性质意义浮现的前提,"有"字是用来标示事件完成的,只有保证了事件的整体性,才有可能就事件性质进行评述。由此看来,评述性"有 N"和"有 V"同样受到了"整体—部分"关联的辖制。

第二节　语义延伸与状态转换

一、汉语"NP(受)＋VP(t)＋QM"构式的计量形态

现代汉语中有一种凸显计量单位与量化状态的构式,其中的数量成分可

以是物量、动量和时量。张伯江、方梅（1996：112）在研究此类格式两种语序（VNM 和 VMN）的基础上指出，相较于 20 世纪二三十年代，VMN 的出现频率正在进一步提高，组合能力变得更强。例如：

    （1）攻破了城堡三座。

    （2）攻破了三座城堡。

    （3）城堡攻破了三座。

    如例（1）和例（2）所示，"攻破了城堡三座"与"攻破了三座城堡"分别是 VNM 和 VMN 语序的实例。吴为善（2012a）发现，如例（3）的 NVM 语序（数量短语分裂前移话题化）的出现频率也在日益扩增，可概括为"$NP_{(受)}$＋$VP_{(t)}$＋QM"。其中，$NP_{(受)}$为话题主语，论元角色为受事；$VP_{(t)}$为及物性的动作动词，一般带有补语成分来强调行为动作的结果，比如例（3）中"攻破"的"破"字；动补后通常跟体标记"了"，表明此类表述有一个内在自然终点，是一个特定的已然事件；QM 成了表述的焦点，凸显了计量形态。

（一）量词功能的同一性与"VP＋QM"的同构性

    "$NP_{(受)}$＋$VP_{(t)}$＋QM"构式以"个体化"的实体、事件和时间为计量单位，并通过数词完成对量化状态的描述，其中的 QM 可以是实体量词、事件量词和时段量词。关于实体量词，刘丹青（2008）在论述定语属性时指出，实体量词并不能为名词增加数量信息，对名词的指称分类也不过是它的一种附带功能，其最主要的作用恰恰是"个体化"。也就是说，实体量词使表类别的名词具有了个体外延，并构成了一个集合，其中的成员数量由数词表达。例如：

    （4）类别：笔　　　　鱼

    个体：一支笔　　一条鱼

    基于对实体量词的个体化功能界定，事件量词的功能就在于对事件类别的个体化。刘辉（2009：21）区分了语言表达中的"类别事件"和"个体事件"。例如：

    （5）前天中午，李四在菜场买了菜。

    （6）昨天中午，李四在菜场买了菜。

(7)今天中午,李四在街边买了菜。

(8)今天中午,张三在街边买了菜。

例(5)—例(8)各自指称一项个体事件,具有特定的时间和处所信息,虽然彼此间有所区别,但这并不妨碍它们的共性析出。比如:例(5)和例(6)是"李四在菜场买菜"这个事件在不同时间段的体现;例(7)中的时段"今天中午"和处所"街边"虽与前两句不同,但它们都是"李四买菜"的时间和地点;例(7)和例(8)的区别较大,表现为虽然时段和处所一致,但参与者已发生了变化,因此是对"买菜"这个事件的进一步分类。以此类推,"买N"也可进一步具象,比如"买菜""买花""买衣服"。以上分析说明,汉语的光杆动词并不指称发生在某个具体时段的个体事件,而是指称具有相同性质的个体事件的事件类别。本书认为,除光杆动词可指称事件类别外,在特定构式中,动词、论元和附加语的组合同样可以指称事件类别,其依存成分甚至对动词的意义做出了更严格的限制,成为事件量词个体化的对象。也就是说,同一次类的两个个体事件可以于不同时段发生在同一处所,但不能于同一时段发生在不同处所,因为一个实体不可能在同一时段身处两地。

关于动词VP与数量成分QM的句法属性问题,丁声树、吕叔湘、李荣等(1961:38)就曾提出,"动词+动量""动词+时量"和"动词+物量"是具有同构性的,他们还将其中的数量成分定义为与宾语性质相近的准宾语。之后,朱德熙(1985:51)把动词后带表示动量或时量的词语归入补语,并提出了一系列的句法平行格式予以佐证。例如:

(9)动词+名量词:买一本　买了一本　买一本书　一本也没买[吴为善(2012a)用例,下同]

(10)动词+动量词:洗一次　洗了一次　洗一次头　一次也没洗

(11)动词+时量词:住一天　住了一天　住一天旅馆　一天也没住

此后,学界的主流观点是将"VP+QM(名量)"认定为述宾结构,将"VP+QM(动量或时量)"认定为述补结构。持这种观点的理由是,"书"可以论"本",但"头"不可论"次";人们会说"一本书",但不会说"一次门";"一次"只跟前面的动词"洗"在语义上发生联系。吴为善(2012a)对此持反对意见,指出不单说"一次头"只能证明它是一个非自由的形式,却无法否认它是一个句法形式。他认为,"书"可论"本","头"不可论"次","旅馆"不可论"天",只是单纯地从语义选择性来看问题,而没有关注到语言中普遍存在的"形义错配"现象。比如,副词"都"和"也",从结构上看是修饰后面谓词性成分的,但从意义上看却是说明前面主语范围的。例如:

（12）除炊事员、传达员外,包括政工、财会等工作人员都去了。（《人民日报》1979 年 1 月 12 日）

（13）赵丹同志和一批文化工作者去了,茅盾同志也去了。（《人民日报》1981 年 6 月 13 日）

如例（12）和例（13）所示,"都去了"和"也去了"中表示范围的"都"和"也"在结构层次分析上是不能划归前面主语的。由此推导,不论 QM 中的 M 是实体量词、事件量词还是时段量词,它们都具有同构性,只不过 VP＋QM（物量）更具有原型性。

（二）"NP(受)＋VP(t)＋QM"构式的量化状态主观评述

"NP(受)＋VP(t)＋QM"构式实际上也存在语块移位现象（参见第三章）,可被视作"VP(t)＋QM＋NP"构式变换的结果,即 VP(t)后宾语成分 QM＋NP分裂,NP 前移话题化。相较于"VP(t)＋QM＋NP"构式是对已然事件及其计量单位量化状态的客观陈述,"NP(受)＋VP(t)＋QM"构式的语块位移动因为说话人对已然事件及其计量单位量化状态的主观评述。其中一个重要的特征是,QM 已成为句子焦点,凸显了其与某类事件相关的计量状态,表现为说话人对常量和非常量的判断。也就是说,如果客观计量在说话人看来是常量,那么一般会认为其不值一提,因此也就淡化了发话动机;相反,如果客观计量在说话人看来是非常量,那就会激发发话动机。例如:

（14）儿子正是长身体的时候,红烧大排竟然一口气吃了七块,妈都看愣了,虽然自己一块都没尝到,可心里却美滋滋的。[吴为善（2012a）用例,下同]

（15）正是在这个区域里地壳经常被地下的烈火燃烧,可比亚坡城两度被毁,十四年中圣地亚哥城震倒四次,如此频繁的地质灾害是很罕见的。

（16）扬州城<u>围攻了整整三个月</u>，清军始终没能攻下，堪称奇迹。

对说话人而言，例（21）和例（22）中的所述事件都涉及非常量，即超出了人们基于社会规约的心理预期。比如例（14）中的"妈都看愣了"，例（15）中的"如此频繁的地质灾害是很罕见的"，例（16）中的"堪称奇迹"，这些句子所蕴含的语境信息充分说明了这一问题。更值得关注的是，当客观计量和主观评价不一致时，说话人的在线编码就会显现出客观具体量所蕴含的抽象价值量。现代汉语中的很多熟语体现了人们的这种认知方式，比如"一句顶一万句""伤其十指，不如断其一指""听君一席话，胜读十年书"等，这些熟语通过客观具体量与抽象价值量的对比，凸显了人们对计量的价值评判。换句话说，一旦客观发生的事件计量激发了价值评判诱因，说话人就有了充分的发话动机来表达自己的主观评价。

"NP$_{(受)}$＋VP$_{(t)}$＋QM"构式的逻辑宾语 NP 前移，受事成分因此充当了话题。根据陆丙甫（2005）的观点，制约语序最基本的两个因素：一是语义靠近原则；二是指别领先原则。从这个意义上来看，逻辑宾语 NP$_{(受)}$ 紧挨着核心动词，是语义靠近原则的体现。一旦 NP$_{(受)}$ 前移充当话题，就是牺牲语义靠近原则而服从指别领先原则。同时，按照汉语从已知信息到未知信息的流程规律，NP$_{(受)}$ 一旦前移作为已知信息，就成了说话人的已知事实。那么问题就来了：既然是说话人的已知事实，为什么还要说出来呢？一种合理的推断就是说话人要表明自己的感受或态度，这就与"移情"产生了相关性，即说话人将自己认同于某个特定事件或状态中的一个参与者。在"NP$_{(受)}$＋VP$_{(t)}$＋QM"构式中，说话人的移情对象就是受事论元 NP。说明说话人一定是对受事论元 NP 寄予了某种情感。例如：

（17）屋顶突然掉下一块水泥板，<u>桌腿压断了三条</u>。［吴为善（2012a）用例，下同］

（18）地雷一起爆炸，<u>敌人又被炸倒了三四个</u>。

（19）油井晚投产一天，<u>油就要少采几十吨</u>。

（20）光扔垃圾，<u>他就楼上楼下跑了好几趟</u>。

（21）<u>地铁一直修了七八年</u>，总算如期完成了工程。

如例（17）—例（21）所示，其中的"NP$_{(受)}$＋VP$_{(t)}$＋QM"显然都蕴含了说话人"不如意"的情感，这是说话人将自己认同为句子描写事件或状态中的参与者的结果。

二、时间因素的隐喻映射与状态转换

根据前面的论述,"城堡攻占了三座""城堡攻破了三次""城堡攻打了三天"显然属于三类句式,特别表现为对时间因素的不同处理,因此是具有多义性的。例如:

(22)一春天,鞭梢子弄坏了几百个。(《人民日报》1952 年 10 月 26 日)

(23)从去年到今年,路面翻新了三次。(张洁《沉重的翅膀》)

(24)写《家》的念头在我的脑子里孕育了三年。(巴金《家》)

如例(22)—例(24)中的 QM 所示,"几百个""三次""三年"分别凸显了计量单位的物量、动量和时量。其中,例(22)中的 M 为物量,QM 是对某个特定类别实体的计量,量词"个"落实了"鞭梢子"这类实体集合中的某个成员为可计量的个体,"几百个"突出了量化状态,实际上表述的是一个已然事件"弄坏了几百个鞭梢子"。由于"鞭梢子"前移话题化,句末的"几百个"因此具有了指称功能,成为"弄坏"可支配的直接论元。例(23)中的 M 为动量,QM 是对某一事件类别的计量,量词"次"落实了"翻新路面"这一事件类集合中的某个成员为可计量的个体,"三次"同样突出了量化状态,实际表述的是已然事件"翻新了三次路面"。由于逻辑宾语"路面"前移话题化,句末的"三次"因此也同样具有了指称功能,成为"翻新"可直接支配的论元。需要注意的是,虽然例(23)表述的也是一个已然事件,但其中的 QM 是以整个事件的过程时间段为计量单位的,因此蕴含了计量本身的时间因素,凸显了与例(22)的差别,即"鞭梢子弄坏了几百个"在时间轴上只有一个时间段,而"路面翻新了三次"在时间轴上有三个连续的时间段。再来看例(24),其中的 M 为时量,QM 是对某个事件持续事件的计量,时量词"年"是人为制定的量化单位,落实了事件过程延续时间内所包含的某一计量单位中的某个成员,"三年"凸显了量化状态。因为逻辑宾语"写《家》的念头"前移话题化,"三年"也就具有了指称功能,成了"孕育"可直接支配的论元。由此看来,例(24)表述的虽然也是一个已然事件,即"孕育了三年写《家》的念头",但因为事件过程的延续时间本身已成为计量对象,时间因此已成为显性因素。

综上所述,"NP$_{(受)}$＋VP$_{(t)}$＋QM"可根据表层形式计量单位的差异被区分为三个子类构式,分别是 A 式(实体计量)、B 式(事件计量)、C 式(时间计量),它们的构式义差异实际上是时间因素在不同认知域中的处理,A 式向 B 式和 C 式的延伸反映了时间因素从空间域向时间域的投射,具体如图 5-2 所示。

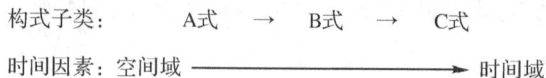

构式子类:　　　A式　→　　B式　→　　C式

时间因素: 空间域 ────────────▶ 时间域

图 5-2　"NP$_{(受)}$＋VP$_{(t)}$＋QM"构式的认知域变化

吴为善(2012a)形象地将此类现象比喻为"一套数枚邮票",尽管图形不同,但主题表现、构图设计、色彩运用、表意链接等透出某种同一性,总体上的"大同小异"让人们感知到它们属于同一"家族"。本书认为,以上现象也恰恰反映了框架成型后构式对于语块的压制,表现为句法实现的类推效应和语言使用者的类比思维。

第三节　语义延伸与图式变化

一、汉语"把"字句的主观处置表征

现代汉语"把"字句一直是学界关注的研究热点。王力(1943:187)最早提出将"把"字句作为"处置式"。沈家煊(2002)在此基础上进一步指出,汉语"把"字句在语义上表达的是一种"主观处置",即说话人认定甲(不一定是施事)对乙(不一定是受事)做出的某种处置(不一定是有意识的和实在的)。"把"字句的"主观处置"是相对于"客观处置"而言的,因而凸显的是语言的主观性。这也是语块"把 X(被处置客体)"强制共现与"把"字句语义延伸的承继性理据。我们来看语言主观性强制"把 X"共现的情况。例如:

(1)他喝了一碗酒。

(2)他把那碗酒喝了。

(3)他把大门的钥匙丢了。

(4)他丢了大门的钥匙。

例(1)—例(4)列述了四种"处置"情况:例(1)代表的是"客观处置,客观报道";例(2)代表的是"客观处置,主观认定";例(3)代表的是"客观未处置,主观认定";例(4)代表的是"客观未处置,主观未认定"。其中,例(1)和例(4)体现了主、客观一致的情形;例(2)和例(3)体现了主、客观不一致或不完全一致的情形。事实表明,不论客观上是否存在"客观处置与否",只要说话人存在"主观认定处置",就会选择使用如例(2)和例(3)这样的"把"字句;反之,则使用如例(1)和例(4)这样的动宾句。由此可以发现,"主观处置"概念的核心在于说话人的主观认定。

(一)"把"字句的主观处置义

根据里昂斯(John Lyons)对"主观性"(subjectivity)的解释,这一语言特性指向话语中说话人的自我表现(Lyons,1977:739)。也就是说,说话人在说出一段话的同时还表明了自己对这段话的立场、态度和感情,从而在话语中留下了自我印记。然而,在没有充分举证的前提下就主观认定句子是否具有"主观性"是不科学的。较为合适的方法是引入有效的相关手段,比如"对比"。以此关照"把"字句,最有效的手段就是把它和动宾句加以比较,以此描写"把 X"的强制共现现象。例如:

> (5)这是书误了他,可惜他也把书糟蹋了。(曹雪芹《红楼梦》)
> (6)你拆了我们楼也罢了,怎么将这御书牌额也打碎了?(臧懋循《元曲选》)
> (7)我的烧去也还罢了,总是你瞎捣乱,平白的把翠环的一卷行李也烧在里头,你说冤不冤呢?(刘鹗《老残游记》)

例(5)中的前半句"这是书误了他"是动宾句,后半句是"把"字句;如果反过来说成"这是书把他误了,可惜他也糟蹋了书",在语境中就会觉得很别扭,原因是说话人"可惜"的是"书",而"他"是使"书"受损的责任者。言下之意,"书"是无辜的,人变坏了不能去怪罪书。同理,若将例(6)这一句反过来说,也很别扭,比如"你将我们楼拆了也罢了,怎么也打碎了这御书牌额",这是因为"也罢了"(表示无所谓)和"怎么"(表示责怪)明显表现出说话人对被处置客体的情感,在"楼"和"御书牌额"二者之间,说话人更倾向于同情后者。例(7)中的前半句用的虽然不是动宾句而是受事主语句,但与后面的"把"字句相比,说话人看重"翠环的一卷行李"、看轻"我的行李"的倾向是显而易见的。

所以说,在采用对比手段后可以清楚发现,与对应的动宾句相比,"把"字句往往带有"出乎意料"的含义。例如:

(8)不过我一急,倒把一个好消息给忘了。(司汤达《箱子与鬼》)

(9)你们真是岂有此理,怎么把一个病人抬到胡同口上去躺着?(张恨水《美人恩》)

(10)他的喉结上下滚动了一番,不知把什么准备说的话咽了下去而又把另一句话吐了出来。(毕淑敏《非正式包装》)

(11)他正觉得诧异,那小孩却把一串钥匙举得高高地递了过来。(张爱玲《半生缘》)

(12)一个月前,海四维从开封回村子一趟,他突然把地价落到二十元一亩。(李準《黄河东流去》)

(13)直到有天晚上,阿兵回来,父亲居然把他当作你又喊又抱的,像傻了似的。(麦家《暗算》)

如例(8)—例(13)所示,其中的"倒把""怎么把""不知把""却把""突然把""居然把"都蕴含了"出乎意料"的意义。沈家煊(2002)因此概括指出,"把"字句从认识上讲,就是说话人认为句子表达命题为真的可能性很小。以此关照"把 X"的语块隐现,"出人意料"的焦点信息要求使用"把"字句。比如:动作前不存在、动作完成后才存在的所指对象,一般用来充当动宾句的宾语,表达的是客观处置,因此不用"把"字句(用"?"标示);然而,一旦动词的后附成分使得动作结果"出人意料",说话人的编码动因就会由客观处置转变为主观处置,"把 X"语块即会得以显现。例如:

(14)小张生了个孩子。[沈家煊(2002)用例,下同]

→? 小张把个孩子生了。

→小张把个孩子生在火车上了。

(15)老张盖了间屋子。

→? 老张把个屋子盖了。

→老张把个屋子盖到别人家去了。

(16)媳妇织了件毛衣。

→? 媳妇把件毛衣织了。

→媳妇把件毛衣织得又肥又长。

如例(14)—例(16)所示,对于说话人而言,"孩子生在火车上了""屋子盖到别人家去了""毛衣织得又肥又长"都是超出社会规约性认知的"出人意料"的结果,动词后附成分的焦点信息为"把"字句的主观处置提供了语境支撑,为"把 X"的显现提供了认知条件。由此看来,"把"字句体现了说话人主观上的"主观处置义"。既然如此,根据说话人的情感、视角和认识的主观性分类,"把"字句的主观处置义也是存在不同的。

(二)"把"字句的主观处置义差异

一是由说话人情感引发的移情现象,在说话人的心目中,施事成了责任者,受事则成了受损者,"把"字句凸显了主观上的受损义。例如:

> (17)把首饰当了 / ＊把首饰赎了[沈家煊(2002)用例,下同]
> (18)把图书还了 / ＊把图书借了
> (19)把钢笔丢了 / ＊把钢笔拾了

如例(17)—例(19)所示,此类"把"字句中说话人移情于受事成分,并把它们作为同情对象。这种现象很容易解释,因为人们一般来说都寄情于想得到而没得到、得到了却又失去的东西,其中完全失去的东西又比部分失去的东西更容易获得同情。需要指出的是,移情对象不仅是说话人的"同情对象",也可以是"钟情对象",甚至可以是"厌恶对象"。例如:

> (20)你去遛遛马,你的精神就好了。[沈家煊(2002)用例,下同]
> (21)你去把马遛遛,马的精神就好了。
> (22)把他杀了!
> (23)把那些旧衣服给扔了。

比较例(20)和例(21),后一句中的"马"较之前一句中的"马",显然是说话人的钟情对象。又如例(22)和例(23)所示,其中的"他"和"旧衣服"明显是说话人的厌恶对象,因此常见于祈使句。沈家煊对此的解释是,同情、钟情和厌恶这三种情感都跟主观认定的"受损"有关。其中,"同情"是说话人认为 X 已经受损,"钟情"是说话人不愿 X 受损,"厌恶"是说话人愿意 X 受损。

二是由说话人视角引发的对同一客观量形成的不同主观体验。比如

"把"字句宾语中的"些"类词项,它们是描写性的。当说话人主观上觉得量少就用"一些"。这跟英语的 little 和 few 相当,同样是"一些"或"几个",在英语里说话人主观上觉得少就用 little 或 few,主观上觉得量还不少就用 a little 或 a few。例如:

(24)将<u>些</u>衣服、金珠、首饰一掳精空。(吴敬梓《儒林外史》)

(25)把<u>几个</u>零钱使完了。(文康《儿女英雄传》)

(26)后来他丈人家没了人啦,把<u>几块</u>地也归他种啦。(羊春秋、萧艾、刘建国等《白话聊斋》)

如例(24)—例(26)依次所示,其中的"些""几个""几块"都代表了一种主观上的小量。这种现象在语言中也很普遍,比如数词"一"是最小量,虽然通常表示客观上的小量,但有时也能表示主观上的大量。究其原因,说话人对同一事物主观视角的变化形成了不同的心理意向。例如:

(27)有一个四川同学家里寄来<u>一件</u>棉袍子,……然后,几个馋人,<u>一顿</u>就把<u>一件</u>新棉袍吃掉了。(汪曾祺《落魄》)

如例(27)中的"一量"词语(比如"一件""一顿")所示:"一件"代表的是客观量,因此不含主观性;"一顿"对比后边"一件"的主观量,即在说话人看来的小量;也正因为如此,"一件新棉袍"就是主观大量,所以要选择使用"把"字句。此时的"把"字句凸显了主观上的过量义。

三是由说话人认识引发的对目的关系的认定。也就是说,当"主语"为某一目的而处置某一"宾语"时,实际上都是说话人推断主语为某一目的而处置宾语。例如:

(28)我开<u>汽车</u>到语言学院。〔张旺熹(1991)用例,下同〕

(29)我把<u>汽车</u>开到语言学院。

(30)我把<u>汽车</u>开到语言学院门口等朋友。

比较例(28)和例(29),当人们强调目的关系时,"把"字句最自然的使用是带上一个目的状语,比如例(30)中的"等朋友"。除目的关系的认定,说话人对因果关系的判定也存在主观性,比如郭继懋、王红旗(2001)将因果关系分为"规约性的"和"偶发性的"两类：前者如"睡着""杀死"，"睡"和"着"、"杀"和"死"之间的关系已成为一种固定的认知模式，因此客观性较强；后者如"老王在公园里睡得不会说话了"，"在公园睡觉"和"不会说话"之间的因果关系是偶发性的，是说话人根据经验推断的，带有较强的主观性（参见第四章第一节）。有意思的是，前者可用动宾句，也可用或是不用"把"字句；而后者不能用动宾句（用"＊"标示），只能使用"把"字句。例如：

(31)吓破胆子／把胆子吓破［沈家煊（2002）用例，下同］

(32)＊吓回去胆子／把胆子吓回去

(33)说急了宝玉／把宝玉说急了

(34)＊说没了话贾琏／把贾琏说没了话

表规约性因果关系的动宾句和"把"字句在结构上仍然有差别，如例(33)中的"说急"，用在动宾句中像个复合词，中间不能插入"得"（＊说得急了宝玉）；用在"把"字句中则像个词组，中间能插入"得"（把宝玉说得急了）。由此看来，出于说话人认识的"把"字句凸显了主观上的关系差。

二、空间位移的隐喻映射与图式变化

根据学界的前期研究成果，"把"字句表现的是一个物体（被处置客体）在外力作用下从一个点转移到另一个点的位移过程，包含四个基本语义角色：位移物体、所在起点、位移动力（动词）、位移终点（方向）。由于被处置客体的所在起点在大部分情况下被隐去，因此"把"字句的典型形式只包括了位移物体、位移动力和位移终点三个语义角色，可码化为［把＋NP＋V＋L］。例如：

(35)贾老师一听说，就立刻掏腰包为我补交了那顿饭费，并且亲自把我从篮球场上领回食堂。（萧乾《校门内外》）

　　→并且亲自把我领回食堂。

如例(35)所示，其中的"我""篮球场""领""食堂"分别作为"把"字句的位移物体、位移起点、位移动力和位移终点，即便省略"篮球场"这个位移起点，也不会影响听话人对句子的理解。

(一)空间位移的隐喻映射

张旺熹(2006:4-7)基于"把"字句的语料统计表明,在其考察的 2160 个"把"字句中,有 1121 个是表现空间位移的"把"字句,物理空间的物体位移通过隐喻映射至时间、人体空间、社会空间、心理空间、范围空间以及泛方向空间层面,形成"把"字句以空间位移为基础的隐喻系统。例如:

(36)物理空间层面:把几百公斤重的杆架一根一根从山下抬上山。[张旺熹(2006)用例,下同]

(37)时间层面:他把婚期推迟到第二年五月。

(38)人体空间层面:学生把作业交给班主任。

(39)社会空间层面:北京市、铁道部、邮电部把建站计划报请中央。

(40)心理空间层面:他把人民的疾苦时刻记在心上。

(41)范围空间层面:把工农业发展速度调整至 2—3 比 1。

(42)泛方向空间层面:她安安静静地把家搬走了。

例(36)—例(42)是典型的"把"字句空间位移图式不同分类的示例,虽然它们本质上的认知结构具有相同性,但凸显物体的位移过程或方向却有所不同。如例(36)所示,物理空间层面的位移是一个物体"杆架"在外力"抬"的作用下从一个物理空间"山下"转至另一个物理空间"山上"。如例(37)所示,时间层面的位移是一个抽象的物体"婚期"在外力"推"的作用下,从一个时间点/段转至另一个时间点/段"第二年五月"。如例(38)所示,人体空间层面的位移是一个物体"作业"在外力"交"的作用下,从一个以人体为代表的物理空间"学生"转至另一个以人体为代表的物理空间"班主任"。如例(39)所示,社会空间层面的位移是指一个物体"计划"在外力"报"的作用下从一个社会空间"北京市、铁道部、邮电部"转至另一个社会空间"中央"。如例(40)所示,心理空间层面的位移是一个抽象物体"疾苦"(通常是抽象物体)在外力"记"的作用下从一个物理空间"人民的"转至人们的心理空间"心上"。如例(41)所示,范围空间层面的位移是一个抽象物体"工农业发展速度"(通常是抽象物体)在外力"调整"的作用下在一定范围"2—3 比 1"内做伸缩性的运动,而不是空间范围的转移。如例(42)所示,泛方向空间层面的位移是一个物体"家"(含抽象物体)在外力"搬"的作用下从一个空间位置离开,移向不确指的空间位置,因而在句法上位移终点往往表现为零形式。

至于为何可产生上述隐喻映射,张旺熹(2006)的解释是,随着认知语言学的深入发展,空间隐喻对人类的概念形成越来越受到学界重视。这是因为在人类的行为世界里,物体受力后产生的运动方式能够最直接、最普遍与最直观地表现出物体空间形态的系列变化。其中,空间位移作为物体运动的最常见形态,其运动过程的内部结构不仅最先为人们所感知、所认识,而且也会不断被抽象化并通过隐喻的方式成为表达其他抽象概念的基础结构。上述隐喻系统就包含了我们常见的认知域的映射途径,比如"空间→时间""具体→抽象""物理→心理""个体→社会"。

(二)"把"字句的图式变化

根据语料统计结果,现代汉语"把"字句的不少变体实际上是无法用上述"把"字句的空间位移隐喻来解释的。张旺熹(2006:8-11)指出,典型"把"字句的空间位移图式可隐喻拓展为四个变体图式:一是系联图式;二是等值图式;三是变化图式;四是结果图式。例如:

(43)我们中国人把"吃"跟"福"联系在一起。[张旺熹(2006)用例,下同]

(44)大娘,您是不是把整钱和零钱分开放了。

如例(43)所示,其中的"吃"和"福"从原本分离的状态转向结合在了一起;与之相反,如例(44)所示,其中原本一体的"整钱"和"零钱"在外力作用下被区分开来。这说明,空间位移图式已拓展成了一种"系联图式",表现为两个本来分离的物体在某种外力作用下相向位移而结合成为一个整体的过程,或者是原本一个整体的物体在某种外力作用下各部分发生了反向位移,导致部分与部分的分离。这种从分到合、从合到分的过程显然都是以物体的内部变化为前提的。一旦人们在认知上把这种"分割—整合"关系延伸至两个性质不同的物体(包括抽象的物体)的等值判断时,空间位移图式就可以拓展为一种"等值图式",可码化为[把+NP丨V(当作/看成)丨L]。例如:

(45)我们把生活当作一个扩大了的游乐场。[张旺熹(2006)用例,下同]

(46)一些人把请客吃饭的排场看成一种"面子"。

例(45)中的"生活"和"游乐场"通过说话人的主观判断形成的是一种等值关系"生活就是游乐场";同理,例(46)中的"排场"和"面子"也是一种等值关系。再来看"变化图式",例如:

(47)把一个贫困的中国变成小康的中国。[张旺熹(2006)用例,下同]

(48)个别部门和执法者甚至把权利商品化。

例(47)中的"贫困的中国"到"小康的中国",例(14)中的"权利"到"商品",都体现了物体形态的变化,这种变化是同一物体不同形态的体现。上面两例说明,当一个物体在合适的外力作用下,即会发生从一种形态到另一种形态的内在位移。当这种形态的变化继续延伸至性质或状态的改变时,"把"字句在形式上可补充结果补语或状态补语,空间位移图式因此拓展成了"结果图式"。例如:

(49)把《解放军报》办得更有特色。[张旺熹(2006)用例,下同]

(50)你还是把钱收好吧。

(51)姑娘把钱包丢了。

上述三个示例在形式上是存在差异的,分别可码化为:[把＋NP＋V 得 C],比如例(49);[把＋NP＋VC],比如例(50);[把＋NP＋V 了],比如例(51)。需要指出的是,由于这类"把"字句的"把"后名词与动后补语是较为自然的话题和述题关系,因而学界之前的研究一般将它们作为典型"把"字句来讨论。实际上,这类"把"字句蕴含的话题和述题关系恰恰反映的是一个物体发生性质或状态变化后所具有的情形。

第四节　本章小结

本章以"有 X"构式的语块替换、"NP(受)＋VP(L)＋QM"构式的语块移位、"把"字句的语块隐现为切入点,梳理以上三个构式基于隐喻派生的语义延伸情况,发现"有"字与名词、动词组配的功能同一性实际上源于事件陈述向性质评述的隐喻引申,"NP(受)＋VP(t)＋QM"构式的 NP 话题化实际上体现了计量状态句法实现的类推效应和语言使用者类比思维的隐喻投射,"把 X"语块的强制共现所带来的主观处置义实际上反映了物理空间层面的客体位移向时间层面、人体空间层面、社会空间层面等的隐喻映射。

(1)从对"有 N"和"有 V"的同构性解析,可以总结出如下认识:从句法和语义层面的概括来解读,"有"字的领有和存在之分实际上反映的是"整体—部分"关联所处时间域或空间域的不同;从形式与功能相匹配的角度来分析,同处时间范畴的"有"字领有句和"有 V"具有结构和功能上的平行性;从功能偏移的方向和路径来推导,评述性"有 N"和"有 V"构式在空间域中凸显了它们所蕴含的"整体—部分"关联;从汉语名动包含和"有"字功能的同一性出发,"有 N"和"有 V"构式的组配功能是一致的。需要指出的是,以上研究尚未联系"有"字表性质程度的义项及其相关构式的讨论。例如:

(1)那个小孩有桌子那么高。

例(1)中的"有桌子那么高"是现代汉语比较范畴的同比句,其中的"有"字表示性质或数量已达到某种程度。此类构式中的"有"字与"有 N""有 V"中的"有"字相比,其动词性变得模糊,且带有一定的介引功能,从而能够引出比较对象"桌子那么高";但同时,它还是动词,可以直接用"没"来进行否定,形成"那个小孩没有桌子那么高"的合理表达。由此看来,或许"有＋程度"与"有 N""有 V"也应具有形式和功能上的平行性。这可以作为"有"字句同构性的后续研究对象。

(2)从"NP(受)＋VP(t)＋QM"构式数量短语分裂所蕴含的量化状态转换可以发现,基于主观评价的移情现象在汉语中具有一定的普遍性,说话人对常量和非常量主观估量的消极倾向甚至可以成为汉语不同构式的承继性理据。比如"把"字句和"被"字句。朱德熙(1982:188)指出,与"把"字句关系最密切的不应是"主—动—宾"句式,而应是受事主语句,因为绝大多数的"把"字句在去掉"把"字之后剩下的部分正是受事主语句。从这点上来说,"NP(受)＋VP(t)＋QM"构式与"把"字句具有相同的表达功能。例如:

(2)孩子在外面同小伙伴打架,把新帽子扯破了一块,新鞋也弄丢一只。[吴为善(2012a)用例,下同]

(3)第二天上班,神不守舍,把自己的名字写错了三次,电话也打错 N 次。

（4）作为一个女人，她想把装模作样地生气这场戏再拖长一阵子，脸再拉长三天，然后再同他和解。

如例（2）—例（4）所示，上述每句中都包含了"把"字句与"NP$_{(受)}$＋VP$_{(t)}$＋QM"构式的并列表述，而"把"字句的主观处置义的原型恰恰就是表消极的（参见本章第三节）。再来看"被"字句。王力（1943）就曾指出，汉语"被"字句有着较强的不如意的含义。因此可以推断，"NP$_{(受)}$＋VP$_{(t)}$＋QM"构式与"被"字句也存有承继关联，在语料上表现为可在 VP 前添加"被"字。例如：

（5）桌腿压断三条。→桌腿被压断三条。〔吴为善（2012a）用例，下同〕

（6）名字写错三次。→名字被写错三次。

（7）比赛推迟三天。→比赛被推迟三天。

对于这种消极语义的倾向现象，沈家煊（2002）的解释是，当说话人移情于一个事件的参与者时，说话人心目中的"受事"成了受损者，由此引发了同情、惋惜等情绪，所以会产生不如意的含义。

（3）从对"把"字句的主观处置表征和图式拓展的分析可以看出，现代汉语"把"字句通过隐喻映射，形成了一个典型向非典型承继的非离散性的、辐射状的连续统，具体关联如图 5-3 所示。

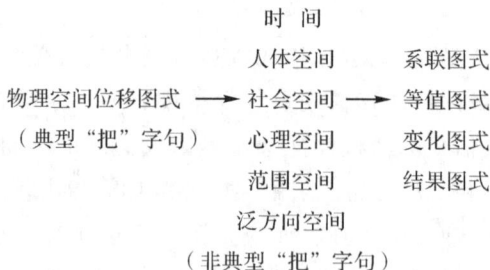

时　间

人体空间　　　　系联图式

物理空间位移图式　→　社会空间　→　等值图式

（典型"把"字句）　　心理空间　　　变化图式

范围空间　　　　结果图式

泛方向空间

（非典型"把"字句）

图 5-3　"把"字句的隐喻映射与承继关联（张旺熹，2006：149）

需要说明的是，张旺熹（2006）关于"把"字句的研究成果，实际上还在一定程度上揭示了物理空间向其他空间隐喻映射的层级序列，以及空间位移图式向其他图式拓展的隐性序列。在人工智能快速发展的今天，基于人机对话的言语共鸣程度正在成为语言应用的焦点，言语共鸣的层次性因此受到了不少电商与跨境电商企业的关注。从这个意义上来说，如何从理据性承继的角度去建立汉语语用适切度的层级标准，或许会成为汉语语言应用接下来的研究热点。

第六章　面向接口与语义对立

20 世纪 80 年代,汉语语法研究开始采用语义特征分析来解释句法问题,目的在于对语义范畴进行次范畴分类以解释相关句法现象(陆俭明,1991)。主要方法是将结构子系统视作组织有序、协同配合的函数关系,从某一个子系统中提炼结构原则来关照其他子系统的结构关联(徐通锵,1991)。本书主张汉语构式在"句法—语义"接口的辐射状承继描写,并认为这种承继描写的使成关联在于范畴的主从依存包含着平行依存。主从依存反映的主要是构式的语义延伸(参见第五章),而平行依存则更多带有一种隐性的语义对立,源于中国不同于西方逻辑的同构观和本末观(朱晓农,2018)。比如,汉语致使构式范畴的句法分布情况十分复杂(参见第三章第二节),可以是汉语"把"字句、使令句、"V 得"句、致使句、"使"字句、使动用法句,它们一方面都归属于"自主事件"范畴;另一方面却因动作行为存在[±意识]的对立,可进一步区分为两个次范畴:一是积极致使范畴,可码化为[致使者(施事)+自主致使方式+被致使者+致使结果];二是消极致使范畴,可码化为[致使事件+非自主致使方式+被致使者(施事)+致使结果]。甚至,一旦"致使者"和"被致使者"合而为一,积极致使范畴又会延伸出他致使和自致使两个平行次范畴,可进一步码化为[致使者(施事)+他致使方式+致使结果]和[致使者(施事)+自致使方式+致使结果](参见第一章第二节)。

据此,本章具体考察现代汉语的三种语义对立及其承继关联:一是从汉语名词、动词、形容词三大词类在认知层面"有界"和"无界"的句法限制出发,梳理数量词与数量短语在汉语动宾构式中的隐现规律;二是从光杆名词前后置 VP 与疑问代词语块移位的语序限制,论证"有定—无定"和"遍指—虚指"对立的句法理据性;三是从形容词功能漂移探究[±积极]的语义对立现象,以及由此延伸出的范畴分化倾向,比如"们"的寄生范畴。

第一节　语义对立与句法限制

一、汉语词类的"有界"和"无界"对立

关于汉语名词、动词、形容词三大词类及其句法限制的问题,沈家煊(1995)从认知上形成的"有界"和"无界"对立出发进行了透彻分析,指出事物在空间上存在"有界—无界"的对立,动作在时间上存在"有界—无界"的对立,性状在程度或量上存在"有界—无界"的对立。本节从这些对立关系的平行视角出发,描写名词、动词、形容词三词类的语义对立,解析因此所引起的动宾构式数量短语的句法限制问题。

(一)名词的"有界"和"无界"对立

根据兰盖克的论述,事物的"有界"和"无界"具有以下三点区别性特征(Langacker,1987):

第一,从事物内部"同质"(homogeneous)和"异质"(heterogeneous)的对立来区分。同质性是无界的,比如"水",分出的任何一部分仍然是水;异质性是有界的,比如"桌子",把桌子分割的结果可能是桌面、桌腿等。

第二,从事物[±伸缩性]的对立来区分。[+伸缩性]的是无界的,比如"水"加上或减去一部分仍然是水;[-伸缩性]的是有界的,比如"一张桌子"加一张或减一张就不再是一张桌子了。

第三,从事物[±可重复性]的对立来区分。[+可重复性]的是有界的,比如"一张桌子""两张桌子""三张桌子"……[-可重复性]的是无界的,比如"水"就不存在类似于"桌子"的重复。

在此基础上,沈家煊(1995)提出了认识事物"有界"和"无界"的四个要点。

第一,事物"有界"和"无界"主要是指人的认识,而不是指客观实际。

第二,事物"有界"和"无界"的边界往往是模糊的,比如我们很难说"墙角"是有一定边界的。即便如此,我们仍然会把它看作一个有边界的个体,因而通常会说"一个墙角"。

第三,事物"有界"和"无界"的边界可以是抽象的。比如"想法",当我们把它看作有边界的个体时,会说"一个想法";又比如"水",当把它看作有边界的种类时,会说"一种水"。

第四，事物的"有界"与"无界"和"有定—无定""专指—泛指"是不完全重合的。有界名词的本质是它所指事物的个体性和可数性，无界名词的本质是它所指事物的非个体性和不可数性。

(二)动词的"有界"和"无界"对立

动作的"有界"和"无界"之分在于"有界动作"在时间轴上有一个起点和一个终点，"无界动作"在时间轴上则没有起点和终点，或者说它只是有起点而没有终点。比如，"我跑到学校"，"跑"是动作起点，"到"是动作终点，因此这个动作是有界的；但对于"我很想家"而言，由于不能确定它的起点和终点，所以这个动作是无界的。兰盖克指出，"有界—无界"的动作对立跟"有界—无界"的事物对立是具有平行性的，主要表现在三个方面(Langacker,1987)：

第一，无界动作内部同质，有界动作内部异质。比如，"我很想家"，在时间轴上的任意一部分仍然是"我很想家"；而"我跑到学校"，只有时间轴的终点才算。

第二，无界动作是[＋伸缩性]的，有界动作是[－伸缩性]的。比如，"我很想家"在时间轴上可以延续增加或减少一些，"我很想家"的事件情境不会改变；而对于"我跑到学校"来说，时间上的增加或减少很有可能就不再是"我跑到学校"了。

第三，有界动作是[＋可重复性]的，无界动作是[－可重复性]的。比如，"我跑到学校"可以有一次、两次、三次……而"我很想家"却不存在次数之分。

沈家煊(1995)因此指出，动作所形成的概念上的"有界—无界"对立在句法上反映的就是动词的[±持续]对立。其中，[＋持续]的动词是无界的，由于其本身已有持续或正在进行的意思，因此在句法上不可以加上"着"；而[－持续]的动词一般是有界的，不但在句法上可以加上"着"，比如"吃着"，也可以用重叠形式，比如"吃吃喝喝"。

(三)形容词的"有界"和"无界"对立

事物和动作的性状在程度或量上存在着"有界—无界"的对立。比如事物是"白"的，可以是"雪白"，也可以是"灰白"，说明"白"是对各种程度白色的概括，代表了一个不确定的量幅，所以"白"的性状是"无界"的；而对于"雪白"和"灰白"来说，它们是这个量幅上的某一段或某一点，因此是"有界"的。性状的"有界—无界"对立于是就表现为形容词的性质形容词和状态形容词之分。比如，我们不能将"白衣服"说成"白一件衣服"，也不能将"雪白一件衣服"说成"雪白衣服"。这说明性质形容词是无界的,而状态形容词是有界的。

　　作为认知层面的理据,"有界"和"无界"的对立能够用来探究汉语中事物、事件、动作和性状等的有界化手段的句法规律,比如助词、介词以及副词。对词类"有界"和"无界"的判定所引出的特征平行性研究,为基于汉语语义对立及分化现象的承继描写提供了框架性思路。

二、"有界—无界"对立与数量词隐现的句法限制

　　根据上文所述汉语名词、动词、形容词三大词类"有界—无界"对立的平行性特征,本书接下来将结合汉语动宾构式,进一步阐述汉语数量词强制共现与排斥出现的句法限制。

(一)动宾构式数量词的强制共现

　　首先来看动宾构式中数量词强制共现的情况。沈家煊(1995)根据表层形式将它们分为五类,分别是:第一类,动词与间接宾语组成的动宾式,比如"盛碗里两条鱼""来这儿两个人""掉地上五分钱""送学校一幅画"。这其中的间接宾语有的是表示位移终点的处所宾语,比如"碗里""这儿""地上";有的则是表示给予对象的与事宾语,比如"学校"。第二类,动词与结果补语组成的动补式,比如"打破一块玻璃""飞了一只鸽子""洗完两件衣服"。第三类,动词与趋向补语组成的动趋式,比如"走来一个老太太""飞进来一只苍蝇""拿来三本书"。第四类,动词与表完成或实现的后缀"了",比如"吃了一个苹果""写了两封信""看了两场电影"。第五类,"动词+了"与间接宾语组成的动宾式,比如"烫了他一个大燎泡""叮了小王两个大包""捂了孩子一身痱子"。以上例子中,数量短语前的动作本身也是复杂的动词短语,它们与相对简单的动词所表示的动作有明显区别。比如"盛"与"盛碗里(两条鱼)",前者所表示的动作虽然有起始点,但没有一个内在的自然终止点,或者说终止点是任意的,因而是无界的;后者所表示的动作,不但在时间上有一个起始点,而且有一个内在的自然终止点,因而是有界的。余例解读可类推。

　　需要注意的是,"有界"和"无界"在一定范围内是相对而言的。比如,上面例子中"吃了一个苹果"中的"吃"和"写了两封信"的"写",在整个动词范围内相对于"像"和"姓"这样的持续动词而言,是无界的;但相对于"吃了"和"写了"这样的复杂成分而言,则是有界的。我们因此可将存在内在终止点的有界动作称作"事件",把不存在内在终止点的无界动作称作"活动"。据此,上

面例子中的"盛碗里"和"盛"、"打破"和"打"、"飞进来"和"飞"、"吃了"和
"吃",这几个例子中的前者都表示"事件",后者都表示"活动"。例如:

（1）来这儿两个人。[沈家煊(1995)用例,下同]

→＊来这儿人。

（2）飞了一只鸽子。

→＊飞了鸽子。

（3）走来一个老太太。

→＊走来老太太。

（4）写了两封信。

→＊写了信。

（5）烫了他一个大燎泡。

→＊烫了他大燎泡。

如例（1）—例（5）所示,在删除数量词后,上述动宾构式之所以不成立或
不自由(用"＊"标示),是因为它们之中表示事件的有界动词与后面的无界名
词不匹配。换句话说,有界动词后跟有界名词作宾语,动作的自然终止点才
有了着落,整个构式才能表达一个完整的事件。由此看来,动宾构式要求数
量词强制共现的理据在于"有界—无界"的对立及其引申出的"[＋事件性]—
[＋活动性]"的对立,这样的对立压制了构式的句法结构。

(二)动宾构式数量词的排斥出现

再来看动宾构式排斥数量词的句法现象。沈家煊(1995)将其分为三种
情况,本书主要讨论其中的两种,至于"没"专门否定有界成分与"不"专门否
定无界成分的情形,这里不再展开。第一种是"V 着"排斥数量词的情形(用
"＊"标示)。例如:

（6）架炮 n 天,架完了。[沈家煊(1995)用例,下同]

→＊架着炮 n 天,架完了。

如例（6）所示,相对于"架山上""架好""架了"等表示事件的有界动词,
"架(炮)"是表示活动的无界动词。"架着炮"包含了两种状态:一是表静态存
在,比如"山上架着炮"等于"山上存在炮";二是表动态行为的延续动作,比如

"山上架着炮"等于"山上正在架炮"。其中,静态存在跟动作在时间上的有界无界并无太大瓜葛,主要问题在于表延续动作的"架着炮"。虽然"架着炮"与"架炮"一样,在时间上没有自然终止点,但"架着炮"跟"架炮"又有所区别,表现为"架炮"可以有一个任意终止点,而"架着炮"却连任意终止点也消失了。例(6)中的"n天"可以给"架炮"规定一个任意终止点,跟"架着炮"却是不相匹配的。由此看来,数量宾语跟动作终点密切相关,这就是"架着炮"排斥数量词的原因。

第二种是动词重叠式排斥数量宾语的情形(用"＊"标示)。例如:

(7)看看书。[沈家煊(1995)用例,下同]
→看一会儿书。
→＊看看一会儿书。
(8)伸伸舌头。
→伸一下舌头。
→＊伸伸一下舌头。

如例(7)和例(8)所示,动词重叠式往往表示的是一个程度较小的确定量。比如,"看看书"表示的是时量短,就相当于"看一会儿书";"伸伸舌头"表示的是动量小,就相当于"伸一下舌头"。从这个意义上说,这里包含的数量不但总是"一"这个确定量,而且会跟"一"及其他数量成分发生抵触,排斥数量词因此是顺理成章的。由此看来,动词重叠式表示的动作不仅有一个自然终止点,而且这个自然终止点是固定的,我们因此可将此类动作称为"定时动作"。据此,根据动词"有界"和"无界"的对立,可以把"动作"分为活动、事件、延续动作和定时动作四类,它们与动宾构式数量宾语的制约关系,具体可归纳为表 6-1。

表 6-1　"有界—无界"对立与数量词的句法限制(沈家煊,1995:370)

动作类型	示例	终止点情形	数量词隐现情况
活动	"盛""架""吃"	任意	可现
事件	"盛碗里""架好""吃了"	自然	强制共现
延续动作	"盛着""架着""吃着"	无	排斥共现
定时动作	"盛一下""架一架""吃吃"	固定	排斥共现

第二节　语义对立与语序制约

一、光杆名词前后置 VP 的"有定"和"无定"对立

汉语中有一条严格的句法规律,石毓智(2002)在综合学界前期研究成果(赵元任,1979:46;朱德熙,1982:96;徐通锵,1997:480),并调查大量现代汉语语料后指出:对于没有任何修饰语的光杆名词,以谓语中心 VP 为参照点,VP 之前的成分被赋予有定的特征,之后的成分被赋予无定的特征。所谓"有定"和"无定",英语主要是用定冠词 the 和不定冠词 a/an 来体现;汉语则是利用语序手段来实现,比如在表层形式上表现为语块移位的光杆名词前后置 VP 的"客人来了"和"来客人了"。当"客人"前置于"来了"时,它是定指的;当"客人"后置于"来了"时,它是虚指的。需要指出的是,正如徐通锵(1997:480)将有定性范畴视作语言语法结构的基础之一,"有定—无定"的对立成了"句法—语义"接口语言类型学研究关注的热点。正是出于这样的考虑,本书从"有定—无定"对立在句法层面的表征出发,探究汉语构式语义对立的语序制约。

(一)光杆名词谓语动词前后的"有定"和"无定"

光杆名词的有定和无定是以中心谓语 VP 为参照点的,前置 VP 表有定,后置 VP 表无定。其中,"有定"是指名词所表示的实体是可以从语境中明确获得的。例如:

> (1)水开了/发水了[赵元任(1979)用例]
> 　　火着了/着火了
> 　　哪儿有书/书在哪儿
> (2)甲:还得填表。(马季《多层饭店》)
> 　　乙:填表也没用,今天没房了。
> 　　甲:得,折腾了半天,表白填了。

如例(1)所示,有定和无定对比清晰,比如"水开了/发水了",前置于 VP"开"的"水"表有定,后置于 VP"发"则表无定。又如例(2)中的"表",在前两

句中后置于 VP,因而是无定的;在最后一句前置于"填",所以是有定的。前置于谓语动词的光杆名词可以占据各种句法位置,除了如例(1)和例(2)中的作句首话题、句子主语外,还可以用来作主语和谓语动词之间的小主语;部分甚至可以用来作介词宾语。例如:

(3)我书已经看完了。〔石毓智(2002)用例,下同〕
(4)她衣服已经买到了。
(5)我们饭已经准备好了。
(6)他已经把作业做完了。
(7)他又把衣服卖掉了。
(8)我们已经把饭做好了。

例(3)—例(5)是光杆名词作小主语的示例,例(6)—例(8)是其在"把"字句中用作介词宾语的示例。需要注意的是,这里的光杆名词局限于用作 VP 的受事,它们的无标记句法位置应该是在 VP 后,比如例(1)可转换为"我已经看完了书",例(6)可转换为"他已经做完了作业"。余例解读可类推。由此可见,当光杆名词前置于 VP 时,就会产生一种类似于有标记的结构来表示有定。据此解释为什么"把"字句中"把"后的光杆名词是有定的:因为它引入的通常是 VP 的受事。当然,也有些类型介词所引入的光杆名词是无定的,比如"用鸡毛作画"中的"鸡毛"。值得关注的是,如果是在一个句子中显现比较对象,则有定和无定的表达有时会变得不那么清晰。例如:

(9)妇女儿童你保护,那野生动物虎背熊腰的,你保护它干吗?
(姜昆《虎口遐想》)
(10)别说干四化,八化我都干。(姜昆《虎口遐想》)

如例(9)所示,其中的"妇女儿童"是句首的光杆名词,单独看并不是有定的,但因为说话人的比较域中只存在"妇女儿童"和"野生动物"这两类特定成员,相对于"野生动物"来说,"妇女儿童"代表的是特定的一类事物,因此实际上还是有定的。同理,如例(10)所示,虽然"八化"位于第二个分句的句首,但它的功能是与"四化"相比较的,所以它也是有定的。这表明,上述这种光杆名词的有定性是由特定语境所赋予的。

（二）[＋有定性]与[＋无定性]的语义对立

根据上述内容,光杆名词前置于谓语动词 VP 时被赋予的是一个[＋有定性]的语义特征。这个特征同时限制了一些无定成分的出现。以此从另一个角度来解释汉语数量词的强制共现与排斥出现(参见本章第一节):典型的数量短语其自身的语义特征是无定的,所以不能出现在句子开头,若一定要出现,则必须加上一个表无定的语法标记,比如"有"。例如:

(11)有一件事情我要跟你商量商量。[石毓智(2002)用例,下同]

→＊一件事情我要跟你商量商量。

→我要跟你商量一件事情。

(12)有两个人我想跟你打听一下。

→＊两个人我想跟你打听一下。

→我想跟你打听两个人。

(13)有一些同学我不认识。

→＊一些同学我不认识。

→我不认识一些同学。

如例(11)—例(13)所示,在无语法标记的情况下,数量短语出现在句首的表达是不合格的(用"＊"标示),原因就在于它们[＋无定性]的语义特征;也正因为如此,数量短语可以自由地出现在 VP 后的宾语位置。由此看来,[＋有定性]和[＋无定性]的语义对立造成句法层面上谓语动词 VP 之前的成分必须为有定,之后的可以无定。需要指出的是,学界之前普遍认为的汉语主语或话题是有定的判断,实际上反映的只是一种倾向性,它们也可以是无定的,只不过必须加上一定的标记,比如"有"等加以标志。类似的实例还有很多,例如:

(14)有一位女士很旷达。(梁实秋《雅舍菁华》)

(15)有人主张打开看看。(杨绛《走到人生边上》)

(16)有些同学手头也不宽裕。(刘莉译,特雷西·基德尔《生命如歌》)

(17)有很多人是从战场复学的。(辻井乔《父亲的肖像》)

如例(14)—例(17)所示,这里的"有"已虚化为一个语法标记,与其表"领有"和"存在"的实义用法明显不同,"有"通常不能为"没有"所否定,尤其是处在话题位置的"有",比如例(14),不能说成"没有一位女士很旷达"。

二、"遍指—虚指"对立与疑问代词的语序限制

石毓智(2002)特别提及了现代汉语中几种重要的语法形式,它们所表示的语法意义虽然具有"有定"的含义,但构成这些形式的词语的固有义却并没有[＋有定性]的语义特征。这主要包括两种情况:一是名量词的重叠式表遍指;二是疑问代词表遍指和虚指的句法分布有所差异。本书将结合"疑问代词表遍指"来说明"遍指—虚指"对立的语序制约现象。

需要指出的是,虽然疑问代词表疑问的句法分布十分自由,但它们的遍指和虚指用法却存在严格的语序限制,具体表现为其表遍指的用法只能出现在谓语 VP 之前,而表虚指的用法只能出现在 VP 之后。首先来看出现在 VP 前表遍指疑问代词的情况。例如:

(18)谁她都敢批评。[石毓智(2002)用例,下同]
→她谁都敢批评。
→＊她都敢批评谁。
(19)什么他都吃过。
→他什么都吃过。
→＊他都吃过什么。
(20)哪里她都去过。
→她哪里都去过。
→＊她都去过哪里。

如例(18)—例(20)所示,其中表遍指的受事疑问代词"谁""什么"和"哪里",可以自由地出现在主语前后且意义基本相同,但这种用法的疑问代词却不能位于 VP 之后(用"＊"标示)。再来看疑问代词在 VP 后表虚指的情况。例如:

(21)老孙师傅说,想想,你还吃点什么?(莫言《天堂蒜薹之歌》)

　　→＊老孙师傅说，想想，你<u>什么</u>还吃点？

　　→＊老孙师傅说，想想，<u>什么</u>你还吃点？

　　(22)父亲说："不回上阿妈草原，你们想去<u>哪里</u>？"（孙志军
《藏獒》）

　　→＊父亲说："不回上阿妈草原，你们<u>哪里</u>想去？"

　　→＊父亲说："不回上阿妈草原，<u>哪里</u>你们想去？"

　　(23)他摸到手电筒，猛地一打开，你猜<u>怎么样</u>？（韩少功《马桥
词典》）

　　→＊摸到手电筒，猛地一打开，你<u>怎么样</u>猜？

　　→＊摸到手电筒，猛地一打开，<u>怎么样</u>你猜？

　　如例(21)—例(23)所示，上述表虚指的疑问代词"什么""哪里"和"怎么
样"只能出现在 VP 后，否则就不成立(用"＊"标示)。石毓智对以上现象的解
释是，这是疑问代词自身语义特征和结构赋义规律相互作用的结果。疑问代
词的意义因此可以分为两个：询问和指代。本书对这一观点十分赞同，并认
为这实际上就是构式赋义的结果，遍指的表达明显具有［＋有定性］的语义特
征，指称的是一个既定范围。在疑问代词的固有义并没有这个特征的情况
下，根据 VP 前成分的无标记语义特征是有定的这一规律，通过语序手段前置
VP 以获取表遍指的语义要求。同理，因为 VP 后成分的无标记语义特征是无
定的，所以疑问代词的虚指用法就只能出现在谓语动词之后的宾语位置。疑
问代词语块在表层形式上的语序制约反映的其实就是"遍指—虚指"的对立。

第三节　语义对立与范畴分化

一、形容词［±积极］对立的功能漂移

　　本书在对现代汉语"有 N"构式的语料进行考察后发现，"有 N"整体表"领
有"或"存在"与其在认知层面的时间域和空间域投射密切相关。反映在句法
上，当"有"前的主语名词指处所时，"有"字表存在；但当"有"前的主语名词指
人时，"有"字则未必表示领有。例如：

　　(1)因为这些缘故，王二对女孩子来说很<u>有</u>魅力。（王小波《黑

铁时代》）

（2）这些孙子<u>有</u>毛病。（王小波《东宫·西宫》）

如例（1）和例（2）所示，主语"王二"和"这些孙子"明确指人，但我们对"有N"构式义的理解却会存在偏差。具体而言，例（1）中的"有魅力"表积极义，"有"字凸显的是其领有义；例（2）中的"有毛病"表消极义，"有"字凸显的是其存在义。说明当"有N"的主语是指人名词时，人们倾向于将表积极义的宾语名词与"有"字的领有义相匹配，而将表消极义的宾语名词与"有"字的存在义相匹配，以此形成了"有"字前主语名词指人时的语义对立。需要指出的是，正是因为存在义的认知域映射延伸，构式的部分能产性被激活，动词和形容词得以进入"有X"，由此产生了语块替换现象（参见第五章第一节）。这种现象折射出的是词的兼类，本节接下来就将结合形容词向动词的功能漂移，论述形容词的［±积极］语义对立现象。

（一）双音复合形容词的功能漂移

不同于传统词类研究的"兼类"现象（某些词位于两类或两类以上词类范畴的交集区域），张伯江（1994）提出了词类"功能漂移"这一概念，专门用于汉语词类活用的功能解释。他的观点是，典型的词类有其最基本的形义表现，比如名词是具有空间性的，前面可加上名量词；动词是具有时间性的，后面可加上时体成分等；凡是偏离这种基本用法的都可被视为词类的功能漂移。本节将集中考察汉语双音复合形容词向动词的功能漂移，即形容词转指及物动词的使动用法，具体选取《现代汉语词典》（第7版）义项排列中先标注为形容词，另标注为动词，并可采用"使××"释义方式的双音形容词作为考察对象。比如"繁荣"和"端正"二词，"繁荣"的释义是：①［形］（经济或事业）蓬勃发展；兴旺。②［动］使繁荣。"端正"的释义中有两项是：②［形］正派；正确。③［动］使端正。吴为善、高亚亨（2013）的统计结果表明，双音形容词能转指动词并凸显使动用法的有82个，这其中已将方言词、古语词、口语词等排除在外了。例如：

（3）便利　纯洁　端正　繁荣　丰富　方便　巩固　缓和
　　纯洁
　　活跃　激动　感动　健全　滋润　密切　明确　平整
　　规整

强壮　完善　温暖　协调　严肃　严格　振奋　振作　壮大

严明　充实　开阔　平定　稳定　确定　安定　坚定　鼓舞

例(3)中的词语都是典型的动态形容词,动态性表现为其蕴含了时间因素,这是它们能转指动词的语义基础。这些动态形容词在转指动词后能直接带宾语,从而形成使动用法。这在认知层面是基于回溯推理的"以果推因",表现为在一个事件框架的因果链中,从"已然状态"(结果)转喻"导致该状态产生的过程"(原因)。

至于什么是"以果推因",来看能性述补结构的"V 不 C"构式,比如"学(而)不成"。"V(而)不 C"在近代汉语中表已然结果,比如"学"是行为,"不成"是行为的结果,二者因而具有因果关联;在现代汉语中,"学(而)不成"已整合成为"学不成",表达了"不可能"的意义。实际上,这就是用"结果没有实现"来转喻"结果不可能实现"。学界过往的研究表明,"以果推因"的认知优势在自然语言的语义建构中具有普遍性,源于从已然结果出发推导其原因的心理现实性。动态形容词转指及物动词也符合这一特点。比如,在"气氛很活跃"中,"活跃"是一种结果状态,以此反推"使活跃"的过程,就有了"活跃了气氛"的表述。又如,在"态度很端正"中,"端正"是一种结果状态,从这种结果来反推"使端正"的过程,就有了"端正了态度"的表述。需要注意的是,"活跃"与"端正"在这里已可直接带上宾语"气氛"和"态度",凸显了其及物性。吴为善、高亚亨(2013)因此指出,动态形容词能否转指为及物动词,取决于"状态(结果)"和"过程(原因)"之间是否具有关联显著性,这是转喻的认知基础。

需要指出的是,在吴为善、高亚亨(2013)已统计的有使动用法的双音形容词中,除极少数中性义的词语,比如"分散""卷曲""粉碎""模糊"之外,表积极义的共有 65 个,约占总数的 79%;表消极义的有 10 个,为"涣散""困惑""麻痹""迷惑""勉强""疏远""冤枉""滞缓""冷淡""孤立",约占总数的 12%。这样的统计数据充分说明,表积极义的动态形容词更容易产生使动用法。进一步考察后发现,这样的倾向在更深层次的句法功能上也有所表现。

第一,当表消极义的形容词转指动词时,虽然词典释义也是"使××",但它们的及物性很弱。其中,"涣散""困惑""滞缓"等在实际使用中很少带宾语,基本上相当于不及物动词。"疏远""冷淡"等虽在形式上可能带宾语,但它们的使动性依然不强。比如,"疏远了朋友"是"对朋友疏远",而不是"使朋友疏远";"冷淡了客人"是"对客人冷淡",而不是"使客人冷淡"。由此可见,上述两例中不但宾语的受动性很弱,转指动词的及物性也很弱,这明显与表积极义的形容词在使动用法上存在差异。

第二,从反义类聚关系的角度出发,相对表消极义的双音形容词不可能存在使动用法。比如,"市场很繁荣"可以用"繁荣了市场"来表达;而"市场很萧条"却不可以用"萧条了市场"。又如,"业余生活很丰富"可以说成"丰富了业余生活";而"业余生活很枯燥"却不会用"枯燥了业余生活"来表达。从上述两点来看,表积极义的双音形容词的及物性很强;而表消极义的双音形容词的及物性却很弱,或者说根本不具有及物性。

事实上,形容词的使动用法在古汉语中就存在,在一些古汉语论著中,带积极义的形容词同样具有占优势的倾向,而且往往对举。例如:

(4)高其闬闳,厚其墙垣。(《左传·襄公·襄公三十一年》)

(5)是以圣人苟可以强国,不法其故;苟可以利民,不循其礼。(《商君书·更法》)

(6)圣人清其天君,正其天官,……以全其天功。(《荀子·天论》)

另外,表消极义的形容词在古汉语中的用例倒不是没有,但它们表达出来的却是积极的语用含义。例如:

(7)强本而节用,则天不能贫(之)。(《荀子·天论》)

(8)天将降大任于斯人也,必先苦其心志,劳其筋骨,饿其体肤,空乏其身,行拂乱其所为,所以动心忍性,曾益其所不能。(《孟子·告子》)

(9)诸侯恐惧,会盟而谋弱秦。(贾谊《过秦论》)

如例(7)所示,其中的"贫"虽然表示消极义,但其命题却是以否定形式出现的;例(8)中的"苦"和"劳"虽然也表消极义,但其目的却在于表达"经受磨炼而成为高人";例(9)中的"弱"同样是表消极义,但"弱秦"显然是当时诸侯的积极愿望。此类现象可以归为人类社会规约性的心理期望值,美好的结果状态是人们所期待的,为此采取的行为也是人们愿意实施的,表积极义的形容词因此会更容易产生使动用法;反之,若是预计出现的结果状态是人们所不期待的,人们当然不愿意为此付诸行动,表消极义的形容词因此不容易产生使动用法。由此可见,词义蕴含的[±积极]的语义特征不仅在词汇层面上有所体现,而且在句法层面上也凸显了它的不对称。

(二)"看你A的"构式的语义对立

以此关照现代汉语口语中的常见习语构式"看你A的",解析[±积极]的语义特征在语用表达方面的分化作用。例如:

(10)有个老太太很亲切地对我说:"孩子,<u>看你累的</u>!满头大汗,该休息啦。"(《人民日报》1977年3月6日)

(11)步连云回答后摇头笑道:"<u>瞧你乐的</u>……以前我也是逼着三弟练功,他老是躲,不过现在功夫却也越来越好。"(莫仁《翠仗玉球》)

如例(10)和例(11)中的"看你累的"和"瞧你乐的"所示,"看你A的"构式有这样四个明显特征:一是其中的"你"专指交际另一方,也可以是复数人称"你们",比如"看你们累的"。二是其中的"看"也可以是"瞧",二者除语体差异外没有其他区别。三是能够进入该构式的形容词以单音词为主(也有少部分双音词),有的表示消极义,比如例(10)中的"看你累的";有的表示积极义,比如例(11)中的"瞧你乐的"。四是该构式通常用于现场交际,一般带后续句以表明说话人的情绪和态度,甚至在一定语境支撑下还可以单独成句。根据语料检索,"看你A的"构式使用范围很广,表达了多种言语行为,而且语气有轻有重,能够充分体现说话人的语用心理,即表示超预期的结果状态所带来的说话人的否定取向。

值得关注的是,形容词表示的是某种性状,因此它[±积极]的语义聚合特征对"看你A的"构式的语用影响极大,表现为如果其中的形容词是表消极义的,那么在语用心理作用下就会引发说话人的慰藉、爱怜、关心等态度,构式的发话动因倾向于"正值"。例如:

(12)"哎呀,<u>看你急的</u>!"春玲安慰他,"这又不是上前方,你就放宽心吧。"(冯德英《迎春花》)

(13)<u>瞧你吓的</u>!也没什么,李主任今天给我号了脉,又检查了

一下身体,没事的。(张欣《梧桐梧桐》)

(14)政委心疼地说:"哎,<u>看你瘦的</u>,多注意点身体嘛!"(雪克《战斗的青春》)

(15)她忙说:"<u>看你累的</u>,先坐下来,喘口气,慢慢再谈。"(周而复《上海的早晨》)

(16)刘满仓回头捏了一下郎小玉的鼻子,小声说:"<u>看你困的</u>,快去睡吧,有我呢。"(雪克《战斗的青春》)

(17)他轻松地笑道:"<u>瞧你紧张的</u>,彭科长,你放心回去探亲,好好陪陪你媳妇儿。"(管虎《冬至》)

如例(12)—例(17)所示,以上"看(瞧)你 A 的"中的"急""吓""瘦""累""困""紧张"都是表消极义的形容词。其中,例(12)和例(13)表达了说话人对交际另一方的慰藉;例(14)和例(15)表达了说话人对交际另一方的爱怜;例(16)和例(17)表达了说话人对交际另一方的关心。由此看来,"看你 A 的"是说话人觉得交际另一方的状态偏离了自己的心理标准,从而引发了说话人的否定性态度和情绪,比如例(12)中的"看你急的",实际上就反映出说话人主观认定交际另一方不应该这么着急。余例解读可类推。基于这样的判定,因为说话人表现出来的是慰藉、爱怜、关心等情绪,所以"看你 A 的"所引导的后续句表明的是整个表述的正向取值。也就是说,虽然形容词 A 所表示的语义是消极的,但说话人的语用心理却是积极的。

相反的情况是,如果"看你 A 的"构式中的形容词是表积极义的,那么说话人的语用心理就会产生对交际另一方的质疑、不满、斥责等态度,构式的发话动因因此倾向于"负值"。例如:

(18)"<u>看你能的</u>!又没看见人家十口人养五头猪,俺家三口人怎么要养两头?"(《人民日报》1965 年 9 月 18 日)

(19)村里人都说:"<u>瞧你美的</u>!这事可没那么顺当。"(李佩甫《羊的门》)

(20)贵他娘嘲笑他说:"嘿!<u>看你乐的</u>,要飞上天去呢。"(梁斌《红旗谱》)

(21)老孙头冷冷地说:"<u>瞧你神气的</u>,这八字还没一撇呢,可不要高兴得太早哦!"(《30 年代小说精选》)

(22)老张教训道:"有几个臭钱,<u>看你们烧的</u>,也不怕外人听了

笑话。"(徐坤《热狗》

（23）她连忙止住了他们，低沉地说："**看你们得意的**，别拍巴掌，给左邻右舍听到，又要惹祸了，听到没有！"（周而复《上海的早晨》）

如例（18）—例（23）所示，以上"看（瞧）你A的"中的"能""美""乐""神气""烧""得意"都是表积极义的形容词。其中，例（18）和例（19）表达了说话人对交际另一方的质疑；例（20）和例（21）表达了说话人对交际另一方的不满；例（22）和例（23）表达了说话人对交际另一方的斥责。这同样体现了说话人的否定性态度和情绪，比如例（18）中的"看你能的"，意为交际另一方不该那么自以为是。余例解读可类推。基于这样的判定，因为说话人表现出来的是质疑、不满、斥责等情绪，所以"看你A的"所引导的后续句表明的是整个表述的负向取值。也就是说，虽然形容词A所表示的语义是积极的，但说话人的语用心理却是消极的。

结合前面所述，虽然"看你A的"的构式义具有同质性（交际另一方超预期的状态所带来的说话人的否定取向），但其中的形容词语义与构式语用明显形成了一种反向共变关系（A指形容词，C指构式，＋为正值，－为负值），具体如图6-1所示：

A的语义倾向	C的语用倾向
－	＋
＋	－

图 6-1　形容词语义和构式语用的反向共变现象（吴为善、高亚亨，2013）

本书对此的解释是：在日常语言生活中，说话人对于交际另一方所表现出来的精神状态，在心目中会有一个可接受度，并以此作为交际另一方"常态"和"非常态"的判定标准。一旦交际另一方所表现出来的状态偏离了这个"度"，对说话人来说就是"非常态"的，由此就会产生发话动因。对于交际另一方"非常态"的不同倾向来说，如果是过度消极状态，说话人会油然而生悲悯之心，产生慰藉、爱怜、关心等情绪，这是对"受损者"的同情；如果是过度积极状态，说话人会自然产生不以为然的情绪，带动质疑、不满、斥责等情绪，这是对"过度优越自我感觉"说话人主观上的不予接受。这其中反映的，恐怕就是［±常态］的语用心理对立，也就是所谓的"人之常情"。

二、"X 们"的语义寄生与宿主的范畴分化

石毓智(2002)在讨论复数标记"们"的用法时指出,"人称代词＋们"的短语可以在动词前后自由使用,比如可以说"我们已经通知了他们""他们已经通知了我们"。可若是在光杆名词后加上"们",那它们就只能出现于动词之前。例如:

(24)人们都通知到了。[石毓智(2002)用例,下同]
　　→＊我已经通知到了人们。

如例(24)所示,光杆名词"人"与"们"搭配时,是不可以出现于动词后的(用"＊"标示)。但若是给宾语位置之上的"名词＋们"短语加上修饰语,这样的限制就被打破了。例如:

(25)只告诉大嫂和管事的人们。(曹雪芹《红楼梦》)
(26)虎妞,一向不搭理院中的人们。(老舍《骆驼祥子》)

如例(25)和例(26)所示,"X 们"加上修饰语后,VP 后[＋有定性]的语义要求即刻被满足,"X 们"因此就可以出现在宾语位置上。至于为什么"们"不能用无定的数量词修饰,原因在于它用于名词及名词短语时往往会存在生命度限制(主要用于人类)的问题。刘丹青(2018)认为,现代汉语后缀"们"的宿主范畴是数范畴(复数或群集),寄生范畴是生命度范畴,即当"们"用于名词及名词短语时,会产生生命度的限制。这样的限制会造成"们"在用作复数的形态手段时也蕴含了高生命度的语义,体现了数量范畴向生命度范畴的扩张。在特定语境下,"们"表生命度的功能会被激活,可以用来作为语块"们"字隐现的理据。例如:

(27)他偷偷地抬头,发现何丽萍出神地望着池塘中的鹅鸭们。
(莫言《爱情故事》)
(28)初上的灯儿们一点点掠剪柔腻的波心,梭织地往来,把河水都皱得微明了。(俞平伯《桨声灯影里的秦淮河》)

如例(27)所示,给"鹅鸭"加上"们"后,在表示复数的同时,也凸显了家禽的高生命度。而这种高生命度的凸显恰恰体现了言者的移情,即以自己的视角反映"何丽萍"的状态。这样的移情效应激活了"X们"构式的部分能产性,导致非生命体事物也可用"们"来凸显复数和生命度,如例(28)所示,"灯儿们"已经拟人化,与后面动词"掠剪""梭织""皴"的拟人一致。"们"的生命度范畴寄生于它的数范畴,这是显而易见的。

值得关注的是,汉语构式的语义范畴正处于不断扩充的状态,如何归纳和概括各范畴间的逻辑关系成了构式承继描写的重要命题(参见第一章第三节)。至于什么是寄生范畴?刘丹青(2018)指出,在范畴扩张的种种表现中,有一种常见类型是由库藏手段在使用中的限制条件所诱发的,他称其为"寄生范畴"(parasitic category)。寄生范畴体现了语言库藏类型学框架下库藏手段和语义范畴的一种非直接对应现象,即表达甲范畴的库藏手段在使用中存在语义条件乙的限制。因此语义乙也在该手段中得到隐性表达,成为寄生于甲范畴的语义范畴。据此,承载寄生范畴的甲范畴可被称为"宿主范畴"(host)。这里的宿主不是语言形式,而是带形式表征的语义范畴。在现代汉语中,寄生范畴作为范畴的扩充类型是重要的。刘丹青因此特别分析了事态范畴寄生于增量(比如"再""又")、频度(比如"勤/多""~常""~老")、速度(比如"赶快""赶紧""连忙")等方式类副词,以及时态范畴寄生于时间起点介词和连词(比如"从""自""打")、时间名词(比如"后来""以后")所引发的超范畴扩充现象,指出很多语义范畴在语法库藏中存在专用形态或表达手段,这些库藏手段在使用时可能受到一些条件(音系、韵律、形态句法等)制约。

再回到"X们"的问题。刘丹青(2018)指出,当句法范畴受语义条件制约时,该语义便"进入"相应库范畴中成为寄生范畴。本书赞同这一观点,但同时认为,虽然"们"的生命度范畴寄生于它的数范畴,但具体是不是复数范畴,仍值得商榷。范畴寄生现象反映的似乎并不是语义的延伸,而是一种隐性的语义分化。例如:

(29)鸿渐忍不住问:"咱们一班有多少人在香港?"(钱锺书《围城》)

(30)沙梁后藏着的炮群发射的炮弹就像一群齐头齐脑的小黑猪,它们"唧唧"地叫着,迈动着小短腿,扭动着小尾巴,你追我赶地落到我们村里去。(莫言《丰乳肥臀》)

(31)就像多年后胡秉宸对吴为甚为鄙夷但更为向往地说:

"……你们单位有个姓赵的女人,男人远远就能嗅到从她身上散发出来的一股味儿……"(张洁《无字》)

如例(29)所示,这里的"咱们"凸显的并不是复数化,而是具有相同性质的"一班的人"的一体化。当然,如此"一体化"的动因是言者基于移情效应的生命特征描写。如例(30)所示,在将"炮弹"比喻为"小黑猪"后,"它们"那种独特的,具有相同生命特征的"'嗝嗝'地叫着,迈动着小短腿,扭动着小尾巴"才能显现出来。特别是当"X们"用作定语时,这种"一体化"的倾向更为清晰,如例(31)所示,明明是对"吴为"一人说话,"胡秉宸"却用了"你们单位"。从这个意义上来说,寄生范畴也蕴含了一种宿主范畴因语义分化而形成的范畴关联。刘丹青其实也注意到了这一点,发现寄生范畴存在扭曲对应的语义倾向。比如表速度的方式类副词中,"连忙"只能用于现实式,而"赶快、赶紧"用于现实和非现实均可。具体如图 6-2 所示。

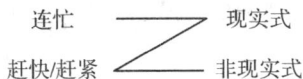

连忙　　　　　　现实式

赶快/赶紧　　　　非现实式

图 6-2　范畴的扭曲对应现象(刘丹青,2018:651)

从图 6-2 可见,寄生范畴的形义之间常常是一种形式(比如"连忙")使用受限,另一种形式(比如"赶快/赶紧")使用不受限,原来的整齐对立会出现一方限制的弱化,从而导致扭曲对应。这样的扭曲对应现象是具有类型学特征的,比如英语中的"since"只能用于过去时,而"from"却不存在时态限制。从这个意义上来说,寄生范畴的扭曲对应恰恰体现了宿主范畴的语义分化现象。

第四节　本章小结

本章从面向接口的视角考察了"主从—平行"辐射状承继描写的理据性和现实性。一是关于汉语词类的语义对立及其"有界—无界"对立的理据性承继描写。二是关于汉语特定组配的语序制约及其"有定—无定"和"遍指—虚指"对立的。三是关于汉语形容词的语义对立和"们"的范畴寄生现象及其功能漂移与范畴分化的理据性承继描写。相关结论及后续研究方向可概括如下。

(1)"有界—无界"的对立是人类"一般认知机制"(general cognitive

mechanisms)的一部分,本书将其视作汉语语义对立现象的上位理据。从名词、动词、形容词三大词类的语义对立现象来看,这样的实例其实还有很多。比如,名词[±述人]的语义特征能够用来有效解释某些句式的变换现象;名词[±事件]的语义特征能够体现相关次类与何种量词搭配。又如,动词[±自主]的语义特征能够用来有效区分某些句式的变体现象;动词[±持续]的语义特征与句子的体范畴又有着密切联系。再如,形容词[±量度]的语义特征决定了相关次类能否与数量短语搭配;形容词[±动态]的语义特征则决定了相关次类能否后附体标记和趋向词。诸上所述种种,可以作为我们后续的研究方向。

(2)从光杆名词前后置 VP 和疑问代词语序制约所蕴含的"有定—无定"与"遍指—虚指"对立来看,汉语句法分布的规律限制与语义对立实际存在着密切联系。需要指出的是,从汉语形容词[±积极]的语义对立来看,此类现象在现代汉语中还是具有一定普遍性的,比如本节提及的光杆名词前后置VP 的现象,也可从[±积极]语义对立的角度去分析。例如:

(1)"佩珠,客人来了。"林舍的脸上堆着笑,她张开大嘴说话。(巴金《电》)

→佩珠,来客人了。

(2)朱先生接住拆开一看,瞅着众位先生狐疑的脸色说:"晤!狼来了!"(陈忠实《白鹿原》)

→ ＊晤! 来狼了!

如例(1)所示,"来"与通指类名组合有两种语序,我们既可以说"客人来了"(此处的客人定指),也可以说"来客人了"(此处的客人不定指);又如例(2)所示,我们通常会说"狼来了",却没有"来狼了"的表达(用"＊"标示)。这种现象其实就与名词的[±积极]对立有关,因为"狼"是人类社会规约性认知中不期望遇到的,所以与这类名词"不期而遇"的后置无定格式就不可取。同样,汉语中的作格动词句(主体成分可移位后置于不及物动词)能体现"丧失义",比如"船沉了→沉了船""车翻了→翻了车""父亲死了→死了父亲"。允准进入此类构式的动词,其语义一般倾向于消极。再来看形容词处于状位作降格次谓语的情况,比如"成功地发射了导弹""光荣地加入了部队""认真地准备考试"。其中的形容词大多是表积极义的,而表消极义的形容词,比如"失败""可耻""迟钝",却一般不会进入这个句法位置。实际上,这一方面说明[±积极]的语义特征不仅是词义层面的表征,它还会在句法、语义乃至语用层面有所投射;另一方面也说明,汉语词类所蕴含的语义对立是导致其语块移位的重要因素之一。

（3）在论及"们"的语义寄生和宿主的范畴分化时,还有一种情况是需要提及的。例如:

（3）这些装帧精美的文学著作<u>吸引着人们</u>。（《人民日报》1998年2月8日）

（4）一百多年来,这个问题一直<u>困扰着人们</u>。（《人民日报》1998年2月8日）

从北京语言大学现代汉语语料库(BCC)文学和报刊语料库的检索结果来看,类似例(3)和例(4)中的"V 着人们"有近 220 个实例。说明当光杆名词"人"与"们"组配,且与 VP 形成某种动作或状态的持续时(比如,带体标记"着"),"人们"也是可以出现在 VP 后的。究其原因:第一,"V 着人们"在这里已可被视作给能够持续带给"人们"某种影响的某个特定事件。第二,"们"明显带有言者虑及听者指别度的语用心理(参见第八章第一节),即把自己和听者都拉入"人们"的范围以获得共鸣。值得关注的是,"V 着人们"在语义上也出现了一种对立,可以标志为[＋持续受益],比如例(3);或是[＋持续受损],比如例(4)。第三,从"们"用于高生命度名词的角度来分析,生命度在本质上体现了词项的言者可及度(参见第八章第一节),可理解为人类在认知中倾向于优先关注的重要对象。换句话说,生命度越高,可及度就越高,也就越值得人们关注。因此,生命度寄生范畴反映的是使用者对该范畴的一种特殊关注。

第七章　面向接口与语义序列

认知构式语法理论注重构式理据性承继描写的层级性,戈德伯格主张从"多义关联""子部分关联""示例关联""隐喻关联"等承继类型入手,探究相关特定构式在"句法—语义"接口的承继序列,其主要依据是一个下位构式肯定存在某个特定的上位构式,而这个上位构式是这个下位构式存在的理据,如此解读能够体现出构式"一上必有一下,一下或有几上"的特点(参见第一章第二节)。基于这样的认识,返回前面所提及的言者可及度和听者指别度的话题,本书认为,面向接口的语义序列描写能够在很大程度上反映出汉语构式的这两种"度",比如为什么我们会说"很牛"但不会说"很鱼"的问题(参见第二章第一节)。从语言的最大相似性原则出发,"牛"属于哺乳类动物,与人类的生产生活关系密切,因此"牛"的语义因子一定是更容易被激活的;从社会规约性认知角度来看,"牛"所蕴含的语义因子丰富("固执""骄傲""壮实""强劲"等),在"很NP"构式中,因子被激活的可能性就大,因而"牛"的听者指别度也大。对"鱼"而言,情况则刚好相反。这也就是为什么在42名被试的使用频率上,"很牛"有37例,而"很鱼"却是0例(祝莉,2004)。在人工智能自然语言处理迅猛发展的今天,这样的研究或许可为计算机生成基于等级化模块的语言交流提供建设性思路。

据此,本章从"一M比一M"构式的量差层级、"有X无Y"构式的整合层级、"都NP了"构式的隐性层级着手,探究汉语相关构式的句法分布及其所蕴含的语义序列,以及它们与相关构式言者可及度和听者指别度的内在关联。第一,考察"一M比一M+VP"构式从时量向动量、物量的依次投射,揭示构式的递进性差比义向遍指性差比义迁移的量差层级。第二,考察现代汉语"有X无Y"构式的框架演变,揭示其子类成员的序列生成和基于概念整合理据的承继关联。第三,考察现代汉语复句构式"都NP了,连NP都/也VP(否定)"的适配性,揭示"都NP了"和否定性"连"字句中NP所带有隐性语义等级序列的句法强制性。

第一节　语义序列与量差层级

一、"一 M 比一 M"的量属性

(一)"一 M 比一 M＋VP"构式的递进性差比义与量词的类型分布

现代汉语"一 M 比一 M＋VP"构式中,M 表示量词,VP 表示谓词性成分。学界之前的研究认为,此类构式明显蕴含着时间序列(项开喜,1993),其子类构式存在从时量到动量、物量的演化,其构式义存在从递进性差比到遍指性差比的变异,凸显了从时间序列向非时间序列的隐喻。例如:

(1)这几年家里的光景<u>一年比一年</u>好。(路遥《一生中最高兴的一天》)

(2)年轻的中国队虽然前三场比赛皆负,但<u>一场比一场</u>打得好。(《人民日报》1990 年 9 月 28 日)

(3)沙上生满了荆条、蓬蒿;后边的三层,<u>一层比一层</u>小,可也都是青枝绿叶的。(赵树理《三里湾》)

"一 M 比一 M＋VP"的构式义凸显的是递进性差比,其中的数量短语 M,既可以是时量,比如例(1)中的"年";也可以是动量,比如例(2)中的"场";同样可以是物量,比如例(3)中的"层"。其中的 VP 既可以是性质形容词,比如例(1)和例(3)中的"好""小";也可以是动词性短语,比如例(2)中的"打得好"。需要注意的是,构式中的"一 M"通常具有指代性,指代语篇中某个类的特定集合,如例(1)—例(3)所示,"一年""一场""一层"分别指代"这几年中的某一年""这三场中的某一场"和"后边的三层中的某一层"。也正是因为"一 M"所具有的指代性,其中的"一"表示的是非真值义,不能用其他数词,比如"二""三""四"等来替代。另外,虽然构式中的"比"字是差比范畴标记,但其原型构式整体凸显的不是单一差比,而是某个类集合成员之间的递进性差比。又因为构式蕴含了隐性的时间序列,所以差比对象是"后一 M"与"前一 M"。如例(1)—例(3)所示,"一年比一年好"是直接以时量"年"为差比对象的递进性差比;"一场比一场打得好"是以动量"场"为差比对象的递进性差比;

"一层比一层小"是以物量"层"为差比对象的递进性差比。

吴为善(2011a)对照《现代汉语量词用法词典》,在北京大学中国语言学研究中心现代汉语语料库(CCL)中对"一 M 比一 M"格式进行了语料检索,发现现代汉语中的时量词、动量词和物量词虽都可以出现在"一 M"中,但它们的使用频率分布不一,具体如表 7-1 所示。

表 7-1 "一 M"的量词类型出现频率(吴为善,2011a:51)

时量词(例)		动量词(例)		物量词(例)	
天(466)	466	次(161)	161	个(140)	140
年(248)	248	场(52)	52	层(9)	9
日(20)	20	阵(41)	41	篇、幢(各5)	10
		下(16)	16	块、辆、排、条(各3)	12
		遍、躺(各10)	20	行、只、张、架、笔、件(各2)	12
		刀、枪、拳(各6)	18	台、根、道、颗、棵口、粒、段、批、样(各1)	10
合计	734		308		193

据上表可知,第一,"一 M 比一 M＋VP"构式蕴含了隐性时间序列,因此在出现频率上明显存在"时量词＞动量词＞物量词"的梯度;第二,在每一类量词中都存在某一个成员在使用频率上远超其他同类成员的现象,比如表 7-1 中的时量词"天"、动量词"次"、物量词"个"。为便于论述构式的量属性演变,本书以这三个最具有代表性的量词作为接下来的考察对象。

(二)"一 M 比一 M＋VP"构式的量属性演变

"一 M 比一 M＋VP"构式的量属性演变发生在两个维度:一是从时量向动量、物量的投射;二是从递进性差比向遍指性差比的迁移。前者涉及量范畴的属性演变,后者涉及时间序列的淡化隐退。先来看"时量→动量→物量"的依次投射。首先是"一 M"表时量。例如:

(4)不过我吃了药也不见效,只有一天比一天凶。(巴金《秋》)

(5)他们只觉得青石板街打扫得一天比一天干净。(古华《芙蓉镇》)

(6)他一天比一天出去得早,一天比一天回来得迟。(魏巍《东方》)

(7)人们理想的境界,一天比一天扩大,一天比一天提高,一天比一天推远,一天比一天美妙。(冰心《冰心全集·第五卷》)

　　如例(4)—例(7)所示,虽然 VP 既可以是性质形容词,也可以是动词性短语,但就语料的随机统计结果来看,性质形容词是其"优选"(statistical preemption)对象,体现了递进性差比结果的性状差异。由于性质形容词表示的是弥散程度量,因此这样的性状是无界的。无界的性状通过有界手段(比如:时段"一天")被分割为有界,由此构成了一个有界时段的个体集合。如此看来,"一天"是此类构式差比的直接对象,形成的是程度量的递进性差比,可码化为[一 $M_{(时量)}$ 比一 $M_{(时量)}$ ＋VP],是"一 M 比一 M＋VP"的原型构式。

　　在部分能产性机制的作用下,构式进而发生语块替换现象,即动量词的准入。例如:

　　(8)它很快就把狼皮当作活物了,不仅扑向它的次数越来越多,而且<u>一次比一次</u>凶猛。(迟子建《额尔古纳河右岸》)

　　(9)我看着她,说:"我每一次登上万里长城,都觉得<u>一次比一次</u>上得高,<u>一次比一次</u>看得远。……"(冰心《冰心全集·第六卷》)

　　(10)然后再从群众中集中起来,再到群众中坚持下去。如此无限循环,<u>一次比一次</u>地更正确、更生动、更丰富。(《人民日报》1953年6月1日)

　　虽然构式中的时量词已被动量词替换,但因为动量词表示的是行为动作的频次,"一次"指代的是特定事件集合中依次发生的同质事件,比如例(8)中的"一次"指代"扑向它",例(9)中的"一次"指代"登上万里长城",例(10)中的"一次"指代"从群众中集中起来,再到群众中坚持下去"。"事件"在时间上终归是有一个内在终点的,其本身也就是有界的(参见第六章第一节),所以不需要通过有界手段来"使之有界"。也正是因为这个特点,此类构式在语篇中往往存在表"频次"的集合标记,比如例(8)中的"次数",例(9)中的"每一次",例(10)中的"无限循环"。由此看来,从"一 $M_{(时量)}$ 比一 $M_{(时量)}$ ＋VP"到"一 $M_{(动量)}$ 比一 $M_{(动量)}$ ＋VP",构式整体上表递进性差比义的特点并没有改变,不同的是类似前者无界性状被时段分割为差比对象的情况,在后者中已被伴随时间推移的有界事件替代,其中蕴含的时间序列已经开始消退,表现为时间因素已从前景信息退居为背景信息。

　　随着语块替换现象的进一步扩大,物量词也被允准进入"一 M 比一 M＋VP"构式。例如:

(11)她一连发了五个誓,而且<u>一个比一个</u>刻毒。(格非《人面桃花》)

(12)眼下能人辈出,<u>一个比一个</u>想得大,<u>一个比一个</u>干得大。
(路遥《平凡的世界》)

(13)邓有米、孙四海和张英才,却争相将酒往旗杆高处洒,<u>一个</u>
<u>比一个</u>洒得高。(刘醒龙《天行者》)

如例(11)—例(13)所示,递进性差比构式中的时量词"一天"、动量词"一次"已被物量词"一个"所替代,构式因而可码化为[一 M$_{(物量)}$ 比一 M$_{(物量)}$ ＋ VP]。其中,"一 M"指代有界实体,是一个由有界实体的类集合成员形成的差比范畴,凸显了物体属性的程度量差比。值得关注的是,虽然这是一种有界实体成员间的递进性差比,但这种差比的形成仍然离不开构式所蕴含的时间序列。比如例(11)中的"一连发了五个誓",其中就蕴含了"一连"的时间先后。又比如例(12)中的"能人辈出",其中就蕴含了"辈出"的时间先后。再比如例(13)中的"争相将酒往旗杆高处洒",其中就蕴含了"争相"的时间先后。由此推断,"一 M 比一 M＋VP"构式"时量＞动量＞物量"的出现频率,其序列梯度是随着时间的推移而形成的,这归根结底是从时间序列到非时间序列的不同认知域之间的一种隐喻映射。时间序列关乎人一生的"从出生到死亡",由其形成的序列差是清晰的,听者指别度因此就高。同理,因为对时间因素的关注程度不同,语义因子凸显度也会发生相应变化。举个简单实例,2020年暑期,笔者组织相关院校学生参与了以"乡村振兴"为主题的关于莲子的整体营销活动,发现无论是线上客服还是线下展销,在交流到"我们的莲蓬'一 M 比一 M'好吃"时,客户的反应有所不同。例如:

(14)甲:我们的莲蓬一天比一天新鲜!

乙:哦,什么时候下市?

甲:还有段时间呢。

……

(15)甲:我们的莲蓬一蓬比一蓬新鲜!

乙:吼吼,那你告诉我,哪个最新鲜?

甲:这批莲蓬都新鲜,一蓬比一蓬新鲜。

……

从实际营销结果来看,发生类似例(14)这种交流的,基本可以达到售卖的结果,因为对于"新鲜"来说,它所蕴含的时间因素无疑是最重要的,听话人关注的是莲蓬"今天"与"昨天"的新鲜程度差比,因此听话人认为即时购买的一定是最新鲜的。然而就例(15)而言,一旦时间因素消退,"新鲜"程度差比的可及度就下降了,指别度因此也就降低了。值得关注的是,"甲"的解释,即"这批莲蓬都新鲜,一蓬比一蓬新鲜",所希望传递的信息是"每个莲蓬都是新鲜的",构式的差比义消退,非差比义浮现。

二、序列缺失与量差层级隐退

需要指出的是,既然时间因素可以形成序列,那么同样是基于隐喻映射,其他量级的差比因素也应该可以形成序列。例如:

(16)起初,父子俩的号叫声一个比一个嘹亮,但一会儿工夫,就都不出声了。(莫言《丰乳肥臀》)

(17)有些人在气质上一个比一个更适用这些关于隐退的箴言。(蒙田《蒙田随笔全集》)

(18)商店的门头一个比一个洋气。所谓洋气,就是有洋人的气息吧。(贾平凹《高兴》)

(19)这以后,人们说神仙府里的杆子,一个比一个科学,那里都要成为科学院了。(韩少功《马桥词典》)

例(16)所说的"号叫声",差比的是声音"嘹亮"的等级序列;例(17)所说的"气质",差比的是"高低"的等级序列;例(18)所说的"商店的门头",差比的是"气质"的等级序列;例(19)所说的"神仙府里的杆子",差比的是"科学性"的等级序列。上述示例中的等级序列已与时间性的量级序列无关,转而凸显的是非时间性的量级序列,分属于不同范畴。这种隐喻映射的认知动因已从时间序列完全转向量级序列的递进性差比,说明"一 M 比一 M+VP"的隐喻映射在持续扩展。随着映射的进一步扩大,差比自身的递进性质发生了向遍指性的投射,量差层级因此隐退。例如:

(20)月兰,外面来了两个找你的男人,一个比一个高,一个比一个帅,一个比一个结实。(柳建伟《英雄时代》)

(21)玉清那些<u>亲戚</u>,更惹不得,<u>一个比一个</u>穷!(张爱玲《鸿鸾禧》)

(22)杨七和杨巴慌忙跪下,谁也不知中堂大人为嘛犯怒?<u>当官的</u>一个比一个糊涂,这就透出杨巴的明白。(冯骥才《好嘴杨巴》)

如例(20)所示,其中的差比只涉及"外面来了两个找你的男人"中的"两个",范畴成员递进性差比的延续性已然消失,比如"一个比一个高",究竟哪个比哪个高?换言之,在"两个找你的男人"这个实体集合中,"一个比一个高,一个比一个帅,一个比一个结实"已指向"两个都高,两个都帅,两个都结实",说明"一个比一个VP"已经是"个个都VP"。又如例(21)所示,"玉清那些亲戚"是一个集合,"一个比一个穷"反映的是"个个都穷"。再如例(22)所示,"当官的"是一个集合,"一个比一个糊涂"反映的是"个个都糊涂",所以才会透出非当官的"杨巴的明白"。以上说明,此类构式产生变异的根源在于表述中量级序列的缺失,构式一旦失去了量级序列的支撑,就会导致两个后果:其一,"一M"的所指发生变异。在表递进性差比的"一M比一M+VP"构式中,"一M"指向"某一M",是一种实指,特指在某个量级序列制约下某个集合中的某一个成员。这种指代是有定的,因为在"一M比一M"构式的前后两个"一M"中,前者位于量级序列的相对(程度)低位,而后者位于量级序列的相对(程度)高位,构式义反映出的其实是"后者比前者更VP"。然而,一旦构式中的量级序列隐退,"一M"可以指代"任何一M",这是一种虚指,"一M比一M"构式中的前后两个"一M"可以指代某个集合中的任何一个成员,"一M比一M"由此转向某个集合中所有成员互相之间的比较,这种比较的结果凸显了成员的共有特征。其二,"比"的方式发生了变异。在表递进性差比的"一M比一M+VP"构式中,差比方式蕴含了逻辑上的真值义,即与客观事实是相符的。量级序列一旦缺失,构式反映出的会是比较方式的变化。例如:

(23)这里出产的苹果品种特优,树上结满鲜红的<u>苹果</u>,<u>一个比一个大</u>。[吴为善(2011a)用例,下同]

(24)七仙女都回来了,只见她们篮子里半青不熟的<u>桃子</u>,<u>一个比一个小</u>。

从逻辑语义上来分析,在例(23)"苹果"这个集合中,"一个比一个大"相对来说就可理解为"一个比一个小";在例(24)"桃子"这个集合中,"一个比一个小"相对来说也可理解为"一个比一个大"。事实上,类似于后一种的逻辑语义推论是不存在的,句子实际表达的意义也是单一的,例(23)指的就是苹果"个个都大",例(24)指的就是桃子"个个都小"。这就表明,类似于这种逐第比较的方式,其结果并不具有逻辑真值义。再从语用上来分析,对于说话人来说,"一个比一个VP"的预设是"个个都VP",VP成了"个个"语义的下限,比如例(23)的预设是"树上的苹果都大",例(24)的预设是"篮子里的桃子都小"。由此可见,在量级序列缺失的"一M比一M+VP"构式中,"比"的原型义发生了虚化,已经从"实比"转向"虚比",这符合汉语语义"主从—平行"的承继规律(参见第六章第三节)。当"一个比一个VP"浮现了"个个都VP"的构式义之后,在构式部分能产性机制作用下,同类物量词也可以进入该构式,并浮现相同的构式义。例如:

(25)全都是参天的大树,一棵比一棵粗壮,一棵比一棵古老。(《人民日报》2003年9月28日)

(26)沿湖四周而立的建筑群……一幢比一幢灵气,一幢比一幢气派!(《人民日报》1996年7月25日)

(27)村民阿底娃儿第一期领养的20只鸡苗,一只比一只肥壮。(《人民日报》2017年1月26日)

综上所述,"一M比一M+VP"构式所表现出的语义序列表明,基于时间要素的量级序列的隐喻映射,蕴含了从显性时间到隐性时间、从前景信息到背景信息、从时间域到非时间域、从量差到无量差的投射路径。一旦量级序列缺失,原有的语义序列也就会失去应有的基础。

第二节　语义序列与整合层级

一、"有X无Y"的聚合性

学界之前关于"有X无Y"构式的承继描写集中在三个方面:其一,以框架构式性质及句法分布为基础考察嵌入成分X和Y的语法性质与语义关联,梳理"有X无Y"的语义类型;其二,将嵌入成分X和Y的语义关系扩展至"有X"和"无Y"的结构关系,从而划分构式子类;其三,从"有X"和"无Y"的意义叠加推导得出子类构式的语义差异(陈昌来、李传军等,2012:137)。本书以此为出发点,从"有 X 无 Y"框架构式所蕴含的概念整合层级入手,探究其子类构式的承继关联。

(一)历时层面"有 X 无 Y"的形义偶合

从历时角度分析,"有 X 无 Y"的构式框架,实际上是源自古汉语中受到早期四言诗影响的紧缩复句形式——汉语四字格结构。例如:

> (1)子曰:"有教无类。"(《论语》)
> (2)惟事事,乃其有备,有备无患。(《尚书》)

从语料检索结果来看,目前可考的"有 X 无 Y"最早出现在先秦时期,使用数量有限且出现频率很低,因而可被视作"有 X"和"无 Y"的临时性组合;"有 X 无 Y"事实上只描写了"有 X"一种现象,"无 Y"是用来解释说明"有 X"的预期结果的;"有 X"和"无 Y"是两个相对独立的句法单位,两者并列,蕴含了逻辑层面的因果关系;其中的 X 和 Y 不能互为替换,它们只存在被同义词替换的可能性。此类"有 X 无 Y"的典型成员局限于以下四个:"有备无患""有教无类""有军无难""有恃无恐"。由此推断,此类"有 X 无 Y"表现出来的只是句法层面的偶合,其中的"无"表达了"避免""消除"的意义,充其量是与"有"字一起,提供了构式的框架形式。需要说明的是,此类构式的能产性极弱,因此只能归为现代汉语"有 X 无 Y"框架构式的非典型成员,它在共时层面并不具有原型性。

到了魏晋南北朝和隋唐时期,受到汉语四音节佛教用语推广使用的影响,"有 X 无 Y"的使用频率大幅提高,构式由此发生质变,产生了"有名无实""有始无终""有头无尾"等用例。例如:

> (3)仰山云:"但去已后有一人佐辅老兄在。此人只是有头无尾,有始无终。"(《镇州临济慧照禅师语录》)

需要指出的是,虽然这一时期的"有 X 无 Y"仍处于述位,尚属于句法层面的组合,但其中的"有 X"和"无 Y"所蕴含的关系已从因果关联变化为转折关联,"有"和"无"语义的极性对举日渐凸显。接下来,随着宋代汉语口语语体的发展,以及明清、近代白话文小说的盛行,"有 X"和"无 Y"从两个标准音步逐渐演变为一个"2＋2"韵律节奏的四音节结构，这种变化强化了"有 X 无 Y"的构词能力。例如：

(4)价值随时长落，宁有各省皆同<u>有增无减</u>之理。(《高宗纯皇帝实录》)

如例(4)所示，"有增无减"已可用作定语，说明此时的"有 X 无 Y"已完成了从句法单位向词汇单位的身份转换。原本无法单独使用的"有增"和"无减"成了符合句法关系的四字格词汇单位"有增无减"，"有"和"无"已作为"有……无……"的框架标记被提取，"有 X 无 Y"中的 X 和 Y 成了构式的嵌入成分。例如：

(5)夫射柳叶者，百发百中，而不以善息，少焉<u>气力</u>倦，弓拨矢钩，一发不中，前功尽矣。(《战国策》)

(6)正不知舱中另有个替吃饭的，还饿得<u>有气无力</u>哩。(冯梦龙《醒世恒言》)

比较例(5)和例(6)，"气力"在先秦时期已具有了成为双音复合词的倾向，明代出现的"有气无力"用作补语，说明"有气无力"并不是"有气"和"无力"临时句法组合的结果，而是双音复合词"气力"被拆分为"气"和"力"，再嵌入"有……无……"。"气力"本为一体，"有气无力"因此在整体上就是"无(气)力"。

(二)共时层面"有 X 无 Y"的框架性质

历时层面"有 X"和"无 Y"的偶合特点在共时层面被进一步扩展，主要表现为大量的体词性成分可临时性地嵌入 X 和 Y 位置。根据北京语言大学现代汉语语料库(BCC)的语料统计，现代汉语的"有 X 无 Y"构式，X 和 Y 为名词或名词性语素的用例占全部用例的 95％以上。例如：

(7)河内规定居民每年配给棉布四米，干部配给五米，但<u>有票无</u>

布。前年发的布票，不少人至今尚未买到布。(《江西日报》1979
年①)

(8)但向霞楼有书无琴，风声雨声之外，唯有悠悠的叫卖声。
(《厦门日报》1988年)

(9)目前，市区的一些街道和活动场地，有地无树、有坑无树、树
死未补的现象不少。(《厦门日报》1996年)

从北京大学中国语言学研究中心现代汉语语料库(CCL)的语料检索结果
来看，如例(7)—例(9)中"有X无Y"实例的出现频率均少于2次，说明X和
Y作为嵌入成分的临时性很强，突出了言者基于特定场景的话语编码策略。
比如例(7)，"有票无布"的确反映了"有布票却买不到布"的实际情况。余例
解读可类推。

综上所述，本书所关注的现代汉语"有X无Y"框架构式在共时层面具有
如下原型特征：第一，语音上是具有"2+2"韵律节奏的四音节类固定短语；第
二，在表层形式上以"有"及其直陈否定形式"无"作为连续框架标记，X和Y
位置内嵌单音节的具体名词；第三，"有"和"无"语义差别凸显程度高，反映的
是极性对立，"有X无Y"的原型构式因此蕴含了"有"和"无"的转折关系。根
据这些特点，本书将重点论述蕴含转折关系的"有X无Y"，而如前面提及的
"有备无患"类非典型"有X无Y"，则不在研究范围之内。

二、序列生成与整合层级显现

顾鸣镝(2016b)指出，一旦参与整合的语块发生参数变化，则势必导致构
式的子类成员发生下位延伸。以此关照"有X无Y"构式的框架演变与序列
生成，概念整合是其原型构式延伸子类的重要理据。

(一)低整合层级的A式

从上节的分析结果来看，"有X无Y"的构式原型源于"有X"和"无Y"的
临时性组合，X和Y通常属于同一认知域中的两个具体事物。例如：

---

① 本书中的例子基本选自语料库，出自报纸文章的例子，有些只加了年份。为了保
持语料的本真性，本书对此进行了保留。

(10)若有水无舟，则君必处将溺之危境；若有舟无水，弃舟亦为轻履也。（樊素《一骑红尘》）

(11)有水无草，没法放牧，必须携带粮草，更要用到舟楫。（凤歌《花语江南》）

(12)徒跣，有舟无车。（欧阳修等《新唐书》）

(13)安南坝已经不是以前的安南坝，虽然有草但无水，有房但没人，镇子里一片荒凉，街上看不到一个人影，草席和马匹骆驼的尸骨四处可见。（平白无故《斗破苍穹之再造辉煌》）

如例(10)—例(13)所示，低整合层级 A 式中的"X"和"Y"使用的都是其本义；构式具有述谓性特征，客观陈述了非短时性的两个并存事件。说它的整合层级低，是因为 A 式的固化性不强，如例(10)所示，作为嵌入成分 X 的"水"和 Y 的"舟"可互相替换；再来比较例(11)和例(12)，X 和 Y 也可各自替换为其他名词性成分。需要指出的是，由于框架标记"有……无……"已作为固定语块而被提取，因此"无"对于"有"的直陈否定会导致两个事件之间形成转折关系，比如例(13)中的"有草但无水"和"有房但无人"，"有 X"和"无 Y"之间可插入转折标记"但"。然而，也正是因为"有"和"无"的语义极性对举，此类构式的延展性受到了限制，表现为在句法上不如"有 X 有 Y"可扩展为"有 X 有 Y 有 Z……"或"没 X 没 Y"可扩展为"没 X 没 Y 没 Z……"来得自由。尽管如此，X 和 Y 的名词原型性及其信息槽的开放性决定了 A 式的高使用频率。这样的实例在现代汉语中普遍存在。例如：

(14)有笔无刀　有草无树　有车无马　有船无兵　有窗无门
　　有村无店　有鸡无柴　有肩无袖　有酒无诗　有狼无虎
　　有粮无钱　有梦无书　有棋无茶　有账无粮

(二)次高层级整合的 B 式

B 式中，X 和 Y 的加合意义涵盖了某个现象的整个认知域，产生了"对于 X 来说，Y 是应该有却没有"的意义，构式整体语义的凸显表明 B 式的整合程度高于 A 式。例如：

(15)有名字没有姓跟我姓林，有点诙谐；姓别的姓，又没理由，

149

所以干脆有名无姓了。(林燕妮《男痴女迷》)

(16)这种对老一辈有姓无名,对年轻一代有名无姓的称呼法,主要是为了避免给我的这些邻居造成不必要的麻烦。(李国文《危楼记事》)

(17)但这一借,由于他年事已高,琐事又多,不知放在何处,所以就"有借无还"了!(张伍《我的父亲张恨水》)

(18)放了这样一大笔债出去,按规矩也得及时报告老号,何况还是一笔几乎有借无还的御债。(成一《白银谷》)

值得关注的是,整合层级的提高造成了 X 和 Y 的语义抽象,在构式部分能产性机制的作用下,X 和 Y 既可以是名词,比如例(15)和例(16)中的"姓"和"名";也可以是谓词,比如例(17)和例(18)中的"借"与"还"。雷冬平(2013)指出,"有/无"具有要求其后谓词性成分发生转指的强制功能。由此判断,"有借无还"中的"借"和"还"已经分别转指行为动作的受事"借的"和"还的"。需要进一步指出的是,虽然 B 式中的 X 和 Y 还具有一定的可替换性,但这种可替换性已明显受到社会归约性认知的限制,比如例(15)和例(16)中的"名"和"姓",它们是人类为区分个体而给定的名称符号;又如例(17)和例(18)中的"借"和"还",它们体现了某个特定事物在不同领有者之间的轮换过程。这样的认知限制要求能够进入 B 式的 X 和 Y 在语义上要么密切相关,要么彼此相对。框架标记"有"和"无"的对立破坏了"有名有姓""有借有还"的事件闭环性,突出了事变性,因而即使不再插入转折标记,比如例(13)中的"但",也能反映其内在的转折。"有 X 无 Y"从对两个事件的陈述转为对一种事态的评述,说明其功能已开始向描写性漂移。如例(16)和例(18)所示,B 式已可在句中充当修饰语。其他的实例还有很多。例如:

(19)有败无胜 有多无少 有法无依 有高无低 有国无家
    有祸无福 有来无回 有上无下 有守无攻 有他无我

从以上实例可知,构式的部分能产性机制丰富了可进入 B 式的 X 和 Y 的数量与性质,比如"有多无少"中的"多、少"为量度形容词,"有来无回"中的"来、回"为趋向动词,"有上无下"中的"上、下"为方位名词。B 式描写性功能的凸显说明这一层级的"有 X 无 Y"已具备了熟语化倾向,有的甚至已被《现代汉语词典》(第 7 版)收录,比如"有价无市""有头无尾""有始无终"等。

（三）高层级整合的 C 式

C 式中的 X 和 Y 可以是双音复合词的两个语素，嵌入"有……无……"后，X 和 Y 不但不能互相替换，也不能随意替换成其他语素，比如"板眼→有板无眼""门派→有门无派""腔调→有腔无调""惊险→有惊无险""气力→有气无力""眼珠→有眼无珠""缘分→有缘无分""踪影→有踪无影"，上述现象说明此时的"有 X 无 Y"已高度整合。C 式实际上是借用了"有 X 无 Y"的框架来评述"无 XY"的非现实性现象，"有"字的意义消退，构式被投射至性状域，产生了特有的专指义，并固化为四字格熟语。例如：

（20）他的头一摇，卖弄地说："其实也很简单，不论是西皮或是二簧、慢板都是一板三眼，原板都是一板一眼，倒板、散板和摇板都是无板无眼，垛板、流水和紧打慢唱是有板无眼……"（周而复《上海的早晨》）

（21）小六子站在门口抖抖索索地撒了一泡尿，然后伸伸懒腰，有腔无调地哼着小曲，踩着冻得梆硬的路面向县府走去。（季宇《县长朱四与高田事件》）

（22）一场风波，有惊无险地过去了。（梁凤仪《豪门惊梦》）

（23）少剑波看了一下已滑得有踪无影的小分队，向白茹噘嘴，"白茹，你就让达得同志试一试"。（曲波《林海雪原》）

如例（20）所示，"板眼"是中国民族音乐和戏曲中的节拍，"有板无眼"就是"无板眼"，喻指"没有条理"。又如例（21）—例（23）所示，C 式是对非现实性现象"无 XY"的性状评述，其句法分布相当于状态形容词或副词。双音复合词 XY 隐喻义或转喻义的产生，以及构式专指意义的凸显，都说明了 C 式的高熟语化程度。

综合以上分析，现代汉语框架构式"有 X 无 Y"的承继关联可概括为：构式从对现实性事件的转折陈述转移至对非现实性现象的性状评述；构式子类成员的序列生成是随着"有 X"和"无 Y"概念整合层级的提升而依次扩展的，突出表现在框架标记"有……无……"的意义虚化和 X 和 Y 的可替换性减弱，以及构式从述谓性向评述性的转移。

第三节　语义序列与隐性层级

一、"都 NP 了，连 NP 都/也 VP(否定)"的适配性

现代汉语中存在着一个反预期程度极高的表达式，其编码是［都 NP 了，连 NP 都/也 VP(否定)］（石慧敏、吴为善，2014）。例如：

（1）（老王）都这把年纪了，连县城都没去过。［石慧敏、吴为善（2014）用例，下同］

（2）（小王）都大小伙子了，连一尺来宽的沟也不敢跳。

（3）（他）都哲学教授了，连《易经》都没读过。

（4）（老张）都县长了，连最近的乡镇也没去过。

（5）（她）都跳水运动员了，连一米跳台也不敢跳。

（6）（老爸）都老股民了，连逆向操作都不懂。

如例（1）所示，"都 NP 了，连 NP 都/也 VP(否定)"构式是由两个构式（或者说是语块）组合而成的：一是"都 NP 了"（比如"都这把年纪了"）；二是"连 NP 都/也 VP(否定)"（比如"连县城都没去过"）。余例解读可类推。从焦点和背景关系看，不仅可以在单句中体现一种空间位置关系，而且能扩展到其他抽象领域的角度出发，将概念化过程中的从句事件作为主句事件的"参照点"（从句对应的是"背景"，主句对应的是"焦点"），发现从"都 NP 了，……S……"的视角来看，先行小句中 NP 代表的是某一语义等级序列中的某个特定身份，要求后续主句 S 否定一个与 NP 特定身份相匹配的特定状态，从"……S……，连 NP 都/也＋否定性 VP"的视角来看，后续主句中 NP 所代表的某一语义等级项构成的 VP 命题，要求先行小句 S 确认一个与之相匹配的特定身份 NP，而后续主句的命题却是被否定的。他们的研究方法具有非常高的参考价值，尤其是凸显了复句组合的语块适配性。

（一）语块的反预期语用预设适配

"都 NP 了"和"连 NP 都/也 VP(否定)"都含有一种反预期的语用预设。例如：

（7）小丽风风火火地闯进家门，一头撞到了娘身上，娘一把抓住她，嗔怪道："瞧你这德行，<u>都大姑娘了</u>，<u>还这么冒冒失失的</u>。"［石慧敏、吴为善（2014）用例，<u>下同</u>］

（8）见客人邀请，闺女也就不客气了，一屁股坐到了客人边上。老爸忙<u>责备</u>说："快过来！<u>都大姑娘了</u>，<u>还这么不懂规矩</u>。"

（9）老张头踱到村头，远远看到姑娘们都在河里洗澡，又笑又闹地，不免生气了，自言自语地<u>骂起来</u>："这成何体统，<u>都大姑娘了</u>，<u>连起码的礼数都不顾</u>。"

如例（7）所示，后续主句"还这么冒冒失失的"表达的是否定义，话语主体实施的言语行为是"嗔怪"；又如例（8）所示，后续主句"还这么不懂规矩"代表的是一种否定命题，话语主体实施的言语行为是"责备"；再如例（9）所示，后续主句"连起码的礼数都不顾"使用的是否定性"连"字句，话语主体实施的言语行为是"骂"。从语用角度来分析，形成了"骂"＞"责备"＞"嗔怪"的等级序列，体现了说话人对以上三句中的话语主体——"小丽""闺女""姑娘们"，与其应有的行为状态——"一头撞到了娘身上""一屁股坐到了客人边上""在河里洗澡，又笑又闹地"之间的识解程度的偏离。因此，"都 NP 了"表达的是某个特定身份应有状态与实际状态之间的反差所导致的说话人的"出乎意料"；而否定性"连"字句表达的是预设中的"极可能真"和断言中的"事实非真"之间反差所导致的"出乎意料"。二者整合，浮现了更为强烈的"出乎意料"。

（二）语块适配的认知基础

再来看例（7）和例（8），"都 NP 了"在实际使用上也可与"还＋否定性 VP"整合而成"都 NP 了，还＋VP$_{（否定）}$"。其中，如例（7）所示的"都大姑娘了，还这么冒冒失失的"，先行小句"都大姑娘了"中表示新信息出现的句法标记"了"，暗示 NP"大姑娘"可能代表的一个语义序列，即"大姑娘"＞"姑娘"＞"小姑娘"；后续主句"还这么冒冒失失"中的 VP"冒冒失失"在语义上提示了 VP 与 NP 匹配系列的行为类范畴，即"大姑娘"与"大姑娘应有的行为举止"；先行小句中的"都"和后续主句中带否定义的"还"明示了句子的语用预设，即"大姑娘应有的行为举止"在事实上并非如此。由此可见，"大姑娘应有的行为举止"所蕴含的社会规约触发了说话人判断听话人"事实并非如此"的语用心理，从而激活了"都 NP 了，还＋VP$_{（否定）}$"表示"嗔怪"的编码动因。随着说话人自身理解程度的进一步扩大，这样的"嗔怪"就可能变为"责备"，甚至是"骂"了。

再来看例(9)，从"连"字句的主语应该是定指的角度出发，"连 NP 都/也 VP$_{(否定)}$"中的 NP 部分往往可以被扩展为一个依附小句。例如：

(10)她们已经是大姑娘了，连起码的礼数都不顾。

如例(10)所示，根据例(9)修改的示例中，"她们"是定指的，前一小句确认了其"大姑娘"的类指身份，因此与"连"字句适切匹配，该式可编码为 [NP$_{(定指)}$＋V$_{(系动)}$＋NP$_{(类指)}$，连 NP 都/也＋VP$_{(否定)}$]。其中，后续主句中的特定介词"连"字，暗示着后边的 NP"礼数"可能代表了一个潜在的语义序列，即"不顾礼数">"起码的礼数">"有礼数"；依附小句中的判断句也暗示着话语主体可能代表了一个潜在的语义序列，即"大姑娘">"姑娘">"小姑娘"。后续主句中的事件类在语义上提示了与话语主体的匹配关系的行为类范畴，比如"大姑娘"与"有礼数"之间的匹配关系。后续主句中"连 NP 都/也＋VP$_{(否定)}$"明示了句子的语用预设，即"事实并非如此"。

以上说明，"都 NP 了"与"连 NP 都/也＋VP$_{(否定)}$"之间的确存在认知上的适配性。可及度和指别度的偏离，实际上就是说话人所认为的，听话人需要依据"默认"的 NP 与应有状态之间的匹配"清单"来判定二者之间是否发生偏离。石慧敏、吴为善(2014)因此从"量级模型"理论来解释语块适配的认知基础，他们选取了不同阶段的学生与相应的写作能力的匹配关系来进行说明（其中的"→"表示可匹配性），具体如图 7-1 所示。

A 大学生──→D 专业论文
B 中学生──→E 命题作文
C 小学生──→F 简单短文

图 7-1　不同阶段的学生与相应写作能力的匹配关系(石慧敏、吴为善，2014)

根据上述关系排列组合的状态，当后续主句（否定性"连"字句）的命题为否定时，依据社会规约性认知，说话人一般认为会出现三种不合常理的情况：第一，AF"大学生不会写专业论文"，BE"中学生不会写命题作文"，CD"小学生不会写简单短文"。第二，AD"大学生不会写简单短文"，AE"大学生不会写命题作文"，BD"中学生不会写简单短文"。第三，CF"小学生不会写专业论文"，CE"小学生不会写命题作文"，BF"中学生不会写专业论文"。从语用心理来分析，当状态不言而喻时，自然不值得说；当状态不合常理时，说话人就有了发话动因；当状态出乎意料时，说话人的发话动因更强烈。例如：

(11)＊孩子都小学生了，连专业论文都不会写。[石慧敏、吴为善(2014)用例，下同]
(12)？老张儿子都中学生了，连命题作文都不会写。
(13)他都大学生了，连简单短文都不会写，真不可思议。

例(11)是不言而喻的，"小学生"与"写专业论文"之间没有匹配性，因此不存在合理的发话动因，除非强化语境支撑，否则可接受度很低(用"＊"标示)；例(12)是不合常理的，"中学生"与"会写命题作文"有匹配性，因此可能被接受(用"？"标示)；例(13)是出乎意料的，"大学生"与"简单短文都不会写"在说话人看来不可思议，因此发话动因的激活性最强，可接受度也最高。

二、序列激活与隐性层级浮现

(一)"都 NP 了"中 NP 的隐性语义序列

从以上论述来分析复句中"都 NP 了"和"连"字句语块的隐性语义序列。首先是"都 NP 了"，它是现代汉语常见的口语表达式，《现代汉语八百词》(增订本)关于"都"的释义认为，"都 NP 了"中的"都"表示"已经"，所以句末常带表完成的体标记"了"。根据本书汉语"句法—语义"主从与平行包含的观点，"NP 了"语义延伸后并不同质，而是产生了两种类型。例如：

(14)大姑娘了，懂规矩了。[石慧敏、吴为善(2014)用例，下同]
→＊都大姑娘了，懂规矩了。
→＊大姑娘了，还懂规矩了。
(15)都大姑娘了，还这么不懂规矩。
→大姑娘了，还这么不懂规矩。

如例(14)所示，"大姑娘"的前面不能出现"都"，后续句是肯定形式，不能出现"还"(用"＊"标示)；例(15)中的"大姑娘"前可出现"都"，后续句是否定形式，可出现"还"；其中的"都"轻读，表达说话人始料未及的语气，因此在口语中可以隐去；根据《现代汉语词典》(第 7 版)的标注，"大姑娘"后面的"了"属于"了₂",是句末语气词,传递了说话人对已然事实的确认;"都 NP 了"通常不能独立成句,因而只是一个"依附小句",需要后续主句。值得关注的是,从话语功能来分析例(14)和例(15),二者都表达了说话人对话语主体 NP"大姑娘"所表现出来的某种状态的评述。细究之下,例(14)体现出的是"大姑娘了懂规矩",因为是符合说话人预期的,所以后续主句一般采用肯定形式;而例(15)所体现出的"大姑娘了还不懂规矩",明显与说话人的预期不符,所以后续主句往往采用带"还"的否定形式。由此推断,例(14)对话语主体的状态评述体现了说话人的正预期语用心理,例(15)对话语主体的状态评述体现了说话人的反预期语用心理。就反预期的主观评述而言,说话人编码"都 NP 了"是出于这样的预设:根据话语主体 NP 的身份判断,他应该怎样,而表现出来的并非那样,因此后续主句才会成为表意的重心。比如例(14)和例(15)中的话语主体"大姑娘",根据社会规约性认知,应该是"懂规矩了",但从说话人对话语情景的识解来看,NP 呈现出的是反预期状态的"出乎意料",因而产生了"都 NP 了"的发话动因,体现了负面价值取向,后续主句的命题因此为否定。社会归约性认知与反预期状态识解激活了 NP 的语义序列。例如:

(16)都中学生了,…… 都大学生了,…… 都研究生了,……
[石慧敏、吴为善(2014)用例,下同]
都连长了,…… 都营长了,…… 都团长了,……
都科长了,…… 都处长了,…… 都局长了,……
都大姑娘了,…… 都妈妈了,…… 都老太太了,……

通过研究语料统计结果发现,"都 NP 了"中的名词大多凸显了人的身份,自身就可以形成一种语义等级序列。如例(16)所示,"都 X 学生了"体现的是人的学业阶段序列;两个"都 X 长了"体现的是人作为军队领导和人作为官员的级别序列;最后一列的"都 NP 了"体现的是人类社会女性处在不同阶段的角色序列。这种对 NP 的制约形成了相关名词的准入条件,不具备隐性语义序列的名词就不能进入"都 NP 了"。例如:

(17)*都苹果了,…… *都教室了,…… *都宠物了,……
[石慧敏、吴为善(2014)用例,下同]
*都农民了,…… *都居民了,…… *都公民了,……
?都小孩了,…… ?都小兵了,…… ?都小科员了,……

如例(17)所示,"苹果""教室""宠物"本来就是类指范畴集合的物质名词,不具备隐性的语义等级序列,因此不能作为"都 NP 了"中的 NP(用"﹡"标示);同理,"农民""居民""公民"类的指人身份名词因为具有泛义性,也不存在可激活的等级序列,一般也不能进入"都 NP 了"的构式(用"﹡"标示);"小孩""小兵""小科员"虽然其本身位于一定的等级序列,比如"小孩→青年人→中年人→老年人",但由于此类表身份的名词处于某个序列的最低端,无法与后续主句的状态评述形成落差,因此也不能进入"都 NP 了"构式(用"?"标示)。由此看来,"都 NP 了"及其后续主句的组配形式体现了序列适配的级差性,在句法上凸显了两个特点:第一个特点是"都 NP 了"的后续主句有可能是一个差比句。例如:

(18)都博士生了,还不如一个硕士生。[石慧敏、吴为善(2014)用例,下同]

(19)都三个孩子的妈妈了,还比不上人家一个闺女。

(20)都成年人了,比小孩还任性。

(21)都老兵了,比新兵还胆小。

如例(18)—例(21)所示,其中"都 NP 了"的后续主句都是差比句,句中出现的两个 NP 之间浮现了显性级差,这反映出"都 NP 了"中的 NP 位置,具有在线激活隐性语义等级序列的语用心理。

第二个特点是"都 NP 了"中 NP 的语义等级序列,其认知基础涉及与后续主句所评述状态的适配关系;反之,就会出现问题。例如:

(22)都妈妈了,还不会带孩子。[石慧敏、吴为善(2014)用例,下同]

→? 都大姑娘了,还不会带孩子。

→ ﹡ 都小姑娘了,还不会带孩子。

现实生活中,"妈妈带孩子"的社会归约性明显要大于"X 姑娘带孩子",因此就例(22)所示,"都妈妈了,还不会带孩子"的接受度显然要大于"都 X 姑娘了,还不会带孩子"。虽然例(22)中的三个句子在句法、语义上都没有问题,但后两个句子在语用层面不合适,这是显而易见的,属于语用失当(分别用

"?"和"X"标示)。由此可见,"都 NP 了"中 NP 语义等级序列的激活机制,在于 NP 身份与后续主句评述状态之间的适配关系,其合理性取决于社会认知规约性。

(二)否定性"连"字句中 NP 的隐性语义序列

关于现代汉语"连"字句的句法构造、句式意义、会话含义和关联作用等,学界已经有了丰富的研究成果,刘丹青(2005)曾对此进行了较为全面的概括,在此不再赘述。概括观点有二:一是"连"字句一定蕴含了说话人的主观预设,比如"老王连石狮子都举得起",其中的 NP"石狮子"位于一个可预期性等级序列的低端,比起序列中的其他成员来说,是最不可能实施 VP"举得起"的行为。"连"字句凸显的强调义因此是由预设中的"极不可能为真"和断言中的"事实如此"的反差造成的。二是这种可预期性等级的低端可能是词汇义的高端,比如"石狮子"是物体重量的高端,而"举得起石狮子"是可能性的低端。以上两点说明汉语"连"字句中的 NP 可能也存在着一个隐形的语义等级序列。在对语料进行分析后发现,大量的"连"字句在实际使用中表现形式为否定,这就表明进入该句式的 NP 处在一个可预期性等级的高端,比起序列中的其他成员来说,是最有可能实施 VP 的行为;否定"连"字句的强调义因此是由预设中的"极可能为真"和断言中的"事实并非如此"的反差造成的。例如:

> (23)老王连县城都没去过。[石慧敏、吴为善(2014)用例,下同]
> (24)老王连一尺来宽的沟也不敢跳。
> (25)老王没去过北京,没去过省城,连县城都没去过。

如例(23)所示,此处的"县城"是说话人预设中最有可能去过的地方,而"老王"却没去过。又如例(24)所示,这种可预期性等级的高端反衬了词汇义的低端,"一尺来宽的沟"是跳跃宽度的低端,"跳一尺来宽的沟"是可预期性等级的高端。再如例(25)所示,可预期性等级中的其他成员,比如"北京""省城",也可以显性地出现在上下文中。由此可见,汉语"连"字句的语义、语用与其肯定、否定形式存在反向共变关系。那么为什么会形成这样的关系?肯定性"连"字句的主观评述倾向于积极义,比如"老王连石狮子都举得起";否定性"连"字句的主观评述则通常是消极的,比如"老王连一尺来宽的沟也不敢跳"。以上体现的就是语言可接受度的差异:日常生活中,对他人的褒扬往往是人们所期待的(指别度高),因此即使内容与事实有所偏离,听者通常也会容忍(接受度高);反之,对他人的贬斥往往是人们所不愿期待的(接受度低),因此说话人通常会采用一定的语言手段来提高话语的说服力。需要指出的是,在否定性"连"字句中,这种语用心理主要集中在说话人对话语主体的身份确认,即施事成分的选择和准入上。例如:

(26)一个哲学教授连《易经》都没读过。[石慧敏、吴为善(2014)用例,下同]

(27)一个县长连最近的乡镇也没去过。

(28)一个跳水运动员连一米台也不敢跳。

(29)他还是个哲学教授呢,连《易经》都没读过。

如例(26)—例(28)所示,否定性"连"字句对施事(主语)在句法、语义和语用上具有特定的条件限制:一是施事(主语)的定指成分变成了类指成分,其句法形式是"一个＋通指类名",凸显了某类人的身份,比如"一个哲学教授""一个县长""一个跳水运动员";二是与某类人特定身份相匹配的特定状态被否定了,比如"应该读过《易经》""应该去过最近的乡镇""应该敢跳一米台"。由此分析如例(29)的复句构式"NP$_{(定指)}$＋V$_{(系动)}$＋NP$_{(类指)}$,连 NP 都/也＋VP$_{(否定)}$"的编码要素:第一,后续主句("连"字)中的 NP,比如"《易经》",代表了一个可能的隐性语义序列,依附小句(先行小句)"X 是 Y"中的话语主体,比如"他/哲学教授"也代表了一个可能的隐性语义序列;第二,后续主句中的VP＋NP 事件,比如"读过《易经》",在语义上提示了与话语主体相匹配的行为类范畴,比如"他/哲学教授读过《易经》";第三,后续主句中的"连……都/也＋否定"明示了句子的语用预设,比如"他/哲学教授应该读过《易经》,而事实并非如此"。在以上要素的触发下,"NP$_{(定指)}$＋V$_{(系动)}$＋NP$_{(类指)}$,连 NP 都/也＋VP$_{(否定)}$"复句构式的编码动因被激活。

第四节　本章小结

第一,构式所隐含的某种序列缺失与构式义的变化存在密切关联,"一 M比一 M＋VP"构式正是因为存在时间序列隐喻映射所导致的序列缺失,所以造成了构式义变化。而这种构式义变化在很大程度上是其语境信息改变的结果,具体如图 7-1 所示。

时量差比:	无界性状 _____
有界时段	|1 天|1 天|1 天|1 天|1 天|(差比对象)
动量差比:	无界时间 _____
有界事件	|1 次|1 次|1 次|1 次|1 次|(差比对象)
物量差比:	时间序列 _____
有界实体	|1 个|1 个|1 个|1 个|1 个|(差比对象)
物量差比:	非时间序列 _____
有界实体	|1 个|1 个|1 个|1 个|1 个|(差比对象)
物量非差比:	非时间序列 _____
有界实体	|1 个　1 个　1 个　1 个　1 个|(遍指对象)

图 7-1　递进性差比构式的量差隐退(吴为善,2011a:52)

需要指出的是,像本章第一节例(15)"一蓬比一蓬新鲜"这样的递进性差比义向遍指性非差比义的迁移是在商业情境中形成的,这在很大程度上受到了语篇语境的限制。正如吴为善(2011a)所指出的,进行构式研究绝对不能忽视语境信息,传统句式研究中将句子从语境中抽出来单独加以考察的方法是不可取的。另一个有意思的现象是,本书在北京语言大学现代汉语语料库(BCC)文学语料库随机统计的 100 个"一天比一天+VP"中发现,它们在[±积极]语义上的出现频率是:表中性义的有 17 例;表[+积极]的有 33 例;表[−积极]的有 50 例。虽然此类统计有其随机性,但至少说明"一天比一天+VP"带有明显的[−积极]倾向。例如:

(1)到了十一月,天气一天比一天凉了。(格非"江南三部曲")

(2)自此以后,我们的往来一天比一天亲密。(林徽因《模影零篇》)

(3)不过我吃了药也不见效,只有一天比一天凶。(巴金《秋》)

如例(1)所示,因为是"到了十一月",所以这里的"天气一天比一天凉了"是客观的。但如例(2)所示,这里[+积极]的"一天比一天亲密"果真是逐天增量吗?即便是,也是无法量化的,因而凸显了说话人表"递进"的主观性。又如例(3)所示,当这种"主观递进性"落实到[−积极]时,从随机 100 个语料的统计结果来看,它似乎更为人们所接受。这或许是因为人类社会"向好"的认知倾向。换句话说,"好"就要"好到头",不易接受"慢慢来";反之,"差"更易接受的是"慢慢来"。如此看来,再返回到例(15),在商业情境中使用"一 M 比一 M＋VP"恐怕是值得商榷的。事实是否果真如此,将留在将来进行实践验证。

第二,框架构式子类成员的序列生成与其概念整合层级存在正向分布关联,具体如表 7-3 所示。

表 7-3　"有 X 无 Y"构式的子类序列与整合层级(顾鸣镝,2016b:48)

关键特征	子类序列		
	A 式	B 式	C 式
整合层级	低整合层级	次高整合层级	高整合层级
"有""无"的语义	事物领有和未领有（或存在与不存在）	事件领有和未领有	"有"字意义无着落
X 与 Y 的属性	同一认知域的两个具体名词	涵盖某个认知域的两个名词、谓词等	双音复合词的两个语素
形式特征	X 和 Y 的可替换性强	X 和 Y 的可替换性受到限制	X 和 Y 的可替换性不复存在
句法功能	事件陈述,在述位客观陈述两种现象的偶合	事态评述,已具有描写性,可充当修饰语	性状评述,句法分布相当于状态形容词或副词

需要指出的是,顾鸣镝(2016b)的研究并未涉及"有 X 无 Y"构式的一种特殊现象,即 X 和 Y 同形且同义,可标示为"有 X 无 X"。例如:

(4)有罪无罪,惟我在,天下曷敢有越厥志?(《孟子·梁惠王上》)

(5)叔器云:"如约法三章,为义帝发丧之类,做得也似好。"曰:"这个是它有意无意?"叔器曰:"有意。"(《朱子语类》)

(6)一个顺手刺来,一个随意挡祝项庄纵有坏意,因为未奉项羽命令,也只好有意无意地刺来。(徐哲身《汉代宫廷艳史》)

如例(4)所示,"有 X 无 X"在文献中的最早用例也出现在先秦时期,"有罪无罪"在当时意为"有罪或无罪",是对两种现象偶合的客观陈述。例(5)中的"有意无意"出现在问句中,突出了"有意"或"无意"的双重可能,因此才会引发"有意"的回答。随着白话文的产生及流行,"有 X 无 X"被投射至性状域,从而引申出"似有似无"的整合意义,比如例(6)中的"有意无意","有 X 无

X"已转为对一种现象的性状评述。由此判断,"有 X 无 X"与"有 X 无 Y"框架形式的历时演变轨迹应该是一致的。然而,"有 X 无 X"中 X 与生俱来的同一性导致框架标记"有"和"无"的语义对立进一步加剧,X 是什么变得不再重要,可根据说话人的需要随机选取。由于"有 X 无 X"中的 X 不再是必要成分,构式的属性也因此发生了变异,主要表现为其熟语化程度较"有 X 无 Y"有所降低。这就解释了为什么在《现代汉语词典》(第 6 版)中尚未收录"有 X 无 X",直至《现代汉语词典》(第 7 版)才出现"有意无意"。由此看来,"有 X 无 X"的语义融合不再是"有 X"和"无 X"概念整合的结果,而是"有"和"无"语义对立的延伸,这种现象值得我们进一步关注。

事实上,现代汉语框架构式具有很高的能产性,相关成员已多达 44 个(参见吴为善,2016:61)。从框架标记的位置来看,大致可分为两类:一是前置标记框架构式;二是后置标记框架构式。先来看前置标记的 28 个框架。例如:

(7)爱……不……　　半……半……　　半……不……　　不……不……

　　不……而……　　大……大……　　大……特……　　非……非……

　　非……即……　　连……带……　　没……没……　　千……万……

　　前……后……　　三……五……　　说……道……　　随……随……

　　无……无……　　现……现……　　一……半……　　一……不……

　　一……而……　　一……二……　　一……就……　　一……一……

　　一……再……　　有……无……　　有……有……　　左……右……

再来看后置标记的 16 个框架。例如:

(8)……东……西　　……头……脑　　……言……语　　……天……地

　　……模……样　　……眉……眼　　……腔……调　　……心……意

　　……手……脚　　……声……气　　……思……想　　……三……四

　　……七……八　　……来……去　　……前……后　　……上……下

如果将框架标记的前后置也视作一种特殊的语块移位现象,那么它所蕴含的形式差异、句法分布、标记定位、语块替换等,就为我们进一步探究构式子类的语义序列和整合层级提供了丰富的研究素材。

第三,从"都 NP 了,连 NP 都/也 VP$_{(否定)}$"的组合适配性可以窥见,"都 NP 了"中的 NP 和否定性"连"字句中 NP 所蕴含的隐性语义等级序列。值得进一步关注的是,此类 NP 所蕴含的语义等级序列的激活机制对话语解码有着重要作用。石慧敏、吴为善(2014)指出,语义等级序列的激活现象归根结底是反预期语用心理的驱动,在话语解码过程中具有普遍性;凡是在具有反预期语用义的表达式中,都会出现在某个位置 NP 所蕴含的语义等级序列在解码过程中被激活的情况。例如:

(9)"还 NP 呢,也不 VP":还哥哥呢,也不让着点妹妹!(石慧敏、吴为善 2014 用例,下同)

(10)"才 NP 呢,就 VP 啦":才小媳妇呢,就想当家啦!

(11)"大 NP(时)的＋VP(否定)":大清早的吵什么?

如例(9)—例(11)所示,"哥哥"蕴含了长幼序列,"小媳妇"蕴含了角色序列,"清早"蕴含了时间序列。这些体现反预期语用构式中,NP 所蕴含的语义等级序列在话语解码过程中都会被激活,而被激活 NP 的某个特定成员又都与构式所评述的行为或状态具有不适配性,比如是"哥哥"却"不让妹妹",是"小媳妇"却"想当家",是"大清早"却"吵吵闹闹"。这种由语言情境与社会规约性认知偏差所诱发的说话人的主观评述,其实是特定话语社群语用心理的集中体现。

第八章 面向切面与语用接受度

本书引入计算机科学的耦合概念,是为了探究同一范畴构式,在情境切面是以何种功能变量来实现控制和调用的(参见第一章第二节)。实际上,在第七章中,本书就已展开基于社会规约性认知的,说话人就构式语义凸显度和语用接受度进行在线控制的论述,这是一种建立在说话人发话动因基础上的语用解析。随着从言者单一视角向言者、听者的互动视角延伸,说话人对听话人的关照成了本书所关注的另一要点。举例说明,沈家煊、王冬梅(2000)曾指出,心理动词不适合用宾体做参照体,比如"小说的理解""事情的回忆",但如果提高宾体"小说"和"事情"的可及度,那么情形就会有所变化。例如:

(1)那本小说的理解需要一定的历史知识。
(2)那些事情的回忆总带给我快乐。

如例(1)和例(2)所示,随着名词信息度的提高,宾体的可及度同步提高,从说话人的认知心理出发,"N 的 V"的语义凸显度和语用接受度也就有了提升,这就说明语境是可以用来改变事物或概念凸显度的。沈家煊、王冬梅(2000)由此得出这样的结论:在交际过程中,说话人受到来自两个方面的制约:一是听话人有将注意力集中于显著事物的自然倾向;二是要让听话人能够识别指称对象。在此观点基础上,本书认为,若将语用接受度落实于言者和听者的互动维度,那折射出的就是相关构式的可及度与指别度,这在很大程度上体现了构式基于语言语境的"语义—语用"界面的耦合性。也就是说,当两个语义甚至功能相近的构式通过言者出于关照听者的角度来实现控制和调用时,它们的耦合度是相对低的。

据此,本章首先从引介"可及度"和"指别度"概念着手,辨析汉语"之"和"的"在提高目标指别度上的耦合性。接着,从言者和听者的理解错位出发,梳理理解错位的类型及其带有的跨时空性、过程性和倾向性。最后，以同语复句构式为实例，从同语构式在复句中的语块替换、移位和隐现入手，解析同语复句构式基于提高指别度的功能性理据。

第一节 目标的可及度与指别度

一、"参照体—目标"构式的"N 的 V"和"NP 之 VP"

（一）参照体与目标的规律性

沈家煊、王冬梅（2000）通过考察"敌人的破坏""母亲的回忆""普通话的推广"这样的"N 的 V"表达式后发现，其上位构式"N_1 的 N_2"中，N_2 所表示的事物其实是一个指称目标，N_1 则是这个目标可借助的参照体。例如：

（1）经人指点，他找到坐落在<u>西湖公园旁边的"福州寻人服务处"</u>。（《人民日报》1992 年 7 月 22 日）

（2）<u>半岛中间的"非军事区"</u>两侧可能是世界上军事化最严重的地区之一。（《人民日报》2017 年 5 月 5 日）

（3）自走出老家，在北京，在美国，<u>妈妈的"名菜"</u>，我复制甚难。[《人民日报》（海外版）2013 年 8 月 20 日]

（4）<u>桃花的瓣儿</u>，已经大咧口地铺展开来。（《人民日报》1976 年 7 月 4 日）

如例（1）—例（4）所示，其中"N_1 的"是中心语 N_2 的修饰语，因此"N_1 的 N_2"可归为"参照体—目标"构式，"参照体"和"目标"之间存在着一种不对称关系。具体来说，哪个事物充当"参照体"，哪个事物充当"目标"，是有规定的。虽然将例（1）中"西湖公园旁边的'福州寻人服务处'"更替为"'福州寻人服务处'旁边的西湖公园"尚可接受，但若将例（2）—例（4）中"半岛中间的'非军事区'"更替为"'非军事区'周围的半岛"，将"妈妈的'名菜'"更替为"'名菜'的妈妈"，以及将"桃花的瓣儿"更替为"瓣儿的桃花"，显然是不合适的。由此可以推断，借助"参照体"来指称"目标"，必须遵循一定的规律。究其原因，受"整体—部分"社会归约性认知的辖制，N 的整体语义凸显度越高，越可能成为"参照体"来指称"目标"的整体。当这样的凸显度被投射至相关概念提取的容易程度时,凸显的就是 N 的"可及度"。比如,我们通常会说"敌人的逃跑",而不会说"敌人的转移",其原因就在于"敌人"这一概念(参照体)对于"转移"(目标)而言的低可及度。与"N₁ 的 N₂"不同的是,"N 的 V"的指称目标已不再是一个事物,而是一个事件。具体来说,"敌人的逃跑"指称的是某一个"逃跑"事件,"敌人"是这一事件的参照体,"的"在其中凸显的是其"指示"功能。

(二)自指化与自指标记的区别性

关于先秦汉语"之"字结构("NP 之 VP")及"之"字的性质与功能,比如"鸟之将死"(《论语·泰伯》),学界存在多种观点,包括"结构词组化、名词化、指称化"的三化说,"结构是动词性主谓结构"的粘连说,"之"是定语标记说,"'之'缓其辞气、'之'表强调"的语气说和文体说,以及"'之'是较高可及性标记"的高可及性说等。对此,沈家煊、完权(2009)指出,"NP 之 VP"实际也是一个"参照体—目标"构式,"之"字是一个"自指标记"。

就"指称"与"自指"的区别做进一步说明,指称是相对于陈述而言的,指称一个事物,陈述一个事件。但除了指称一个个事物,也可以指称一个个事件,比如"这次比赛""那次失误"。指称一个事件的实质就是将事件视作一个抽象的事物,将一个内部可细分的过程当作一个不再细分的整体来看待。例如:

(5)冬,楚子囊伐郑,<u>讨其侵蔡也</u>。(《左传·襄公·襄公八年》)

例(5)中的"之"字用"其"替代,"其 VP"指称"郑国入侵蔡国"这一事件。这里需要关注的是,主谓结构与"之"字结构的区别:"之"字结构只是用来指称一个事件;而主谓结构既可以用来指称一个事件,比如"郑侵蔡,是吾忧也""吾未闻郑侵蔡也",也可以用来陈述一个事件,比如"四月,郑侵蔡,败之"。相较之下,指称事件与陈述事件形成了不完全对应的扭曲关系,具体如图 8-1 所示。

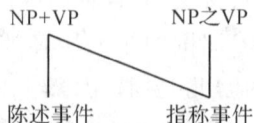

图 8-1　陈述事件与指称事件的不完全对应关系(沈家煊、完权,2009:7)

如图 8-1 所示,主谓结构既可以用作陈述语,也可以用作指称语;而"之"字结构只可用作指称语。由此看来,"之"字的主要作用是"去陈述性"。然而,沈家煊等(2009)认为,这种"去陈述性"并不能简单地被视作"指称化"或"自指化",原因在于主谓结构本来就可用作指称语。因此,相较于主谓结构的无标记,"之"字可被功能性地定义为"自指标记"。

二、N 的指别度强弱

(一)可及度与指别度的概念厘清

作为区别于主谓结构的"自指标记",有一个问题是本书特别关注并希冀解决的,那就是:在什么情况下需要加"之"这个标记? 要回答这个问题,首先需要厘清两个概念:一是"可及度";二是"指别度"。

"可及度"实际表达的就是可及性程度。沈家煊、完权(2009)对它的定义是:可及度是指说话人推测,听话人听到一个指称词语后,在头脑记忆中或周围环境中搜索,找出目标事物或事件的难易程度。容易找到的可及度高,不容易找到的可及度低。在这个定义中,"说话人推测"很重要。因为对于正常情景而言,可及度的高低是由搜索目标的客观性决定的,比如,周围环境中"个体大的>个体小的",人脑记忆中"近期的>远期的",目标相似性"程度高的>程度小的"。但这里所提及的"可及度"是由说话人主观认定的,因而具有较强的主观性。"指别度"是相对于"可别度"的另一个概念,沈家煊、完权(2009)对它的定义是:指别度是指说话人觉得,他所提供的指称词语指示听话人在头脑记忆中或周围环境中搜索,找出目标事物或事件的指示强度。指示强度高的指别度高,指示强度低的指别度低。在这个定义中,"说话人觉得"也很重要。同样是在正常情景中,指别度的高低是由指称词语的客观状态决定的,比如,"带指示词的>不带指示词的""代词>一般名词""限定词语多的>限定词语少的""重读的>不重读的"。但与可及度是出自说话人主观认定的特点相同,指别度的高低也是由说话人主观认定的。例如:

(6)把杯子拿走![沈家煊、完权(2009)用例,下同]

(7)把这只杯子拿走!

(8)[口头说]把这只杯子拿走!

(9)[用手指着说]把这只杯子拿走!

如例（6）所示，当说话人主观认定"拿走那只杯子"对听话人而言可及度高，只需说"把杯子拿走"就够了；反之，如例（7）所示，若说话人主观认定此举对听话人而言可及度低，就需要说"把这只杯子拿走"。从指称形式来看，"这只杯子"的指别度要高于"杯子"。同理，如例（8）和例（9）所示，若说话人主观认定"拿走这只杯子"对听话人而言可及度高，就只需口头说说；反之，若说话人主观认定此举对听话人而言可及度低，就需要加上身势语（手指动作）。这体现了在指别度上"身势语＞口头语"的特点。在这里举个很有意思的例子，笔者（男性）在 2020 年 12 月有幸参加了"2020 三亚数字贸易研讨会暨第 55 场中国数字贸易论坛"，偷闲赴三亚国际免税城购物。其间，笔者为一位女性朋友代买迪奥品牌的 1 号变色润唇膏，"迪奥 1 号变色润唇膏"对于女性朋友来说无疑是"高可及度"的，然而对于像笔者这样不曾接触过化妆品的人来说，一定是"低指别度"的。对此，朋友只能通过微信发送图片来提高"迪奥 1 号变色润唇膏"的指示强度。由此看出区分"可及度"和"指别度"的目的，是要将说话人和听话人区分开来，这在本质上就是将"能指"和"所指"区别对待。简单来说可及度是就所指而言的，指别度是就能指而言的。值得关注的是，可及度与指别度的反向互补隐含了说话人主观认定的守恒原则，即可及度与指别度的差度大时，说话人必须"多说"；可及度与指别度的差度小时，说话人可以"少说"。

（二）"之"字指别度的提升功能

正如指示词"这"和身势语，或者是笔者亲历的微信图片能够起到提高指别度的作用，主谓结构中"之"字的显现其实也是为了提高指别度。也就是说，当说话人主观认定主谓结构"NP＋VP"的指称事件是低可及度时，就会插入"之"字来提高指别度。例如：

（10）<u>民之望之</u>，若大旱之望雨也。（《孟子·滕文公下》）

如例（10）所示，当说话人主观认定"民望之"对于听话人而言是低可及度时，就会加上"之"字来提高指别度，体现了"之"字的强调作用；同时，"民"后加"之"在客观上延迟了"望之"的输出，这给了听话人充足的时间来确认参照体"民"，起到了"缓其辞气"的作用。以此回应"'之'缓其辞气、'之'表强调"的语气说和文体说，其实就是在于提高指别度。需要注意的是，沈家煊、完权（2009）提出了可能发生概念混淆的两种情况：第一，关于"高可及度/指别度"

与"提高可及度/指别度","高可及度/指别度"只是"提高可及度/指别度"的结果;第二,关于"可及度高低"与"已知/未知信息",已知信息不一定是高可及度的,未知信息也不见得一定是低可及度的。例如:

(11)盆成括仕于齐,孟子曰:"死矣盆成括!"盆成括见杀,门人问曰:"夫子何以知<u>其将见杀</u>?"(《孟子·尽心下》)

(12)吴,周之胄裔也,而弃在海滨,不予姬通。今儿始大,比于诸华,光又甚文,将自同于先王。不知天将以<u>为虐</u>乎,使剪丧吴国而封大异姓乎? 其抑亦将卒以祚吴乎? 其终不远矣。(《左传·昭公·昭公三十年》)

(13)孔子曰:"<u>禄之去公室</u>五世矣,<u>政逮于大夫</u>四世矣,故夫三桓之子孙微矣。"(《论语·季氏篇》)

如例(11)所示,从"孟子曰:'死矣盆成括!'"来看,"盆成括将见杀"对于孟子来说是已知信息,但其"门人"认为可及度低,所以用"之"字结构"其将见杀"来提高指别度。又如例(12)所示,正是因为说话人认为"天将以为虐"的可及度高,所以只使用主谓结构。再如例(13)所示,此句先指称"禄去公室"这一事件,尽管是已知信息,但因为说话人主观认定它的低可及度,所以加上"之"字来提高指别度。之后,在指称"政逮于大夫"这个事件时,由于它与之前的事件存在平行性和同类性,说话人推测其可及度不低,因此不再加"之"。

(三)"之"和"的"指别度提升功能的异同

结合上文论述,从"参照体"和"目标"的关联性来判断,"之"字用来指示的目标是直接的,因此可以径直用来提高目标的指别度,故可码化为[X＋(之＋Y)];而"的"字用来指示的目标是间接的,表现在它往往需要通过指示参照体来提高目标的指别度,因而可码化为[(X＋的)＋Y]。比如,为什么我们通常会说"白的衣服",而不会说"白之衣服"? 究其原因,现代汉语"白的"已经可以作为提高指别度的参照体,因而可以转指目标"衣冠",而古汉语中却缺乏类似的表达。也正是因为在"参照体—目标"构式中,动作的施事要比受事更适合充当目标动作的参照体,所以现代汉语中的"NP 的 VP"存在 NP作为施事远多于受事的现象,比如"敌人的出逃"和"这本书的出版"。其中,"的"字恰恰起到了提高参照体指别度的作用。至于沈家煊、完权(2009)所提出的,"的"字的指别功能要弱于"之"字,实际上也是源自二者指示对象的差异。例如：

> （14）子不我思，岂无他士？<u>狂童之狂也且</u>！（《诗经·褰裳》）
>
> →＊狂童的狂啊！
>
> →狂童这／那个狂啊！
>
> （15）红脸　红的脸　［沈家煊、完权（2009）用例，下同］
>
> →＊红通通脸　红通通的脸
>
> （16）三条鱼　＊三条的鱼
>
> 三斤鱼　三斤的鱼

如例（14）所示，因为"的"的指别功能偏弱，"狂童的狂啊"不能成立（用"＊"标示），所以在有需要时必须启用指别功能更强的"这"或"那"。又如例（15）所示，性质形容词"红"可加也可不加"的"字修饰名词"脸"；但状态形容词"红通通"在修饰"脸"时则必须加上"的"，原因就在于"A 的 N"实际上也是一种"参照体—目标"构式，它只不过是将事物的自身性质作为参照体用以指别目标事物。再如例（16）所示，"三条鱼"是用可数事物的"数"（三条）作为参照体，可及度高，所以不用加"的"；而"三斤鱼"是用它的"量"（三斤）作为参照体，可及度低，所以可以用"的"来提高指别度。

第二节　言者视角与听者视角

一、言者与听者的错位现象

日常语言生活中，为达成交流目的，说话人往往会虑及听话人感受而选择相应的说话方式，但这种"虑及"又无时无刻不受到说话人在语言中"自我印记"的干扰，从而导致"相应的说话方式"并不那么"相应"，其结果是说话人与听话人之间的理解错位。例如：

> （1）甲：小孩睡觉磨牙，你怎么<u>看</u>？［张伯江（2016）用例］
>
> 乙：聚精会神地<u>看</u>！

张伯江（2016）就"言者与听者错位"展开了有针对性的研究，梳理了十种错位类型及其表征,简述如下。

(一)实指与虚指的错位

名词性成分理解错位的根本原因在于实指和虚指的对立。例如:

> (2)老板:"先生买花么?"[张伯江(2016)用例]
>
> 　　我:"买花干什么啊?"
>
> 　　老板:"买花送女朋友啊!"
>
> 　　我:"哦,买多少花能送个女朋友啊?"

如例(2)所示,这里"老板"和"我"作为言者和听者的理解错位发生在名词短语"女朋友"的实指和虚指的对立上。"我"的现状是没有"女朋友(虚指)",因此最大心愿是找个"女朋友(虚指)"。而对于"老板"来说,"我"是有"女朋友(实指)"的,自然愿意"我"买花送"女朋友(实指)"。

(二)论元关系与话题关系的错位

汉语"话题—说明"结构允许多种语义关系的存在,但其中的一些句子常常被听者当作论元结构来理解,从而造成理解的错位。例如:

> (3)在家里,我对儿媳像闺女一样,儿媳对我也像亲妈一样。
> [张伯江(2016)用例,下同]
>
> 　　(4)在家里,我对儿媳像亲妈一样,儿媳对我也像闺女一样。

如例(3)和例(4)所示,两句中的"儿媳""亲妈"换位后,非但句法合格,意思也丝毫不变,都体现了"我"与"儿媳"的和睦关系。张伯江从论元与话题结构的理解错位进行了解释,指出"我对儿媳像闺女一样"相当于"[我对儿媳]topic[像闺女]comment",言者使用的是话题结构;"我对儿媳像亲妈一样"相当于"[我]Subject[(对儿媳)像亲妈]Predicate",这是从论元结构出发的理解。

(三)条件与叙实的错位

由于汉语的假设条件复句通常无显性标志,因此如若不知晓话语发生时的语言情景,就很难将"东风不与周郎便,铜雀春深锁二乔"中的前一句作为假设条件句。但事实上,当代报刊中已存在将这一句作为现实否定引语的实例。例如：

（5）"东风不与周郎便"，虽然东部球队的整体水平不如西部，但有了凯尔特人，有了活塞，西部要想拿到总冠军并不容易。（《扬州晚报》2008 年 10 月 28 日）

（6）东风不与周郎便，广州车展也带不旺低迷车市。（《东莞时报》2011 年 11 月 23 日）

如例（5）和例（6）所示，上述两个复句中，"东风不与周郎便"只是条件，而非叙实。一旦这样的条件与叙实发生混淆，那么带来的就必定是言者与听者的理解错位。例如：

（7）男朋友："我想有个女儿。"［张伯江（2016）用例，下同］
　　女朋友："我们结婚吧！"
（8）男朋友："我想有个女儿。"
　　女朋友："爸爸！"

比较例（7）和例（8），虽然例（8）中"女朋友"的回答出人意料，但这恰恰反映了"女朋友"直接叙实的思路，她只不过是忽略了"结婚"是"有个女儿"的前提条件。

（四）行域与知域的错位

某个特定语言现象在行域中的理解体现的是物理世界的因果推理，在知域中的理解体现的是心理世界的回溯推理。例如：

（9）香港与内地是命运共同体。"香港乱了，大家一起买单"，而"大河有水小河满，小河有水大河满"。一损俱损，一荣俱荣。（《人民日报》2017 年 7 月 1 日）

如例（9）所示，从常理而言，一般是小河中的水流入大河，大河才满。因此，句中的"大河有水小河满"体现的是言者基于知域的回溯推理；"小河有水大河满"体现的是言者基于行域的因果推理。

(五)行域与言域的错位

言域是指言者的某种"言语行为",除了常见的提问和命令,还有请求、建议、许诺、提醒、断言等等(沈家煊,2003)。汉语中的一些转折复句,只有在言域内才能理解。例如:

> (10)他们的车破,又不敢"拉晚儿",所以只能早早地出车,希望能从清晨转到午后三四点钟,拉出"车份儿"和自己的嚼谷。他们的车破,跑得慢,所以得多走路,少要钱。到瓜市,果市,菜市,去拉货物,都是他们;钱少,可是无须快跑呢。(老舍《骆驼祥子》)

如例(10)所示,"钱少"按事理本就"无须快跑",但这里却用"可是"明示前后逆转,看似矛盾。然而从言域理解来分析,上下文显示这个"钱少"的损失是"别人"认定的,是言者基于听者视角的表达;而"可是无须快跑"的得益是"本人"认定的,是言者基于自身视角的表达。这种言域的转折,实际上隐含了"虽说 X,但我认为 Y"的意义。

(六)句法与修辞的错位

当非修辞性说法被错误理解成修辞性表达时,即会产生理解的错位。例如:

> (11)当时,临到休假和被批准回家的同志,都马上放弃了休假和回家的打算。有的同志问道:"怎么? 组织上已经批准了,为什么又不走呢?"回答是有趣的:"咋了,我又不是瞎子,你们去打仗,让我回家去看个人的小家庭?"(《人民日报》1954 年 8 月 15 日)

如例(11)所示,其中的"怎么"是事实上"有的同志"对"放弃了休假和回家的打算"的疑问,是常规句法语义的体现,所以使用的是疑问句。但就听者而言,这个"怎么"更像是修辞用法的反问,所以又引出了"咋了"的反问,从而导致"回答是有趣的"。

(七)言者与听者关注焦点的错位

关于言者与听者的错位,双方注意的焦点也是造成此类想象的因素之

一．例如：

(12)（看到一个小男孩在拼命吃巧克力）我："小朋友,巧克力多吃对身体不好!"[张伯江(2016)用例,下同]

小男孩："我太爷爷今年103岁了,你知道为什么吗?"

我："为什么? 因为吃巧克力?"

小男孩："他从不管闲事!"

(13)在一棵树上看到有人张贴了一张寻狗启事："这是一张我们走丢了的<u>狗狗的照片</u>,假如您看见它,请给我们来电!"

于是我打电话过去说："我看见你们走丢了的<u>狗狗的照片</u>了!"

例(12)和例(13)都发生了理解错位。首先看例(12),"我"的话语命题的关注焦点是"巧克力多吃对身体不好"的后果,而"小男孩"关注的焦点却是"我"言语行为本身的"管闲事"。再来看例(13),虽说有故意捣乱的嫌疑,但至少"我"的关注焦点符合"定中结构的中心语优先被回指"的句法原则,这其实也反映了对于"狗主人"来说,"狗狗"的生命是高可及度的,而对于"我"来说,"狗狗的照片"是高指别度的。

（八）主观大量和主观小量的错位

当语言的主观性表现在量范畴上时,听者和言者的理解错位往往表现在超出实际度量的主观大量和主观小量现象。例如：

(14)爸爸刚到家,看到儿子的成绩单,十分生气,上来就是一耳光。儿子自知理亏,不敢说什么,心想,赶紧让爸爸去吃饭,就说："爸爸,你<u>没吃饭</u>吧?"爸爸一听更生气了,啪啪又是两个耳光："你小子,嫌我<u>没吃饭</u>打得轻了,是吧?"[张伯江(2016)用例]

如例(14)所示,"没吃饭"在"儿子"的理解中是"主观大量",他试图用此举转移"爸爸"的注意力。但对于"爸爸"而言,"没吃饭"是"儿子"用来挪揄他"打得轻",因此是"主观小量"。

（九）话题和焦点的错位

根据话题一般是已知信息、焦点通常是新信息的特点,从汉语话题和说明都是体词性的角度出发,同样一个体词性成分,在话语中有可能是话题,也有可能是焦点,二者的错位因此在一定程度上是不可避免的。例如:

(15)甲:"以前有两个人,一个叫'我爱你',另一个叫'我不爱你'。突然有一天'我不爱你'死了,那剩下的一个叫什么?"
乙:"幸存者啊,笨蛋!"[张伯江(2016)用例]

如例(15)所示,言者是以"'我不爱你'死了,'我爱你'剩下"作为"话题—说明",因此把"我爱你"空出等待听者的回复。然而,听者却是把"'我不爱你'死了,'我爱你'剩下"整体作为一个话题,然后做出"幸存者"的回答。简单来说,言者期待的答案是一个对比焦点,而听者的回答是一个自然焦点。

(十)评论和报道的错位

"评论"和"报道"是语言的主要基本功能。从现实口语语料的统计结果来看,绝大多数句子是用来描述状态和表达态度的,体现了语言功能的"评论性"要强于"报道性"。即便如此,我们也不能否认这两种功能存在一定的共存性。以此再来分析例(1)。

(1)甲:小孩睡觉磨牙,你怎么看?[张伯江(2016)用例]
乙:聚精会神地看!

"甲"所问的"你怎么看"中的"看"字,表达"观察并加以判断"的评论义;而"乙"只是以报道的方式直接回答了"甲"的问题,讲述了自己的行为事实。张伯江指出,这并不只是"看"字存在不同义项的问题,其实质是折射出主观评论与客观报道的两个侧面。

二、错位现象的倾向性解析

在梳理以上导致理解错位十个因素的基础上,张伯江(2016)就错位的跨时空性、过程性和倾向性等做出进一步阐述,可概括如下。

(一)理解错位的跨时空性

在认知构式语法理论框架内,我们经常会用到"言者与听者""说话人与听话人""编码者与解码者"这些概念来描写交际双方,而这些概念之间的差别往往会被我们忽略。张伯江(2016)因此指出,所谓言者和听者,不局限于狭义现场对话中的说听双方,也包括跨时空的语言编码与解码,比如书面形式与读者,体现的是语言出发者和接受者的关系;成语、俗语从说话人一时一地的说话意图,发展为后人解读时的因时制宜、因地制宜。因此,言者与听者的理解错位归根结底是解码者对编码者的误读。本书认为,恰恰是这种"不经意"或者"经意"的误读导致了相关构式的延伸与变异,这体现的是语言的进化。关于这一点,我们将在第十一章中结合流体构式语法的"语言进化论"观点(the evolution dynamics of language)具体展开,这里不再展开。

(二)理解错位的过程性

理解错位从本质上来说,是言者与听者在交际过程中遇到的障碍。有些错位理解可以在交际现场通过言者与听者的进一步沟通而被忽略;有些错位理解却因为其自带的诙谐幽默符合人类认知的"向好"倾向而被广泛复制与推广。比如,郭德纲在相声中时常调侃其搭档于谦的三大所谓"爱好"(抽烟、喝酒、烫头),从目前的网络搜索结果来看,"三大爱好"基本已成为"于谦"的代名词。

(三)理解错位的倾向性

张伯江(2016)认可,理解错位具有倾向性,但他也认为这种倾向性不是绝对的。借鉴吕叔湘(1979:103)关于语言解码过程的分析:听人说话,听了一个词,根据他的语法和词汇知识预期底下可能是一个什么词,也许猜对了,也许猜错了,一个个词顺次猜下去,猜测的范围逐步缩小,猜对的机会逐步加多,最后全对了,就叫作听懂了。听完了还不完全懂,这种情况也常见,多半是因为说话的人说得不周到。在此基础上,张伯江又从语用倾向角度明晰了编码者在"句法—语义"接口的构式选择(比如,选用"话题—说明"结构,选择实指还是虚指),凸显了理据的层级性。以上可总结为:一般来说,编码者难免根据说话当时的情境赋予自己想说的内容一定的主观性,因而倾向于采用更适合表达主观意义的形式;而解码者通常以捕捉信息为首要目的,因此会倾向于优先选用偏于客观表述的事件结构予以理解。比如,当说话人采取具有强主观性的"话题—说明"结构时,听话人会选用客观事件结构的"施—动—受"去理解。

第三节 同语式的复句编码与语用倾向

一、同语式的语块变量与复句构式的原型辨析

从之前所谈及的计算机"面向对象"的编程设计理念来看,现代汉语同语式的语块替换主要表现在"X 是 X"中 X 的成分变量。本书发现,这样的变量结合同语小句的类型频率,可以析出与之相对应的复句构式原型。

(一)同语式的语块变量

现代汉语同语式"X 是 X",因为"是"字前后的 X 同形且同义,且在句法上具有非自足性的特点,一直以来都是汉语研究的热点,前期已在两个方面形成了共识:第一,明确了需要将同语式与判断句区别对待。比如,陈望道(1976)把此类结构归入"复叠"修辞格的"警策辞";吕叔湘(1942)提出"同语"概念;张弓(1963)将其定义为"同语式"。第二,明确了同语式在"句法—语义"接口的多样性。比如,吴硕官(1985)根据此类结构特点,提取了"N 是 N"所蕴含的三种意义;邵敬敏(1986)梳理和归纳了同语式的五种变式。诸如此类的成果很多,在此不一一列举。需要指出的是,同语式"X 是 X"中的 X 情况复杂,既可以是体词性成分的名词、代词、数词、数量短语、"的"短语、定中短语、同位短语等,也可以是谓词性成分的动词、形容词、述宾短语、状中短语、述补短语、主谓短语等。为更好地分析"X 是 X"中 X 变量所蕴含的同语式原型特征,本书根据《现代汉语词典》(第 7 版)关于"是"字义项5"前后用相同的名词或动词……"和义项6"在上半句里'是'前后用相同的名词、形容词或动词……"的释义,重点选取 X 为汉语名词、动词、形容词三大词类的同语式,通过 BCC 现代汉语语料库文学库进行语料检索,发现 X 的名词、动词、形容词出现频率与同语小句的组配分布存在一定关联。例如:

(1)脑袋发蒙,好像里面全是糨糊,而且是干了的糨糊,一点儿画感也没有,脑子是脑子,手是手,画布是画布,连不到一块儿去。(裘山山《打平伙》)

(2)尼龙是尼龙,麻是麻,各有长短。(井上靖《井壁》)

(3)爱是爱,你感到想爱的时候就爱。(王金玲译,欧文·华莱

士《三海妖》）

（4）单调是单调，至少还有点朴素的文雅。（张恨水《长恨歌》）

如例（1）—例（4）所示，当同语小句由两个或两个以上同语式组配而成时，"X是X"中X为名词性成分的情况居多；当同语小句只由一个同语式充当时，X为谓词性成分的情况居多。这说明在同语式组配语块缺省的情况下，动词的离散性语义特征和形容词的弥散性语义特征容易被激活。以此析出同语式的原型特征：第一，虑及"是"字仍然是一个动词，在其前后使用名词的"N是N"是同语式的原型成员；第二，从X存在词类替换的现象出发，X凸显的是其指称义，在同语式中虽然前后同形但不同指，比如例（1）中的"脑子是脑子"，结合上下文分析，前面的"脑子"指称说话人的"头脑"（所指），后面的"脑子"指称"进行思维活动的大脑"（能指），同语式的原型义因此可概括为"强调某个特定对象（可以是客体、事件或性质）的属性意义"。

（二）同语小句的类型频率

从语料统计的结果来看，同语复句构式中两个及以上同语式组配作小句的出现频率要高于单独出现做小句的情况，比例达到了1.5∶1（参见表8-1），这说明同语式连用的小句组配是具有原型性的。吕叔湘（1980）将"是"字前后使用相同词语的情况分为六类。例如：

（5）我哥是我哥，我是我，两码事儿。[《现代汉语八百词》（增订本），下同]

（6）他演得真好，眼神儿是眼神儿，身段儿是身段儿，做派是做派。

（7）事实总是事实，那是否认不了的。

（8）亲戚是亲戚，可是原则不能不讲。

（9）你呀，心是好心，就是话说得过头了些。

（10）走一步是一步，慢慢来。

根据《现代汉语八百词》（增订本）对同语小句的释义，例（5）中的两个同语式对举，强调二者不同，不可混为一谈；例（6）中的同语式三个连用，表示"地道、不含糊"；例（7）中的同语式单用，强调事物的客观性；例（8）中的同语式单用，表示让步，有"虽然"的意思。在此基础上本书认为，例（9）中的同语式实际上是例（4）同语式的扩展形式（中心部分相同），同样表示让步；例（10）

中同语式的 X 是数量词,前加动词,虽然表示了"不能勉强"或"稳扎稳打"之意,但实际强调的还是事件属性,因此可被视作例(7)中同语式的扩展形式。据此,本书将就做依附性小句的、非扩展形式的四类同语小句及其复句构式展开后续讨论。

结合同语式"X 是 X"中 X 词类变量的分析结果,不同类型的同语小句在复句中的出现频率和同语式中 X 名词、动词、形容词的出现频率存在明显的梯次分布。根据认知构式语法通过类型频率的"统计优选"(statistical preemption)析出构式原型的观点(Goldberg,2006:91),在北京语言大学现代汉语语料库(BCC)文学库检索到的 87 例同语复句构式中,"N 是 N"连用小句的类型频率最高,同语连用小句因而可被视作同语小句范畴的原型成员,具体如表 8-1 所示。

表 8-1　同语小句的出现频率与 X 的词类出现频率

类型	频率			
	N 是 N/例	V 是 V/例	A 是 A/例	合计/例
同语连用小句	22	9	1	32
同语对举小句	14	6	1	21
同语单用小句(表强调)	7	11	0	18
同语单用小句(表让步)	2	6	8	16
总计	45	28	14	87

对此,本书将后续展开讨论的四个同语复句构式分别标示为同语连用复句(A 式)、同语对举复句(B 式)、同语单用表强调复句(C 式)和同语单用表让步复句(D 式)。

二、同语小句的形义变量与复句构式的子类分布

同语小句在表层形式的可视变量分为两种情况:一是语块移位,表现为小句在复句的中间位置,比如例(1);后续位置,比如例(6);起始位置,比如例(2)。二是语块缺省,表现为 A 式允许两个及以上的同语式组配;而 B 式只允许两个同语式组配;C 式和 D 式则只由一个同语式单列组配。本书认为,根据沈家煊(2019:236)提出的汉语复句的递系组配类似动画制作原理的特点,同语复句构式中同语小句的移位现象在某种程度上是一种"假移位,真缺省",反映了汉语复句"起承"过程的侧重点变化。

(一)A 式——同语连用复句

A 式中的同语小句,既可以位于复句的中间位置,也可以位于后续位置;同语式既可以是两两连用,也可以根据需要在线延长;连用"X 是 X"中的不同 X 往往是同一范畴中的不同成员,且基本上为名词性成分。例如:

(11)曲府也就成了现在的曲府,老爷是老爷,少爷是少爷,白玉兰迎着每个春天的呼唤开放。(张炜《你在高原》)

→? 老爷是老爷,少爷是少爷,白玉兰迎着每个春天的呼唤开放。

→曲府也就成了现在的曲府,白玉兰迎着每个春天的呼唤开放。

(12)你想吃什么就有什么,四川味儿是四川味儿,广东味儿是广东味儿,北京味儿是北京味儿。[《现代汉语八百词》(增订本)]

→想吃什么就有什么,四川味儿是四川味儿,广东味儿是广东味儿,北京味儿是北京味儿,山东味儿是山东味儿……

→*你想吃什么就有什么,四川味儿是四川味儿。

如例(11)中的"曲府也就成了现在的曲府"所示,A 式通常由一个断言"起",表达了说话人对某个事件状态的主观判断,断言一旦缺失,复句就不能成立;同语式连用出现在复句的中间位置,用作"承",是对断言所表达命题的补充评述,因此即便省略,也不会影响听话人对上下文的理解。又如例(12)所示,A 式中的同语小句必须由两个或两个以上的同语式组配而成,凸显了汉语格式的重叠增量效应;由于"X 是 X"中的 X 是同一范畴的不同成员,同语小句体现了范畴成员的属性列举。需要注意的是,无论命题是真,比如例(11),或是非真,比如例(12),同语式的列举重叠都是为了起到提升复句命题真值性的作用。由此概括 A 式的构式义:由说话人主观判断引导的同语式列举补充的命题真值性提升评述。

(二)B 式——同语对举复句

B 式中的同语式两两对举,位于复句的起始位置;同语式"X 是 X"中的不同 X 也是同一范畴中的不同成员,仍以名词性成分居多。例如:

(13)戏剧是戏剧,舞蹈是舞蹈,那不是一回事的。(贾平四

《废都》）

（14）<u>一是一,二是二</u>,我问出口,你就得说,别犹豫。（曹禺《原野》）

（15）<u>玩是玩,笑是笑</u>,也得有个分寸,三妹妹新来乍到的,你让她想着咱们是什么样的人家?（张爱玲《金锁记》）

如例（13）—例（15）所示,虽然同样是出于说话人对某个事件状态的主观判断,但同语小句本身已成了一个新命题的引导小句,也就是复句的"起"。究其原因,由于组配数量缺省并固化为两个,同语式属性列举的增量效应消退,汉语对称性组合序列的选择效应被激活（沈家煊,2019:145）,同语小句浮现了"X是X"同一范畴的不同X的他比区别,命题的真值性凸显,导致同语小句列举补充的功能消退。从这个意义上来说,B式中的同语式编码是为了突出复句的命题真值。甚至,为了提高命题的真值程度,说话人在两个X的调用方面显现了范畴成员的相邻性与序列性。比如,例（13）中的"戏剧"与"舞蹈"本就是相辅相成的两种舞台艺术表现形式;例（14）中的"一"和"二"符合数词序列,因而甚至已固化为成语,意指"说话老老实实,不能含糊"。特别值得关注的是例（15）中的"玩"和"笑"。根据语料统计结果,能够进入B式同语式的谓词性X多为行为动词,这一方面说明行为的易区分性符合两两对举同语小句的能产性需要;另一方面,也体现了"因玩耍引起嬉笑"的序列性。由此概括B式的构式义:由说话人主观判断引发的同语式对举引导的命题真值性凸显评述。

（三）C式——同语单用表强调复句

同样位于复句的起始位置,C式中的同语式已可单列用作引导小句;同语式"X是X"中X为动词的出现频率虽然超过了X为名词的情况,却依然未见形容词的情况。例如:

（16）<u>命令是命令</u>,无法反抗。（老舍《四世同堂》）

（17）<u>打仗是打仗</u>,牺牲是不免的。（茅盾《锻炼》）

如例（16）和例（17）所示,同样是出于说话人对某个事件状态的主观判断,同语式与后续小句共同形成了一个新的命题。比如例（16）"命令是无法反抗的",例（17）"打仗是不免牺牲的"。由此看来,当同语式组配数量缺省至一个后,同语小句属性列举的增量效应与两两对举的选择效应都已消退,取而代之的是同语式自身对某个特定对象所指和能指属性一致的强调。复句整体成为命题的现象,说明它的编码目的就是保证命题真值,比如例(16)中的后续句"无法反抗",其实就是"命令"的典型内涵。以此反观 C 式中难以出现形容词的情况,其原因就在于形容词的极性语义特征使得其外延义与内涵义无限接近,其所指与能指并不存在强调属性一致的需要,所以也就没有了复句编码的要求。由此概括 C 式的构式义:由说话人主观判断引发的同语式单列引导的命题真值性评述。

(四)D 式——同语单用表让步复句

D 式在表层形式上也是由同语式在复句起始位置单列用作引导小句;同语式"X 是 X"中,X 为形容词的出现频率超过了名词和动词,说明同语式单列用于强调所指与能指一致性的功能已发生变异。例如:

(18)目标是目标,可能不能达到还要靠努力。(莫应丰《将军吟》)

(19)走是走,但不时的瞻望前途,只一片的无聊乏味。(冰心《冰心全集·第一卷》)

(20)高兴是高兴,可惜美中不足,像我们一样,都坐三等车。(张恨水《春明外史》)

形容词出现频率在 D 式同语式中大幅提高的现象说明,能够进入同语式的 X,其所指与能指的不一致性易被激活,所以即便是例(18)中的"目标",也属于抽象名词。又如例(19)和例(20)所示,虽然同样是出于说话人对某个事件状态的主观判断,"走是走"与"高兴是高兴"已带有明显的让步义,与后续小句构成转折关系,形成了一个新的命题。X 的外延义与内涵义发生偏移,比如例(20)中的"高兴"事件,其本质是一种非典型的"美中不足的高兴"。虽然与 C、D 两式都是同语小句的组配数量缺省至单个,但其中的同语式发生了较为明显的语义分化,即分别强调所指与能指的"一致"或"非一致";有别于 C 式的命题为真,D 式凸显了命题非真。由此概括 D 式的构式义:由说话人主观判断引发的同语式单列引导的命题非真值性评述。

(四)同语复句构式的"主从—平行"辐射状承继关联

从计算机编程"三个面向"的发展思路来看,之所以面向对象会延伸出面向接口的设计理念,就是因为对象的抽象可能蕴含了无穷量。基于汉语话题结构生成和理解的接口,不应是句法结构而应是语义内容的特点(吴义诚、杨小龙,2019)。本书根据陆俭明(2006)提出的由外往里或由里往外"句法—语义"接口研究的两种思路,认为汉语构式的承继网络呈现的是一种自上而下的"主从—平行"包含的辐射状关联。具体到同语复句构式,由于遵循了"前提→结论"的演绎推理(deductive reasoning)顺序,同语复句构式可被视为主从于顺序范畴的下位成员,具体如图 8-2 所示。

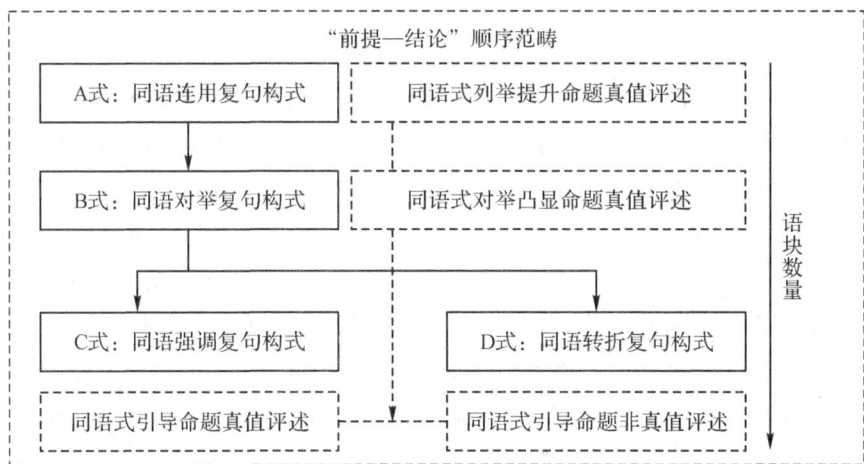

图 8-2 同语复句构式"主从—平行"辐射状关联

如图 8-2 所示,在"前提— 结论"顺序范畴的统辖下,A 式作为同语复句构式的原型成员,在语块缺省的变量下延伸出 B 式,B 式继而从语义分化的两个方向平行延伸出 C 式和 D 式。接下来需要解决的问题是,是怎样的动因激发了同语复句构式的辐射状延伸?

二、同语式的功能理据及其复句构式的语用心理

(一)同语式指别度的提升功能

从同语复句构式的实际出现情况来看,当说话人推测自己对某个特定事件状态的主观判断对于听话人而言可及度低时,就会采用同语式编码来提高指示强度。例如:

(21)李太太说:"我们都羡慕,只有你还维持着以前的气派,<u>胡</u>

琴是胡琴，嗓子是嗓子，一个家也整整齐齐的。"（亦舒《野孩子》）

（22）雷达笑问："你自己还嫌熄灯早？"姜道："说是说，做是做，两码事！"（濮见微《最远的距离》）

（23）是的，敌人是敌人，假若敌人能稍微有点人心人性，他们怎会制造战争呢？（老舍《四世同堂》）

（24）"我们准备，我们希望贵刊和我们共同主办这一盛会。"何必终于亮了本意。他目光炯炯地盯着李东宝和戈玲。须臾，戈玲开腔："好是好，可是……"（王朔《懵然无知》）

如例（21）所示，当说话人"李太太"推测关于"气派"的主观判断对于听话人来说可及度低时，就会通过同语式编码连用小句进行补充，以此来提高"气派"的指示强度。需要说明的是，由于在句法上 A 式中的同语小句可以省略，说明其中的"气派"在"以前的"的限定下，指别度还是较高的。又如例（22）所示，从对语内容来看，说话人"姜"推测言行不一的行为事件"嫌熄灯早"对于听话人"雷达"来说是可及度低的，于是选择同语式两两对比来凸显"说"与"做"的明显不同，以此提高此类行为事件是"两码事"的指示强度。从 B 式同语小句引导新命题且不可省略的特点来说，其中的事件状态指示强度较之 A 式有所降低。再来看例（23），C 式同语式中的"敌人"本身已成了指称对象，从说话人表肯定的"是的"来看，作为指称词语的"敌人"具有高可及度特征；说话人无法推测的，是他想凸显的"敌人没有人心人性"对于听话人而言，指别度是高还是低；编码同语复句的目的因此可被视作说话人指示听话人找到他主观认定的"敌人"的内涵；较之 B 式有明确的对比对象，C 式指称对象的指示范围可能无穷大，所以其指称事件状态的指别度更低。同理，如例（24）所示，D 式同语式中的事件状态"好"的性质本身也已成为指称对象，同样是说话人无法推测他想表达的"好"的程度对于听话人而言指别度是高还是低，所以编码同语复句来指示听话人找到他主观认定的事件状态"好"的程度。由此可以得出这样的判断：同语复句构式中同语式的语块缺省是随着指称对象指别度的降低而减少的；同语复句构式的原型性与指别度的高低呈"A 式＞B 式＞C/D 式"正向分布。

（二）同语复句构式的语用心理

通过对语料的随机统计发现，同语复句构式通常出现在冲突语境中，对它们的控制与调用体现了说话人在交涉情境中对交际另一方观点的在线反

馈,具体表现为一种"辩驳"的语用心理,即说话人提出理由或根据来推翻令其产生"不满意"态度的意见。例如:

（25）不该是这样的,我是我,他是他,两个人是完全独立的个体,毫无关系……（王京玲《边关守将》）

（26）窦尔敦道:"岂有此理,强宾不压主,尔敦岂敢僭越。""不,不不。"张铎道,"我说话向来算数……"窦尔敦道:"说是说,做是做,有道是无功受禄,寝食不安。窦某对宝寨毫无寸功,怎敢坐享其成?"（单田芳《连环套》）

（27）女人就是女人,永远和男人不同。谁若想反驳这道理,谁就是呆子。（古龙《小李飞刀》）

（28）"这生意划算吗?"青面兽杨志愣在那里。"划算是划算,可东西不在我手里呀。"（刘青云《我叫刘跃进》）

如例（25）—例（28）依次所示,A式是说话人推翻令其不满意的关于"不该是这样的"的观点;B式是"窦尔敦"推翻关于"僭越"的建议;C式是说话人推翻关于"男女相同"的认定;D式是"杨志"推翻关于"划算"的疑问。值得关注的是,虽然都是出自基于情境识解的"不满意"态度,"不满意"所激发的"辩驳"语用心理也是存在梯次序列的。其中,A式反映出的"不满意"程度最低,表现为同语小句用作插入语,说明说话人认为辩驳是"可以"起到作用的;B式反映出的"不满意"的程度次低,表现为复句突出了对比结果的客观性,从例（26）"怎敢坐享其成"的反问来看,说话人认为辩驳是"可能"起到作用的;C式和D式反映出的"不满意"程度较高,从例（27）"女人就是女人"中"是"字前可插入程度副词的现象来看,说话人认为辩驳是"不容"再被推翻的;从例（28）"可东西不在我手里呀"的转折来看,说话人认为辩驳是"无法"再被推翻的。据此,本书得出这样的观点:同语复句构式指别度高低的"A式＞B式＞C、D式"分布是说话人基于情境识解的"不满意"态度激发的,并通过"辩驳"的语用心理激活了同语复句的不同编码形式。如果以上的论述是符合逻辑的,那么,现代汉语同语式就可被视作一种"立场标记"（stance marker）,其主要功能是传递了说话人对命题的态度（石定栩,2020）。

第四节　本章小结

本章从厘清"可及度"和"指别度"的概念入手,辨析了汉语"之"和"的"在提高目标指别度上的耦合性;从言者和听者的理解错位出发,梳理了错位类型及其凸显的跨时空性、过程性和倾向性;从同语复句构式同语小句组配的语块变量入手,探究同语式的立场标记功能。

(一)与"NP 的 VP"相同,汉语"NP 之 VP"也是"参照体—目标"构式范畴的成员,其中的"之"字具有指示词性质,可归为"自指标记"。虽然与"的"一样,二者都是用来提高指称目标可及度的,但因为指称对象不同,"之"字的指称功能强于"的"字。有趣的是,加"之"不加"之",用"之"还是用"的",在历时层面反映出的是一个动态过程。沈家煊、完权(2009)发现,先秦汉语中之所以"NP 之 VP"被广泛使用,是因为"之"字(相当于用手指)能提高指别度,起到明确目标的作用。但随着"之"字使用的频繁化(产生了审美疲劳),以及受到语言经济性原则的影响,人们逐渐倾向于选择本就具有指称功能的主谓结构。接下来,由于审美疲劳和提高指别度需要的双重压制,人们选择采取新的手段来替代,"之"字因此消退,"的"字由此兴起。直至现代汉语中,"的"字的指示功能磨损厉害,虚化程度很高,表现为口语中常被"这""那"所替代。与此同时,书面语中"之"的出现频率又有所提高。在这里,不得不提到目前网络热"梗"之一的"迪士尼在逃公主""迪士尼在逃的公主""迪士尼在逃之公主",按上文观点,它们应该形成了"迪士尼在逃之公主>迪士尼在逃的公主>迪士尼在逃公主"的指别度强弱序列。那么,它们各自现于何种情境,由哪类语境予以支撑?体现了语言动态的何种变化?类似还有"你想过我心中羊驼吗""你想过我心中的羊驼吗""你想过我心中之羊驼吗",此类现象倒不失为接下来可以进行的研究。

(二)言者与听者的错位是一种语言现象,错位类型之间并没有明显的界限,如第二节第一部分中的例(14)所示,"儿子"理解中"没吃饭"的主观大量和"爸爸"以为"儿子"用"没吃饭"揶揄"打得轻"的主观小量的对立造成了父子的错位理解。但是其实这样的错位也可理解为张伯江(2016)所梳理的错位理解的第七种"言者与听者关注焦点的错位",即"儿子"关注的焦点是"父亲没吃饭","父亲"关注的焦点是"没吃饭引起的没力气"。当然,这样的错位也可归为第五类"知域与行域的错位",即可被视作父子二人推理方式的不同。由此看来,言者与听者的错位实际反映的是以语言主观性为最大化理据的解释作用,可以被视为一种方法论的假设。

(三)通过对现代汉语同语式"X 是 X"中 X 为名词、动词、形容词三大词类的语料检索与分析,发现词类替换与同语小句的组配形式存在相同梯次的分布序列,由此判定含"N 是 N"连用小句的复句是同语复句构式的原型成员。在"句法—语义"接口,虽然四个复句构式在同语小句编码方面存在语块缺省现象,但它们都体现了说话人主观上对命题的真值判断,以及因此触发的评述义。本书继而认为,现代汉语同语复句构式的编码动因在于说话人与听话人"互文见义"的事件状态的指别度提升需要,源自冲突语境中说话人"不满意"态度激发的辩驳语用心理。同语式因此可被视作说话人对于命题真值态度的立场标记。

第九章　面向切面与语境适切度

特定的句法形式下往往隐含着特定的语义结构,并体现了特定的语用功能。从语言是人类交际工具的本质出发,任何语言形式都应该是语用驱动的结果。吴为善(2016:162)提出了"语境适切度"这一概念,指某个特定构式所适用的某类特定语境。换句话说,就是说话人在什么样的语境下会调用什么样的构式来进行合适的表述,这是本书"面向切面"的思想基础与方法起源。具体而言,人们在从事各种社会活动时,针对不同对象、不同环境进行交际所形成的常用词汇、句式结构、修辞手段等一系列的语体分布差异影响着说话人对构式的控制;这样的对于客观社会的概念范畴化实际上是语言主观化的产物,体现了人类自然语言的主观性本质;一旦因人类主观世界与客观世界交流所促动的认知加工的"产品"固化,自然语言模因的类型迁移与语言构式的文化意象就会被激活,从而形成与语体特征的闭环。

在以上理解的基础上,本章将从构式句法语义的语体依赖、语义三角的语用映射和语言模因的社会语境三个方面展开论述:一是根据句法语义具有语体相对性的特点,将不同语体的结构要素与其句法表现相结合,探究篇章对汉语构式句法结构的制约;二是根据语言符号、概念及其客体的语义三角关系,将语义三角隐喻映射至语用域,探究言语行为与心理预期对汉语构式语用驱动的制约;三是根据语言模因形成过程与传播的特点,将语言模因形成的动态语境和宿主意愿相关联,探究汉语构式承载的社会文化意象。

第一节　句法语义与语体依赖

一、句法特征的语体分布差异

自 20 世纪 50 年代初以来,"篇章分析"(discourse analysis)因其以实际运用中的语言为研究对象,为人们了解语言现象本身提供了一个崭新角度而越来越受到国内外学界的重视。廖秋忠(1991)指出,由于篇章对句法结构形成的制约、篇章对句式和句式变体形成的制约等是功能语言学最为关注的问题,因此篇章研究成果应该有着广阔的应用前景,特别是在语言教学、信息处理和解决社会问题等方面,但其在理论构建与各种研究角度及其成果的综合和统合还须加强。方梅(2013)继而认为,深化有关篇章对句法结构制约的研究,将不同语体的结构要素与其句法表现相结合的考察是很有必要的。据此,本书将上述理念与研究思路延伸至受语体分布差异压制的构式句法特征。

(一)叙事语体对零形反指形式的语块压制

方梅(2013)的研究指出,句子的语体背景是母语者判定一个句子"能说"或者"不能说"的基础。例如:

(1)愣了半天了。[方梅(2013)用例,下同]
(2)＊愣了半天了,他问了句:"曹先生没说我什么?"
(3)愣了半天,他问了句:"曹先生没说我什么?"
(4)愣了半天了,你倒是说句痛快话啊!
(5)? 愣了半天,你倒是说句痛快话啊!

如例(1)所示,对汉语母语者来说,这样的表达是合理的;但当它出现在例(2)中时,表达的合理性就被削弱了(用"＊"标示),只有变为例(3)或例(4)才可接受。那为什么"愣了半天了"单可成句,进入复杂句后情况就会有所改变呢? 问题的关键就在于小句末的"了₂"。比较例(2)和例(3),以上两例都是叙事语体,前置小句的主语是零形式,与后置小句的主语"他"同指。作为汉语叙事语体的典型性修饰小句,零形反指形式用于提供时间、处所等背景信息,因而往往表现为依附性小句。作为依附性小句,一旦带上"了₂",小句的修饰性特征即会消失。这就是例(2)不能说而例(3)能说的原因所在。需要注意的是,像例(4)这样的表达实际包含了两个相对独立的表述,前置小句"愣了半天了"是叙述,后置小句"你倒是说句痛快话啊"是祈使,因此可以推断以上两个小句各自带有不同的语气,二者之间存在的并不是修饰与被修饰的关系,"愣了半天了"因此也不是依附性小句,所以带上"了₂"是可以接受的。同理,如例(5)所示,若是把依附性小句"了₁"的修饰特征与带有祈使语气的小句搭配,其结果也是比较难以接受的(用"?"标示)。由此可见,叙事语体所要求的小句修饰性压制了"了₂"小句成为依附性小句的可能性,在形式上表现为"了₂"的语块隐现。

(二)语气类型对情态类型的语体压制

从复杂述谓构式的角度出发,叙事语体的小句关系并不是逻辑关系。小句链既有可能是对立关系,也有可能是主次关系,主次关系还有可能是套叠交错的。因此,叙事语体中的条件关系不一定需要关联词语来显示。例如:

(6)病了,他舍不得钱去买药,自己硬挺着。[方梅(2013)用例,下同]

(7)? 确实病了,他舍不得钱去买药,自己硬挺着。

(8)甲:怎么说病就病了? 昨天好好的今天就病得起不来了?

　　乙:确实病了。他昨天就发低烧了,我没告诉你。

(9)他确实病了,但是他舍不得钱去买药,自己硬挺着。

如例(6)所示,第一个小句"病了"是表条件的依附性小句,其零形主语与第二个小句中的"他"同指。又如例(7)所示,由于"确实"是语气副词,小句一旦带上具有评注意义的"确实",就成了自足陈述句,比如例(8),其结果较难接受(用"?"标示)。在失去了对后续小句的依附后,组配小句也就失去了成链的必要性。再如例(9)所示,若是一定需要增加语气副词,那就必须添加主语和表对立关系的关联词语以明确小句间的关系。由此可见,语体的语气类型对不同的情态类型存在着压制与限制。

(三)说明类语篇排斥主观视角副词的篇章压制

典型的说明类语篇外化于交际场景,以书面语为载体的说明类语篇排斥体现主观视角的副词。例如:

(10)故宫也被称作紫禁城,建筑精美,布局统一。[方梅(2013)用例,下同]

(11)故宫也被称作紫禁城,建筑非常精美,布局完整统一。

(12)? 故宫也被称作紫禁城,建筑确实精美,布局完整统一。

(13)各位看到了吧,故宫的建设确实精美。

如例(10)和例(11)所示,说明类语篇不排斥添加程度副词"非常";但如例(12)所示,此类语篇排斥表评价意义的语气副词"确实";但又如例(13)所示,在互动交际模式下,"确实"又可被添加。究其原因,"确实"的评注义特点使其天然带有言者视角,互动交际模式激活了它基于言者视角的表达。

二、语义解读的语体依赖差异

沈家煊(2003)在复句三域"行、知、言"的论述中,特别提及行域义、知域义和言域义的解读通常需要以对话语体为条件。对此,方梅(2013)以"是"字句和连词"所以"为例,具体阐述了语义解读的语体依赖性。

(一)"是"字句的言域义解读

汉语"是"字句的基本意义是表等同关系(参见第八章第三节)。但在互动交际模式中,"是"字句表判断的用法隐退,表存在的用法浮现,用于提示言谈现场的具体事物。例如:

(14)这是词典,你查查不就知道了。[方梅(2013)用例]

如例(14)所示,"这是词典"虽然在形式上来说是判断句,但其实可归为一种言语行为句。这是因为在现场交际情况下,提示"词典"就相当于"我告诉你,这里有词典",属于"是"字句的言域用法。需要指出的是,这里"是"字的前面是指示词"这",因此具有不同于判断句的特点,具体表现为:一是"是"前不能受副词修饰;二是只有作为内嵌小句时,"是"字句才有可能被视作一般判断句。例如:

(15)这是笔,给你放这儿了啊。[方梅(2013)用例,下同]
(16)＊这才是笔,给你放这儿了啊。
(17)我知道这是词典。查了,可是没这个词。

比较例(15)与例(16),在缺少语境支撑的情况下,以副词修饰"是"字是不成立的;又如例(17)所示,在作为内嵌小句时,"这是词典"可被视作判断句。以上说明,不同于判断,此类"这是NP"更多体现的是一种指示用法,表现为"这＋定指名词"的部分归约性,而这种指示意义属于互动交际模式触发的浮现义,因而带有较为鲜明的语体依赖性。

(二)"所以"的行域义解读

再来看连词的语义解读对于语体的依赖性。"所以"的行域义是引出一个客观事理的后果,知域义是引出说话人推断的结果。例如:

(18)甲:(教练)老是那个心里嘀嘀咕咕的,运动员没法儿有信心。[方梅(2013)用例,下同]

乙:所以来了一个崇尚进攻的教练,至少在这个心气儿方面,自信心方面对国家队有很大提升。

(19)甲:你做的牛肉还有吗?

乙:有。

甲:给我拿点吧。

乙:这牛肉啊,跟别人家做的不一样。

甲:是,味道不一样。

……

甲:好吃。

乙:所以,赶紧给你去拿牛肉。

如例(18)所示,这里的"所以"引出的是言者的推断结果,这是言者基于"教练"对于听者高指别度的判断。甚至,如例(19)所示,"所以"也可仅仅用于言者提示自身的回应行为。在这个例子中,说话人"甲"提出"给我拿点吧"的请求后,说话人"乙"在几个话轮后使用了"所以"引出对于"甲"请求的回应,说明这个含有"所以"的话轮就是一个言语行为单位,即便省略"所以",命题意义也不会改变,这是"所以"的言域用法,其功能只是用来体现言者的"语力"(illocutionary force)。方梅(2013)对此的总结是,对话里的意义、功能连贯主要不是靠语义来判断的,应该把对话看成一种言语行为,从讲话行为的社会规范及言语行为的相关性来理解对话的连贯。由此概括连词的虚化动因,谈话的参与者要尽量使自己的言谈内容与对方的谈话内容具有意义上的关联性,或至少在形式上进行关联性包装,从而使其符合会话的合作原则。

第二节 语义语用与心理预期

说话人的发话动因之一是其自身的"反预期"心理状态。吴为善(2016:163)指出,反预期是客观事件或现象表现出来的状态违反了人们基于社会归约性认知的心理预期,从心理机制而言就是客观事件或现象表现出来的状态超过了人们基于社会归约性的"尺度"。在反预期语用驱动下,说话人会产生表达自己主观评述的冲动。

一、语义三角的语用映射

吴为善(2016:163)根据奥格登(Charles K. Ogden)和瑞恰慈(Ivor A. Richards)在1923年《意义的意义》中形成的"语义三角"原理,提出了"语用三角"概念。其中,"语义三角"代表了语言符号、概念与客体的生成关系,具体如图9-1所示。

概念(认知)

能指(词语)   所指(客体)

图9-1 语义三角(吴为善,2016:163)

根据图9-1所示,其中的"能指"代表"概念","概念"代表"所指",因此它们的生成关系是直接的,用实线显示;"能指"与"所指"之间不是直接生成关系,所以用虚线连接。由此看来,指称关系是"能指"与"概念"之间的关系,而非"能指"与"所指"之间的关系。"能指(词语)"和"所指(客体)"之间需要通过"概念(认知)"这个中介才能生成联系,这就必然会受制于人们的认知局限。由此可以解释为什么非鱼之哺乳类"鲸"会被称为"鲸鱼",那是因为在语言范畴化过程中,人们对"鲸"的认知在很大程度上是存在于大海中的"鱼类"。因为同样的原理演绎,当语义域的"语义三角"概括通过隐喻映射至语用域,就可以得到基于言语表述的"语用三角",具体如图9-2所示。

识解（认知）

能指（话语）　　　　　所指（事件）

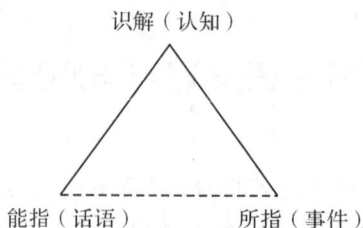

图 9-2　语用三角（吴为善，2016：163）

如图 9-2 所示，话语"能指"，事件"所指"，二者通过人们的"情境识解"（scenery construal）生成间接关联。在逻辑层面上，这是人们运用概念进行判断、推理的结果；在心理层面上，这是人们组配构式的视角、情感和认知。因为观察的视角、寄托的感情、属性的认识是因人而异的，所以人们对客观事件的表述本质上就是主观化的产物。

"语用三角"驱动的是说话人的言语行为。当代语用学研究认为，语言交际过程实际上是由一个接一个的言语行为构成的，每一个言语行为都体现了说话人的某种意图。正是出于这样的考虑，塞尔（John Searle）将使用语言的言外行为分为五个大类（何兆熊，2000）。在此基础上，吴为善进一步指出，这五个大类中的"阐述类"其实还可以细化，至少可细分为三类：第一类是"叙述"，是说话人对客观事件或现象的表述，叙述的是"事"；第二类是"论述"，是说话人对自然或社会事理的论证，论述的是"理"；第三类是"评述"，是说话人基于情境识解而表达的观点、态度、评价等。需要指出的是，虽然"叙述"和"论述"未必客观，但根据阐述类的"言外之目的"是使说话人对其所表述命题的真实性做出承诺的特点，以上两类言外行为的适从向表现为"话语→客观现实"。而对于评述类言外行为来说，它具有比前两类更加鲜明的主观性，基于日常经验心理预期的"尺度"是激发主观评述的语用依据。

主观评述的心理认知与语言的情态范畴密切相关，属于"认识情态"（epistemic modality）范畴。认识情态主观化的结果之一，就是产生了反预期表达构式群，至少包含以下三个子类：第一类，由非常态的匹配关系驱动，比如［都 NP 了，还 VP(否定)］构式的"都大学生了，还不会写作文"（参见第七章第三节）；第二类，由非常态的因果关系驱动，比如动词拷贝句［S＋VP₁＋VP₂］构式的"渔夫捕鱼捕到了古董"，在这个特定事件框架中，事件参与者"渔夫"（施事）的行为与事件产生的结果状态"捕到了古董"的搭配明显不合理，是说话人对事件参与者行为和产生结果状态与自己心理预期不符的评述；第三类，非常态的事理关系，比如［大 N₁ 的＋V 什么 N？］构式"大冷天的吃什么冰激凌",其中的"大 N_1"为时间词,表肯定的语气词"的"用来确定"大 N_1"的时间背景;"什么"为否定义用法,体现了构式"V 什么 N?"语块的语用否定与反诘功能。

二、有限小量的语用含义

类似这样的反预期语块组配在现代汉语中普遍存在。接下来,本书将就"能性否定＋疑问代词"组配的主观小量评述展开具体论述。吴为善、顾鸣镝(2014)关于"能性否定＋疑问代词"组配特征的描写是:能性否定指某些"V不 C"形式;疑问代词选择"什么""哪里""多少""多久",主要是后置于动词的"虚指"用法;"主观小量评述"是会话含义的概括,是语义层面的"有限小量"在语用层面的映射。

(一)主观小量评述的构式分类

现代汉语能性述补结构是述补结构的可能式,通常表现为在"动结式"中插入能性标记"得"或"不",本书将其中否定形式"V 不 C"称为"能性否定"。现代汉语的典型疑问代词有"谁""什么""哪里""多少""多久""怎么样"等。其中,"谁"用来指代述人对象(专名或有定的人),"怎么样"用来指代谓词性成分(行为或状态),它们与一般事物的量范畴没有直接关联;"哪里"指空间,"多久"指时间,"什么"指物类,"多少"指数量,它们的所指对象既可以是个体的,也可以是类指的,因此都蕴含"量"的范畴;除了承担疑问功能外,疑问代词还有非疑问用法,主要是"任指"(某一范畴集合的全体成员)和"虚指"(某一范畴集合中的某些不确定成员)。依据如上界定与相关语料的甄别结果,本书选择四类"能性否定＋疑问代词"构式作为研究对象:第一类是表有限空间量的"V 不到哪里去",比如"跑不到哪里去";第二类是表有限时间量的"V不了多久",比如"爬不了多久";第三类是表有限物类量的"V 不了什么",比如"买不了什么(东西)";第四类是表有限数量的"V 不了多少",比如"吃不了多少(饭)"。其中,第三、四类构式后边都可能出现 N,比如"东西"和"饭",虑及在一定条件下其中的 N 可以前移或省略,且不影响句法格式。因此本书主要描写后边不出现 N 的结构形式。语料统计结果表明,尽管上述四式都能表示"主观小量评述"的会话含义,但"哪里""多久""什么""多少"所指范畴不同,允许进入的动词也不尽相同,因此导致构式与构式之间在"句法—语义"接口上存在差异。

第一类，表有限空间量——"V不到哪里去"。其中，"哪里"作为疑问代词，指向空间范畴；"哪里"是虚指用法，后置于"V不到"，带趋向词"去"，表示话语主体行为能及的空间范围有限，这明显是一种主观小量评述。为了与空间范畴相匹配，能够进入该构式的动词主要是位移动词。例如：

（1）会很快查出作案者的，他跑不到哪里去。（王朔《人莫予毒》）

（2）那只鸟已经受伤了，飞不到哪里去的。［吴为善、顾鸣镝（2014）用例，下同］

（3）县城就这么大，搬来搬去，也搬不到哪里去。

（4）这条河不宽，仔细查找，那筏子漂不到哪里去的。

如例（1）—例（4）依次所示，示例中的"跑""飞""搬""漂"都是位移动词，表明说话人认定话语主体（人或物）能移动所及的空间范围有限。

第二类，表有限时间量——"V不了多久"。其中，"多久"作为疑问代词，指向时间范畴；"多久"是虚指用法，后置于"V不了"，表示话语主体的动作或状态能延续的时间有限；为了与时间范畴相匹配，能够进入该构式的动词一般都具有［＋持续］的语义特征。例如：

（5）别着急，他不习惯爬山，爬不了多久的，我们就坐在这儿等他回来。［吴为善、顾鸣镝（2014）用例］

（6）这把砍刀已经卷口，砍不了多久了，你另带一把新刀去。（吴为善、顾鸣镝2014用例）

（7）众人也都看得出来，如果风雪持续下去，他们可能撑不了多久了。（邓嘉宛译，约翰·罗纳德·瑞尔·托尔金《魔戒》）

（8）你们这里环境、待遇太差，大学毕业分配来的教师肯定不满意，就是来了也待不了多久的。［吴为善、顾鸣镝（2014）用例］

如例（5）—例（8）依次所示，示例中的"爬""砍""撑""待"都有［＋持续］的语义特征，前两个指动作，后两个指状态，表明说话人认定话语主体（人或物）的动作或状态能延续的时间有限。

第三类，表有限物类量——"V不了什么"。其中，"什么"作为疑问代词，指向物类（实体类）范畴；"什么"是虚指用法，后置于"V不了"，表示行为动作所涉及的实体类别有限；为了与物类范畴相匹配，能进入该构式的动词一般是能带受事宾语的及物动词。例如：

　　(9)我们知道这点钱<u>买不了什么</u>，只表示我们的一点心意吧！（《人民日报》1995年1月）

　　(10)这个地区山上石多土少，实在<u>种不了什么</u>，一眼望去只有稀稀拉拉的一些竹子。〔吴为善、顾鸣镝(2014)用例〕

　　(11)那时候的小学很简陋，老师也是临时拉来的，小孩<u>学不了什么</u>，听大人说也记不了什么。（陈志强《北京话调查资料》）

　　(12)乔家今天大难临头，我一个妇道人家<u>做不了什么</u>，我能做的就是尽人事，乔家到底能不能得救，那就看天意了！（朱秀海《乔家大院》）

　　如例(9)—例(12)依次所示，示例中的"买""种""学""记""做"都是及物性的行为动作动词，表明说话人认定话语主体的行为动作所支配的实体类别有限。

　　第四类，表有限数量——"V不了多少"。其中，"多少"作为疑问代词，直接标示表真值义的数量，是具有原型义的、纯粹的量范畴，与"空间""时间""物类"等范畴相比，语义更抽象；"多少"是虚指用法，后置于"V不了"，表示行为动作所涉及的实体数量有限；为了与数量范畴相匹配，能够进入该构式的动词一般也都是能带受事宾语的及物动词。例如：

　　(13)我老了，<u>吃不了多少</u>，昨天晚上打的饭我剩下一半，今天够吃了。（胡殷红《"黄手帕"火焰般跳动》）

　　(14)实话说，酒量不大，<u>喝不了多少</u>，没办法，喝不了硬灌！〔吴为善、顾鸣镝(2014)用例〕

　　(15)指头呆板死滞，失去了应有的灵活，<u>写不了多少</u>，就要搁笔舒指。（《人民日报》1981年10月11日）

　　(16)这样就引来很多信件、稿件、书籍，叫我看。我又<u>看不了多少</u>，就得罪人。（孙犁《致铁凝》）

　　如例(13)—例(16)依次所示，示例中的"吃""喝""写""看"都是及物性的动作动词，表示说话人认定话语主体的行为动作所支配的实体数量有限。其中，例(13)指饭量，例(14)指酒量，例(15)指写作的文字量，例(16)指所翻看

197

的内容量。

从以上的实例描写中可以发现,"能性否定＋疑问代词"组配构式在话语功能上的共同点在于都能表示"主观小量评述",透视出说话人的"主观评述"言语行为,以及"有限小量"的语用映射。

(二)有限小量含义的语用映射

根据本章上节关于"阐述类"言语行为的子类细分,"能性否定＋疑问代词"的组配形式是一种主观评述性的言语行为。原因有二:

第一,组配形式中的"能性否定"可以码化为[V 不 C],其中的否定标记是"不"。根据学界前期研究,在会话含义中,"没"倾向于表客观陈述,"不"倾向于表主观意愿,这是两者在语用上的一种对立。例如:

(17)不知什么原因,他没来。[吴为善、顾鸣镝(2014)用例,下同]

(18)对这门课不感兴趣,他不来。

(19)对这门课不感兴趣,我不去。

例(17)只是一个客观陈述,陈述"他没来"这个事实,通常使用第三人称"他";而例(18)体现的是"他"的主观意愿,是说话人知道"他不来"的主观意愿而代为转述的话语;例(19)由"他"自己表述,使用的是第一人称,这样的主观意愿表现得更为直接。需要指出的是,"不"表主观性的特征在不同的话语形式中都有表现,在本书讨论的"能性否定(V 不 C)＋疑问代词"组配中,"不"不是直接陈述话语主体的主观意愿,而是表明说话人对某种事件或状态所涉及的"量"大小可能性的主观认定,"V 不 C"因此可被视作话语"主观性"的有标记形式。

第二,组配形式的话语功能是说话人对某种事件或状态可能性的主观评述,这就导致说话人往往会在话语中提示一定的理由,这是评述性话语的语境特征之一。比如上文中的例(1),因为很快会破案,所以"他跑不到哪里去";例(5)因为他不习惯爬山,所以"爬不了多久";例(9)因为只有这点钱,所以"买不了什么";例(13)因为人老了,所以"吃不了多少";说话人都选择了因果关系的复句形式或蕴含因果关系的表达式。值得关注的是,能性否定"V不 C"是语用"回溯推理"的结果,即人们从"结果没有实现"推导出"结果不可能实现"。因此,"回溯推理"得出的结论不一定为真,只是"很可能"为真,所以可以在特定的上下文或语境中被消除。本书认为,这种可以被消除的"很可能"为真的结论恰恰体现了说话人评述的"主观性"。例如：

（20）我原以为他初来乍到，人生地疏的，逛不到哪里去的，没想到他竟然逛到他舅舅家去了。［吴为善、顾鸣镝（2014）用例，下同］

（21）大家都说老张水性不好，游不了多久的，就在岸上等着，不过出人意料的是，过了好久发现他还在水里呢。

（22）如六十多岁的王果仙老太太，眼睛发花，干不了什么，但在托儿所里当保姆却很能行。（《人民日报》1952 年 6 月 3 日）

（23）新产品价格贵了一点，估计也卖不了多少的，所以进得很少，可没料到几天下来就供不应求了。

如例（20）—例（23）依次所示，示例中的"没想到""不过出人意料""但""可没料到"引出的转折关系的后续信息证明说话人先前的判断有误，"很可能"为真的主观认定在语境中被消除了。而转折关系就是用来表达事实与说话人的主观预期不符的心理关系的。

"能性否定＋疑问代词"组配形式之所以能表达一种"有限小量"的主观评述，完全是语用功能驱动的后果，涉及"语序"和"预设"两个因素。根据学界前期研究，现代汉语中疑问代词有疑问和非疑问两种用法。当命题为肯定时，疑问代词可能是疑问用法，也可能是非疑问用法；当命题为否定时，疑问代词只能是非疑问用法。疑问代词的非疑问用法主要是"任指"和"虚指"，二者在句法分布上形成一种倾向性对立。例如：

（24）哪里都没去，在家里待着呢。［吴为善、顾鸣镝（2014）用例，下同］

（25）没去哪里，就在附近逛逛。

（26）什么都没说，只是笑了笑。

（27）没说什么，就问了问你的情况。

比较以上示例可以发现，例（24）中的"哪里"指任何地方；例（25）中的"哪里"指某些地方；例（26）中的"什么"指任何话语；例（27）中的"什么"指某些话语。由此可以得出这样的观点：疑问代词置于动词前为"任指"，指某一范畴集合中的全体成员，属于"全量"，比如例（24）和例（26）；疑问代词置于动词后为"虚指"，指某一范畴集合中的某些不确定成员，属于"部分量"，比如例（25）

和例(27)。根据陆丙甫(2005)的可别度领先原则辖制"周遍性成分前移"的现象,关于"如果其他条件相同,可别度越高的成分越倾向于前置"的论述来看,在"能性否定+疑问代词"的组配中,疑问代词表"任指"成分的属于整体性集合概念,可别度高,所以前移;疑问代词表"虚指"成分的属于部分性集合概念,可别度相对较低,所以后置。"能性否定+疑问代词"之所以能表示"有限小量"的含义,是语义层面"部分量"在语用层面的映射。

再者,评述性的言语行为最大的特点在于"有感而发"。换句话说,其发话动因需要有交际情境的激发,体现了说话人的某种"预设"(presupposition),也就是"心理预期"。事实上,在说话人选择使用"能性否定+疑问代词"的组配形式时,并没有否定话语主体具有施行某种行为或呈现某种状态的可能性。相反,说话人很肯定话语主体是具有这种可能性的。因此,说话人的心理预期是"S(某主体)能 V,但很有限"。例如:

（28)甲:听说她那家小店生意很红火,发啦![吴为善、顾鸣镝(2014)用例,下同]

乙:你别信,那家小店小本经营,薄利多销,赚也赚不到哪里去。

如例(28)所示,"甲"的话就是交际情境的激发因素,"乙"肯定小店主人能赚,但能赚的"量"有限。实际上,前文所举实例大都体现了类似的交际情境和说话人的发话诱因,比如,例(2)"飞不到哪里去"不是说鸟不能飞了,只是能飞的距离有限;例(6)"砍不了多久"不是说砍刀不能砍了,只是说能砍的时间有限;例(10)"种不了什么"不是说任何东西都不能种,只是能种的物类有限;例(14)"喝不了多少"不是说 S 不能喝,只是酒量有限。由此可见,说话人在选择使用"能性否定+疑问代词"的组配形式时,对 S(某主体)具有施行某种行为或呈现某种状态的可能性是肯定的,能性否定"V 不 C"否定的只是"全量",与后置于谓词表示"部分量"的疑问代词相呼应,于是产生了"有限小量"的语用含义。

第三节　语言模因与生态语境

人类语言认知加工的"产品"固化实际上是一个动态过程。一方面,表现为构式的形式相对稳定,构式义浮现,形义的可推测性不强;另一方面,表现为构式的语块组配相对灵活,部分能产性机制趋于活跃。需要解决的问题是,构式形成与变异甚至蜕变或消亡所表征信息的变化规律是什么?何自然(2017)结合社会生态环境中的汉语语用,分析了汉语语言的模因现象,希冀能够发现汉语话语形成与传播的规律。为此,他用实例分析了动态语境和语用手段触发的模因变异,以此来说明生态环境和模因宿主是汉语模因传播过程的两大要素。本书引入这一研究思路,目的是通过分析汉语构式形成的触发因素,为汉语构式语用机制的理据梳理寻求一条新的路径。

一、构式模因的语用驱动

语言模因的表现形式各有不同,形成与生存条件也不尽一致。何自然发现,其中一些语言形式所表征的信息,由于能够得到人们的广泛响应和配合,会通过不同的宿主在原表征基础上产出大量新形式或新内容,并被广泛地复制和传播,这样的语言形式因此成了"强势模因";反之,另外一些语言形式所表征的信息由于未能引起受众的注意而被忽略,或只是在开始阶段被初步表征,这样的语言形式因此成了"弱势模因"。语言模因强弱之分的根源之一在于语言形式所处的"公共领域的生态环境"(ecology of the public sphere)。

(一)语言与环境的相互作用和关系

语言信息之所以能够产生心理编码并被复制和传播,其主要原因之一是受到信息流传过程中的公共领域生态环境的影响。公共领域生态环境是指社会成员得以共享的空间,这个空间的重要一环是人们为生存而进行的接触、交际和交流中的话语。何自然(2017)认为,结合汉语模因来理解公共领域生态环境,就是有什么样的生态,就会激活什么样的心理联想,从而表征出与之相适应的汉语信息;随着信息表征的复制、传播,模因形成后又会反过来作用于生态环境的扩大或缩小。本书认为,当人们对语言信息的心理编码落实在对构式的控制与调用时,人们会根据公共领域生态环境激活相关构式的构式义,或是引发构式语义及其功能的偏移。例如:

(1)——"我今天去种地了。"
　　　——"种的什么地?"
　　　——"对你的死心塌地!"

如例(1)所示,"种地"的"地"在《现代汉语词典》(第 7 版)中属义项③:土地、田地;"死心塌地"的"地"属义项②:陆地。两个义项的错位形成了这则颇为流行的"土味情话"。由此可以窥见,语言信息是通过心理联想表征的话语,在适当的生态环境下就会被激活,甚至被模仿、复制并流传开来。值得关注的是,具有正面意义的汉语模因,可以促进人类命运共同体的公共领域的生态建设与发展,这也就是为什么在需要贯彻执行某项上级政策或实施某项措施时,往往需要话语先行、制造舆论、扩大宣传。当前,"一带一路"已逐渐成为我国扩大对外开放的代名词。究其原因,"一带一路"所倡导的"政策沟通、设施联通、贸易畅通、资金融通、民心相通"符合全世界、全人类对美好生活的向往,符合建设公共领域生态环境的要求,因而得以成为"强势模因"而被广泛复制与推广。与之相反,具有负面意义的汉语模因,一般会在短暂的表现后迅速消失,比如近几年来一度出现的带有浓重调侃色彩的"喜大普奔""十动然拒""人艰不拆",由于具有很强的无厘头性质,已渐渐消失在人们的视野中。

(二)模因触发的动态语境和语用手段

新一代模因论学者迪斯汀(Kate Distin)在《自私的模因》(*The Selfish Meme*)一书中指出,模因形成的触发因素之一是"模因环境"。人类大脑形成的潜势模因之所以得到适时的复制、传播,是大脑和环境相互作用形成和发展起来的潜能发挥了作用(Distin,2005:168)。在此基础上,何自然(2017)认为,所谓"模因环境",是指人类文化进化过程的各种社会生态环境,也就是动态语境,比如社会语境、认知和心理语境、语言语境。除此之外,当然还取决于模因宿主的语用手段。据此,他从"动态语境"和"语用手段"两个方面梳理了汉语语言模因的触发机制,这为本书就某个特定构式开展的触发因素研究提供了丰沃基础(参见本节第二部分"语言构式的社会意象")。

1.构式触发的动态语境

进一步细分构式触发的动态语境,包括语言语境和情境语境。

语言语境触发的潜势模因往往是人们在话语交际中已存在的、广为流传的诗词、名人语句、常用成语等信息。语言语境触发特定构式的一种典型情况是,说话人在某个特定社会群体已固化心理编码的基础上,为顺应现实生态环境,可通过语块替换激活为这个社会群体所普遍接受的同构异义体。比如,"万水千山总是情→万水千山'粽'是情""豪门夜宴→'蚝'门夜宴""一代天骄→一代天'椒'"。

情境语境触发的潜势模因是某个特定社会群体已经固化了的心理编码的情境信息。在相应生态环境的触发下,相关构式可以由事件本身或事件发生的时间、地点触发,也可以由事件的性质、用途、历史或现状导致。情境语境触发的汉语构式往往从情境信息的形式或内容引发、类推出与社会现实有关的话语。同样作为一种典型情况,情境语境的触发也可通过语块替换来完成,以此激活可为社会群体所接受的同构异义。比如,"面壁思过→面'币'思过""亚历山大→'压'力山大"。

2. 触发构式的语用手段

根据语言模因在传播过程中的变异,不是模因本身所为,而是宿主为使模因得以生存与发展刻意所为,宿主必然会对表征信息添加主观态度或联想,因此我们可以从宿主表征信息心理编码时的语用策略(包括所持立场、情感、意图)和表征信息心理编码时激发出的语用联想(包括自身的、社会的)入手,来发掘相关构式被触发的语用手段。

说话人作为语言模因的宿主,总是为了顺应或改变现存环境去表征信息,往往包含了说话人自己对某一特定事件或现象的认识(包括所持立场、情感、意图)。例如:

(2)情人是手表,越漂亮越好;小蜜是怀表,越隐蔽越好;老婆是自动表,不上弦照样跑。[何自然(2017)用例,下同]

(3)年轻人以为教育可以取代经验,年长者以为经验可以取代教育。

如例(2)是说话人(宿主)通过对各类钟表的信息来表达自己的认识,并以隐喻方式表明当今一些人对待爱情和家庭的生态环境,触发耐人寻味的模因及构式变体;例(3)是说话人(宿主)以对仗的语用修辞方式顺应某种社会生态,旨在引发群体性的警戒和深思。

语用联想是指说话人(宿主)直接使用某个特定构式的元表征,通过顺应事物当下生态添加喻义来组成话语。例如:

(4)蜘蛛:能坐享其成,靠的就是那张关系网。[何自然(2017)用例]

天平:谁多给一点,就偏向谁。

气球:只要被人一吹,便飘飘然了。

指南针:思想稳定,东西再好也不被诱惑。

核桃:没有华丽的外表,却有充实的大脑。

钟表:可以回到起点,却已不是昨天。

如例(4)中的表具体事物的名称构式所示,为顺应某个特殊生态环境,相关构式可以被触发并形成一系列隐喻,从正、反两方面告诫人们时刻警惕贪腐(蜘蛛)、处事公正(天平)、戒骄戒躁(气球)、坚定信念(指南针)、充实求真(核桃)、再接再厉(钟表)。由此可见,说话人(宿主)会对潜势模因表征出来的信息做出积极或消极的响应,从而造成公共领域话语模因流传的多样性,导致相关构式出现因语用联想而引发的正面或负面的变体。

二、语言构式的社会意象

2016 年年底,"工匠精神"一词与"供给侧""小目标""洪荒之力""吃瓜群众"等被《咬文嚼字》杂志评为"2016 年十大流行语"。如例(1)所示,自《人民日报》2011 年 1 月 4 日发表的《要速度,还要质量》一文提及"工匠精神"之后,该词即以很高的使用频率出现在各类媒体上。例如:

(5)大型机械与现代科技大行其道之时,工匠精神和建筑艺术也消失殆尽。(《人民日报》2011 年 1 月 4 日)

(6)截至 2012 年,寿命超过 200 年的企业,日本有 3146 家,德国有 837 家,荷兰有 222 家……研究认为,这些长寿企业都传承着一种精神——工匠精神。(《人民日报》2015 年 4 月 22 日)

(7)不仅要有别具一格的创意思维,抓住市场的新需求,还要有精益求精的工匠精神,追求细节和质量,两者结合起来才能开发出适应市场多样化需求的优质产品。(《人民日报》2015 年 9 月 13 日)

如例(5)所示,与"大型机械""现代科技"相对应,"工匠精神"中的"工匠"指向"工匠制造";例(6)中的"工匠精神"指向长寿企业的"企业精神";例(7)中的"工匠精神"则是李克强总理在 2015 年 9 月 12 日出席夏季达沃斯论坛时提出的,凸显了"精益求精"的浮现意义,即便改为"精益求精的精神",也不会影响读者对于上下文的理解。本书以此为出发点,通过梳理"工匠精神"的承继性理据,探究"工匠"与"精神"形成一个概念结构的过程及其动因,并提出

"N$_{寓象}$＋N$_{抽象}$"构式已具有成为社会文化符号的倾向。

(一)"工匠精神"的句法及韵律特征

"工匠精神"中的"工匠"是表示身份的类指名词,具有其所代表的社会群体的共同身份与属性特征;"精神"是一个抽象名词,充当第二个 N$_{双}$ 的频率非常高;"工匠"从社会群体属性的角度对"精神"进行下位分类。例如:

(8)工匠的精神,巴斯克人的血液,都在这根手杖中传承、流淌。(《人民日报》2016 年 6 月 13 日)

(9)工匠精神是一种修炼,更是一种境界。(《人民日报》2016 年 7 月 22 日)

(10)"遵循自己内心想做的事情,勤于研究,最终有所成,这应该就是工匠精神",高兴坤如是说。(《人民日报》2016 年 6 月 15 日)

如例(8)所示,在人民网报刊检索系统中搜索"工匠精神",只发现 1 例可插入"的"的情况,说明该词整体已相当于一个单个名词,因此能够直接充当主语或宾语。由此可以判断,"工匠精神"内部只有属性关系,没有领属关系。例(9)和例(10)中的"工匠"因此是无指的,不再具备空间上的可计数性。再从"2＋2"韵律框架来分析,"工匠精神"一词带有明显的粘合定中结构双数音节互相组合的"外松内紧"特点,外部的间隙大于内部的间隙,可描写为://XX/XX//。此类词的韵律短语的两个音步在单说时总在一个停延段内,在更大的组合中,也从不中插停延。据此,从句法形式和韵律框架的理据分析来看,"工匠精神"是现代汉语"N$_{双}$＋N$_{双}$"粘合定中结构的典型成员。

从粘合定中结构"N$_{双}$＋N$_{双}$"所表示的范畴是第二个"N$_{双}$"范畴次范畴的角度出发,"工匠精神"是"X 精神"构式的子类。根据《吕氏春秋·尽数》中关于"圣人察阴阳之宜,辨万物之利,以便生,故精神安乎形"的描写,"精神"是抽象的,依赖于人的主观意识而存在;又是一种潜在的动力,可以通过社会实践活动转化为物质。一方面,"精神"是抽象名词,可以很容易地成为粘合定中结构的中心语;另一方面,"N$_{双}$＋精神"对于 N$_{双}$ 的语义参数具有压制性。通过对北京语言大学现代汉语语料库(BCC)检索发现,进入"X 精神"构式的 N$_{双}$ 主要可以分为三类:第一类是指称某些决定性活动或文本的名词。例如:

(11)党的十八届六中全会召开后,我们根据会议精神对《若干

规定》稿作了进一步修改完善。(《人民日报》2017 年 1 月 14 日)

(12)我要把这次会议的精神带给家乡妇女姐妹们,让大家一起感受党中央的关怀和温暖。(《人民日报》2013 年 10 月 29 日)

如例(11)和例(12)所示,"会议"是人们为解决问题、取得共同结果或决定而进行的活动,因此在北京语言大学现代汉语语料库(BCC)报刊来源中是出现频率最高的一例"N$_{双}$＋精神";"会议精神"中的"会议"往往能够在上下文语境中找到其所指,比如例(7)中的"党的十八届六中全会",因此能够插入结构标记"的"构成平行结构"会议的精神"。作宾语的"会议精神"与"会议的精神"在 BCC 现代汉语语料库报刊来源中的数量大致相当,具体如图 9-3 所示。

图 9-3　"会议精神"与"会议的精神"语料分布

以此判断,"会议精神"是"N$_{双}$＋精神"构式范畴中构件整合程度较低的成员,其他成员还有"决议精神""社论精神""通知精神""文件精神""宪法精神""原则精神""政策精神""指示精神"等。

第二类是指称某些抽象概念属性的名词。例如:

(13)吸收了世界文明有益成果,体现了时代精神。(《人民日报》2017 年 1 月 10 日)

(14)映现书家心胸,更承载着时代的精神与气象。(《人民日报》2016 年 11 月 27 日)

如例(13)和例(14)所示,"时代"包括能够影响人类意识的所有客观环境,是人类对一个时期的认知、判断与抉择。"时代精神"中的"时代"通常是无指的,虽然也有插入"的"构成平行结构的情况,但在北京语言大学现代汉语语料库(BCC)报刊来源中,作宾语的"时代精神"的数量远远大于作宾语的

"时代的精神",具体如图 9-4 所示。

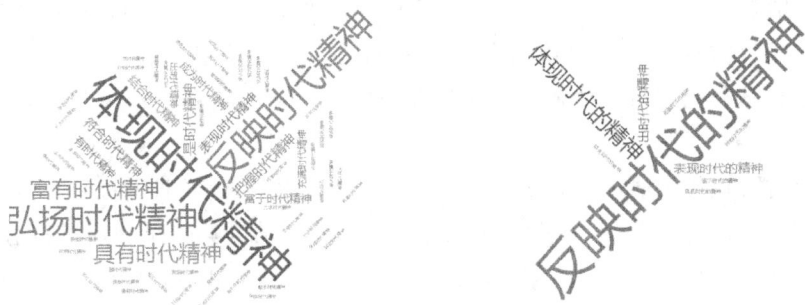

图 9-4　"时代精神"与"时代的精神"语料分布

上述现象说明,如"时代精神"这类"N$_{双}$＋精神"的构件整合程度有所提高,其他成员还有"传统精神""法治精神""科学精神""人文精神""文化精神""艺术精神""职业精神""敬业精神"等。

第三类是指称某些具有代表性而值得提倡的实体或事件名词。例如:

(15)海纳百川是上海的<u>城市精神</u>,希望聚集全市各类资源服务。(《人民日报》2016 年 11 月 27 日)

(16)中国女排不畏强手、英勇顽强,充分展现了<u>女排精神</u>,振奋人心。(《人民日报》2016 年 10 月 10 日)

(17)它的来龙去脉、战术战略、历史意义以及它所体现的<u>长征精神</u>,都有了自己鲜活生动的光影记忆。(《人民日报》2017 年 1 月 3 日)

如例(15)—例(17)所示,"城市精神"是一个区域的典型优质特征;"女排精神"凸显了"不畏强手、英勇顽强"的意义;"长征精神"凸显了"长征"这一事件特征的典型性。此类"N$_{双}$＋精神"构式中的构件已高度整合,在北京语言大学现代汉语语料库(BCC)报刊来源中,作宾语的数量压倒性地超过了"X 的精神",如图 9-5 所示。

图 9-5　"X 精神"与"X 的精神"语料分布

需要指出的是,虽然"城市精神"与"女排精神"还存在能够转化为平行结构的偶例,但"长征的精神"作宾语的零例现象说明此类"N$_双$＋精神"整体已成为一个名词,具有超越语块语义加合的构式义。其他成员还有"行业精神""劳模精神""民族精神""企业精神""人民精神""社会精神""特区精神""团队精神"等。

根据《现代汉语词典》(第7版)的注释,作为名词的"精神"有两个义项:一是"表现出来的活力";二是"宗旨,主要的意义"。结合第二个义项进行分析,"X精神"中的"精神"提取与概括了"X"的社会群体共识,并以此促动或制约"X"的语义延伸。据此,笔者将"X精神"的构式义概括为:以"精神"荟萃某个特定社会群体对"X"的共同认知,并将此共识转化为这个社会群体的行为基础。

(二)"工匠精神"的转喻与社会意象

《现代汉语词典》(第7版)对于"工匠"一词的注释是"手艺工人",从对《人民日报》的语料检索情况来看,"工匠精神"一经出现,就迅速发生了构件语块的情况。再来看例(18)。

(18)大型机械与现代科技大行其道之时,工匠精神和建筑艺术也消失殆尽。(《人民日报》2011年1月4日)

此处,"工匠精神"中"工匠"作为"手艺工人"类指名词的本义被淡化了,"工匠制造"的意义被凸显了;"精神"作为"宗旨,主要的意义"的义项也发生了变化,专指"社会对于工匠制造水平的共识"。根据由显著度高的来转指显著度低的观点,"手工艺人"与"工匠制造"存在于同一个认知框架中,"工匠"的语义因子中包含了"工匠制造"的意义。问题是,为什么转喻为"工匠制造"的"工匠精神"能够与"建筑艺术"相并列,凸显向好的意义?笔者认为,一是源自构式的压制效应,"X精神"代表着当下社会的共识与行为基础,自然符合人们对"X"的认可与推崇;二是由于"工匠"一词所表征的信息模因在当下的复制与传播。换句话说,"工匠"所依赖的社会群体的心智环境是其发生转喻的基础。从中华民族的文明史来看,汉民族在历史上并不缺少对"匠"的尊敬。例如:

(19)匠石运斤成风。(《庄子·徐无鬼》)

(20)夫匠者,手巧也。(《韩非子·定法》)

(21)精华在笔端,咫尺匠心难。(张祜《题王右丞山水障》)

例(19)意为"石姓木匠抡起斧头如风",例(20)可解释为"工匠都是手巧的人",例(21)中的"匠心"指"匠人的独特构思"。说明"工匠"所承载的"技艺高超"的模因在中华民族心智空间中是作为信息储存的,具备基因型模因传播的条件,所以容易发生转喻。接下来,成就"工匠"技艺高超的"一丝不苟的职业态度"的语义因子被转喻机制进一步激活。例如:

(22)于荣光自认是个有工匠精神的导演。《木府风云》这部戏他精心筹备了12年,从剧本、选角到布景、服装、后期制作,甚至主题曲都亲自把关,虽然这是市场上的冷门题材,但于荣光却顶住压力,锲而不舍。(《人民日报》2013年12月12日)

(23)我就是要用工匠精神来当农民,不断雕琢自己的产品,不断改善自己的工艺,享受着产品在双手中升华的过程。(《人民日报》2014年9月17日)

如例(22)和例(23)所示,"工匠精神"所处的语境体现了不同职业的人对于处事过程的"一丝不苟"。"工匠"虽然采用同一表现形式,但根据语境需要表达了不同的内容,说明该词已出现了模因表现型传播的趋势。需要指出的是,"工匠"转喻后反映内容实质的变化增强了它与"精神"一词的语义契合度,"工匠精神"因而具备了整体隐喻的条件。需要解释的问题是,是什么触发了模因传播的类型转移?模因的表现型效应体现为与其文化领域内现存的模因组合体互相兼容,因此需要一个包容它的文化环境和一个与其相符的外部世界,即模因的物理环境。2016年3月初,李克强总理在两会政府工作报告中再次提及"工匠精神",工匠"技艺高超"的文化基因得以与当下社会所期盼的"消费品品质"的文化模因相兼容,"工匠精神"的构式整体隐喻义得以浮现。例如:

(24)加快质量安全标准与国际标准接轨,建立商品质量惩罚性赔偿制度。鼓励企业开展个性化定制、柔性化生产,培育精益求精的工匠精神,增品种、提品质、创品牌。(《人民日报》2016年3月6日)

如例(24)所示,这个时期的"工匠精神"已浮现了"精益求精"的意义,并在此之后展现了很强的可复制性,甚至一度被认为是"德国制造"的代名词。事实上,德语中本无"工匠精神"一词。2016 年 4 月,随着中国国际广播电台德语版报道两会内容之后,德语中的"工匠"(handwerker)与"精神"(geist)两词发生整合,形成了"handwerkergeist"(工匠精神)。究其原因,德国先进的制造业水平及其现存的技术文化环境为"工匠"与"精神"的糅合提供了充分的物理环境。2016 年 5 月,随着央视纪录片《大国制造》的播出以及《中国制造 2025》的发布,"工匠精神"所包含的"爱岗敬业""追求卓越""品质至上"等语义因子被进一步激活,得以与更为广泛的文化模因相兼容。例如:

(25)二是培育和弘扬精益求精的<u>工匠精神</u>,引导企业树立质量为先、信誉至上的经营理念,立足大众消费品生产推进"品质革命",推动"中国制造"加快走向"精品制造",赢得大市场。(《人民日报》2016 年 5 月 12 日)

(26)要以壮士断腕的决心和<u>工匠精神</u>,抓好"放管服"改革实施,严格责任落实,用实实在在的成果推动国家发展、增进人民福祉。(《人民日报》2016 年 5 月 23 日)

(27)以大数据为代表的创新意识和传统产业长期孕育的<u>工匠精神</u>相结合,使新旧动能融合发展,并带动改造和提升传统产业,有力推动虚拟世界和现实世界融合发展,打造中国经济发展的"双引擎"。(《人民日报》2016 年 5 月 26 日)

(28)在这个多彩的时代,用多元化的视角去观察马拉松的成长,用"<u>工匠精神</u>"去经营每一场马拉松,塑造每一个马拉松赛事独有的气质与灵魂,实际上意味着,去努力争取跑者的认可是一条"最佳赛道"。(《人民日报》2016 年 6 月 22 日)

如例(25)—例(28)所示,"工匠精神"的文化基因已与"中国制造""放管服改革""产业升级",甚至"马拉松赛事"等时代社会热点相结合,在不同的上下文语境中激活了相关的语义因子,凸显了不同的隐喻义。至此,"工匠精神"能够很容易地与时代话题相互兼容,并凸显相应的浮现意义。

语言是联系客观世界与主观世界的文化载体,社会文化意象由物象和寓象两部分构成。物象是一种或多种感官感知的具体物,比如"木匠""石匠";寓象是物象在一定文学语境乃至整合环境中的引申,比如作为类指名词的

"工匠"。"工匠精神"所属的"$N_{寓象}$＋$N_{抽象}$"构式范畴所蕴含的文化意象一旦出现在日常语言中,一方面使得粘合定中结构的整合层级进一步提高;另一方面,体现了语言的主观性,并逐渐成为一种社会文化符号。

从"$N_{双}$＋$N_{双}$"粘合定中结构的内部结合程度和外部整体功能两个方面来看,高整合度层级的"$N_{双}$＋$N_{双}$"在比喻某类人或事物时,能受数量或指量成分修饰的仅限于"一"或"这/那"加专属量词,比如"一位白衣天使""这位武林高手""那个世外桃源",但未就不能受数量或指量成分修饰的"$N_{双}$＋$N_{双}$"粘合定中结构进行概括。从本书在人民网报刊检索系统与北京语言大学现代汉语语料库(BCC)中搜集的"工匠精神"语料来看,不存在"一种/份工匠精神"或"这/那种工匠精神"的用例;一旦强加,极易出现令人费解的情况。例如:

(29)作为中国制造企业的一员,2017 年我们会继续秉持<u>工匠精神</u>,把产品创新和技术升级进行到底!"吴伟宏说。(《人民日报》2017 年 1 月 28 日)

　　→ ＊……2017 年我们会继续秉持<u>一份/种工匠精神</u>……

　　→ ? ……2017 年我们会继续秉持<u>这/那种工匠精神</u>……

如例(29)所示,若是在前面加上"一份/种"或"这/那种",会导致听话人对于"哪一份/种工匠精神"的疑问(用"?""＊"标示)。展开之后发现,在"$N_{双}$＋$N_{双}$"粘合定中结构中,当第一个 $N_{双}$ 是指人的类指名词,第二个 $N_{双}$ 是抽象名词时,语料显示一般都不可能受数量或指量成分修饰。这至少说明了两个问题:第一,"$N_{寓象}$＋$N_{抽象}$"构式可以被视作"$N_{抽象}$＋$N_{抽象}$"构式范畴的非典型性成员,构式压制了指人类指名词的物象性,突出了类指名词的物象引申;第二,$N_{寓象}$ 与 $N_{抽象}$ 的概念整合动因涉及社会归约性经验认知的连通,即当指人类指名词进入"$N_{抽象}$＋$N_{抽象}$"构式后,说话人与听话人共同产生了语言的移情现象,突出了指人类指名词的"社会指称"(social referencing),人们从周围交往的人和社会环境中获取感情信息来帮助理解不确定的信息,并做出相应的反应。换句话说,说话人与听话人都理解"工匠"的角色,因而不需要区分" 份/种"或"这/那种"。$N_{寓象}$ 于是就成了一个变量,越是能够被说话人与听话人自我融入的物象,就越容易获得"象"外之义。其中,人的角色共鸣无疑是最容易发生移情的。

由此看来,"工匠精神"构式义发生变化的本质是语言社会文化意象的促进作用。语言社会文化意象创造的方法是略形貌而取其神骨,使典型的物象因注入民族文化和说话人的情况而被"意"化。"N$_{寓象}$＋N$_{抽象}$"构式在共时层面出现了从指人集体名词意化向指物集体名词意化,甚至个体名词意化的延伸。下面以"X 精神"为例进行说明。例如:

(30)雷锋以干一行、爱一行、专一行的<u>螺丝钉精神</u>对待工作。(《人民日报》2011 年 6 月 7 日)

(31)全市有近 41 万人注册为志愿者,占城区常住人口的 11.71%。以<u>雷锋精神</u>为榜样的好人事迹层出不穷。(《人民日报》2016 年 10 月 13 日)

(32)这样说,倒不是倡导"老子先前阔"的<u>阿 Q 精神</u>,只是想说明,在中国历史上,对外的开放态度和恢宏胸襟是和国力强盛相一致的。(《人民日报》2006 年 1 月 28 日)

(33)现在,摆在我们面前的任务是,继续发扬<u>3·24 精神</u>,敢为天下先,勇于改革。(《福建日报》1994 年 3 月 24 日)

如例(20)所示,"螺丝钉"只是一种零件的统称,通过人们对雷锋的行为感知,被"意"化为"干一行、爱一行、专一行"的精神;例(31)中的"雷锋精神"是"全心全意为人民服务"的社会主义核心价值观的生动体现,持续了"X 精神"构式整体向好的倾向;而例(32)中的"阿 Q 精神"明显带有"自嘲、自解,自我安慰"的贬义,只是反映了社会共识,已然成为一种文化符号。例(33)中的"3·24 精神"充分体现了个体名词被"意"化后所生成的体验性概念。"3·24"本就是个普通日子,通过语境激活成了"敢为天下先,勇于改革"的代名词。由此看来,"N$_{寓象}$＋N$_{抽象}$"构式的功能在于将名词寓象化,使构式意化成为具有可复制性的文化模因,从而顺应社会认知的归约性趋势,成为一种语言模因,并逐渐固化为一种社会文化符号。

第四节　本章小结

本章从汉语构式的语体依赖、语用映射和社会语境三个方面探究汉语构式的句法结构制约,言语行为与心理预期对构式语用的驱动制约,以及动态语境和宿主意愿对语言模因的形成制约,得出如下相关结论。

(1)当前,如何处置现代汉语复杂述谓构式已成为学界关注的焦点。对此,沈家煊(2003)认为,"行、知、言"三个概念域的区分有利于系统而又概括地说明各种类型的复句所表达的语义关系。以往关于复句语义关系的研究因缺乏"三域"的分析理念,存在一些问题:一是只是按事理在行域内判断复句是否成立,一些被判为不成立的句子在知域或言域内其实都是成立的;二是关于域的划分,采用的依据、范围和名称均存在不统一的现象,有时会因复句类型而异;三是目前的研究存在简单地将一类复句归入一个域的情况,没有认识到几乎每类复句都能跨三域的实质。从这个意义上来说,复句语义关系的"三域"视角为学界梳理复杂述谓构式的承继关联提供了思路,至于在三域中是否同样形成了自上而下辐射状的承继形态,将在之后另文讨论。但至少可以明确的一点是,语词构式的行域义是其基本义,知域义和言域义其实都是从行域义延伸出来的,其中一个主要途径就是隐喻承继。

(2)通过探究"能性否定＋疑问代词"组配构式有限小量主观评述的承继性理据,本书发现,虽然构式之间的相互关系在历时层面并不具有透明性(参见第一章第二节),但汉语构式在共时层面的承继关联却可在历时层面发现理据端倪。以"V不到哪里去"为例,该构式作为一种口语表达式,最早的文献记录可以追溯到清末的小说语体。用例不多,其中的动词也主要是"走""逃""跑"三个位移动词。构式一旦成型,它的部分能产性就会被激活,V逐渐被其他动词所替代,进而导致"不到哪里去"的意义虚化。语料表明,到20世纪30年代,另一类动词也进入了该构式。此类动词的相关涉事论元具有可量化的语义特征,主要与钱财、物价或指数有关,比如"输""赢""亏""涨"等。动词的意义变化导致构式中的"哪里"在认知上从空间域向到数量域映射,从而圈定了一个有限的数量范围。

(3)从句法韵律的理据解析入手,将"工匠精神"归为现代汉语"N_双＋N_双"粘合定中结构构式范畴的典型成员;从其构式义超越"工匠"与"精神"语义加合的角度出发,辨析其成为"X精神"构式高整合层级成员的整合路径与认知理据;在此基础上,通过考察"工匠"的寓化与"工匠精神"的意化,解析"N_寓象＋N_抽象"构式意象引申的倾向,从而得出这样两个结论:一是理据本身也有广义与狭义之分。狭义的理据就是某个特定构式的上位构式,广义的理据涵盖了语言系统中从人类心智角度出发的所有语法关系。二是理据本身也具有层级性。理据的层级性来自语言模因的类型迁移以及语言在社会文化中的意化,这归根结底是人类主观世界与客观世界交流所促动的认知加工过程。

第十章　结语与思考

　　从构式语法应用于汉语研究二十余年发展来看，汉语构式的承继描写与理据概括在整体上尚未能够清晰而系统地表现出其方法论主张和价值。本书以此为问题导向，在梳理和阐述汉语构式承继研究现状的基础上，借鉴计算机编程"三个面向"的设计理念，立足学界及本人的前期研究成果，根据"以原型构式为对象，形成基于语块变量的扩展性承继描写；以句法语义为接口，形成基于形义变量的辐射状承继描写；以语用情境为切面，形成基于功能变量的耦合度承继描写"的主张，结合典型案例，展开以"语块替换、语块移位、语块隐现"为语块变量的承继描写（第二、三、四章），展开以"语义延伸、语义对立、语义序列"为形义变量的承继描写（第五、六、七章），展开以"语用接受度、语境适切度"为功能变量的承继描写（第八、九章），希冀对汉语构式"三个面向"的承继描写与理据概括方法做出具有基础性、创新性和系统性的阐释。

第一节　本书的主要结论

　　学界当前对汉语构式的承继描写和理据概括，尚存在以下主要问题：特定构式组构成分相互作用的系统性研究尚不够深入；构式接口研究的思路不甚清晰；将"句法、语用"界面和"语义、语用"界面混同，将"句法、语用"关系和"语义、语用"关系混同。特别是在社会进入移动网络和人工智能快速发展的新时期，将构式语法理论应用于计算机自然语言处理的研究依然处于起步阶段，成果寥寥。从这个意义上来说，本书基于"三个面向"承继描写方法探索的初衷在于承启转合。所谓承启转合，就是希望在梳理和阐述汉语构式承继描写方法（参见第一章）的基础上，为构式语法理论与自然语言处理在对象、接口和切面的承继关联方面提出二者的路径，从而起到抛砖引玉的作用。

一、面向对象的扩展性承继描写

本书的第二至第四章集中论述了基于表层语块显性变量的构式扩展承继现象，聚焦基于汉语构式实例的语块替换、语块位移和语块隐现的承继描写。

（一）基于语块替换变量的承继描写（参见第二章）

第二章具体考察了现代汉语"很 NP"构式、双及物构式和"X 不到哪里去"构式，得出的相关结论是：现代汉语"很 NP 构式"中，NP 性状特征的可激活性是 NP 所在位置语块替换的基础；现代汉语双及物构式中，取得义和行为类动词的准入体现了构式的赋义效应；现代汉语"X 不到哪里去"构式中，表有限程度量的"V 不到哪里去"是"A 不到哪里去"语块替换的上位理据。

（二）基于语块移位变量的承继描写（参见第三章）

第三章具体考察了现代汉语定中"NV"和述宾"VN"构式、自致使"NP＋VR"构式和"V 起来"构式，得出的相关结论是：第一，现代汉语定中 NV 和述宾 VN 的语块移位现象，实际上是一种具有非同构性的结构成分互换，属于假性位移。第二，现代汉语表层形式相同的"NP＋VR"构式，因为受事论元的语块移位，出现了他致使义向自致使义漂移的现象。第三，现代汉语"V 起来"在"NP＋V 起来"，"NP＋V 起来＋AP"，"V 起来，NP＋VP"构式中的不同位置分布导致了构式的语义衍生，社会规约性认知评述的共性理据呈现了多重承继的描写思路。

（三）基于语块隐现变量的承继描写（参见第四章）

第四章具体考察了现代汉语述补构式、"非 VP 不可"构式和"如果说 X"构式，得出的相关结论是：第一，比较现代汉语粘合述补与组合述补构式，"得"字的隐现反映了说话人常态与非常态主观判断的句法象似性；第二，比较现代汉语"非 VP"不可与"非 VP"构式，"不可"的隐现反映了说话人的表达视角差异；第三，比较现代汉语"如果说 X"与"如果 X"构式，"说"字的隐现反映了说话人主观认定的 X 的断言性质。

需要说明的是，本书关于面向对象承继描写的论述，只是为了说明研究者可通过汉语构式在表层形式上的语块变量来获得其隐含的承继路径，必然包含了从句法、语义和语用层面由表及里的关联性与层级性。至于后续的面向接口与面向切面的承继描写，是在上述基础上的延伸研究，目的是探究构式承继在"句法—语义"接口和"语义—语用"界面的概括性理据。

二、面向接口的辐射状承继描写

本书的第五至第七章集中论述汉语构式自上而下的"主从—平行"共生包含的辐射状承继关联，聚焦汉语构式实例在"句法—语义"接口上的基于语义延伸、语义对立和语义序列的理据概括。

（一）基于语义延伸的理据概括（参见第五章）

第五章具体考察了现代汉语"有 X"构式、"NP(受)＋VP(t)＋QM"构式和"把"字句构式，得出的相关结论是：第一，在形式上表现为语块替换的"有"字与名词（"有 N"构式）和与动词（"有 V"构式）的承继性在于事件陈述向性质评述的隐喻引申；第二，在形式上表现为语块移位的"NP(受)＋VP(t)＋QM"构式，与其上位构式"VP(t)＋QM＋NP(受)"的承继性在于 NP 话题化凸显了计量状态句法实现的类推效应，其上位理据是说话人类比思维的隐喻投射；第三，在形式上表现为语块强制共现的"把"字句，主观处置义的凸显隐含了物理空间的客体位移向时间、人体空间、社会空间的隐喻映射。

（二）基于语义对立的理据概括（参见第六章）

第六章具体考察了现代汉语动宾构式、"光杆名词＋VP"构式、"看你 A 的"构式和"X 们"构式，得出的相关结论是：第一，从动宾构式中数量词强制共现与排斥出现的两种情况来看，动宾构式数量宾语的制约关系的认知理据是"有界—无界"的对立；第二，从光杆名词前后置 VP 的两种情况来看，句法体现的语序制约凸显了"有定—无定"与"遍指—虚指"对立的理据性；第三，从"看你 A 的"构式中，形容词的语义对立与构式语用的反向共变，以及从"X 们"构式中"光杆名词＋们"只能出现在动词前，且从作为复数形态手段的数量范畴向生命度范畴扩张的情况来看，普遍存在的范畴扭曲对应规则是范畴语义对立的上位理据。

（三）基于语义序列的理据概括（参见第七章）

第七章具体考察了现代汉语"一 M 比一 M＋VP"构式、"有 X 无 Y"框架构式和"都 NP 了,连 NP 都/也 VP(否定)"复句构式,得出的相关结论是:第一,随着"一 M 比一 M"从时量向动量、动量向时量的依次投射,构式的递进性差比义逐渐减弱并消退,直至浮现出遍指性差比义,"时量→动量→物量"的量差层级是构式子类分布的承继性理据;第二,随着语块"有 X"和"无 Y"的整合度提升,"有 X 无 Y"构式的框架性凸显,语块的整合层级是其子类分布的承继性理据;第三,从"都 NP 了"和否定性"连"字句中 NP 的隐性语义序列被激活现象来看,基于社会归约性认知命题的反预期程度是相关构式子类分布的承继性理据。

需要指出的是,本书的第五至第七章已涉及基于社会规约性认知的语用接受度的在线控制论述,这是建立在言者发话动因基础上的语用解析。随着从言者单一视角向言者、听者互动视角的延伸,当两个语义相近的构式通过言者出于关照听者的角度来实现控制和调用时,需要处理的就是构式在"语义—语用"界面的耦合度问题。

三、面向切面的耦合度承继描写

本书的第八和第九章引入计算机科学的耦合概念,从述介"可及度"和"指别度"概念入手,从言者和听者的理解视角出发,集中讨论构式在情境切面是通过何种机制来实现控制和调用的。相关结论如下。

(一)基于语用接受度的理据探究(参见第八章)

第八章具体考察了现代汉语"参照体—目标"典型构式两例、言者与听者理解错位类型十例和同语复句构式,得出的相关结论是:第一,"V 的 N"中的"的"字带有指示功能,"V 之 N"中的"之"字带有自指功能,虽然二者与 NV 构式的差别均来自陈述事件与指称事件的不完全对应关系,但因为语块 N 的指别度强弱不尽相同,"之"字用来指示目标是直接的,而"的"字用来指示目标是间接的;第二,从言者与听者的十例理解错位来分析,言者与听者的理解错位具有跨时空性、过程性和倾向性特征,它们本质上源于语言的主观性;第三,同语复句构式中的语块替换、位移和隐现现象说明,此类复句构式的编码动因在于言者与听者"互文见义"的事件立场,以及所涉命题指别度的提升需要,同语式因此可被视为说话人对命题真值态度的立场标记。

(二)基于语境适切度的理据探究(参见第九章)

第九章具体考察了"了₂"小句、"这是 NP"和"所以"小句构式的语用共性,"能性否定＋疑问代词"构式群的语用驱动,以及"N₍双(寓象)₎＋N₍双(抽象)₎"构式的语用倾向,得出相关结论是:第一,虽然表层形式有所不同,但出于篇章对句法结构的制约作用,上述三个构式均凸显了语体对构式的压制性;第二,将"语用三角"视作"语义三角"在语用域的隐喻映射,反预期语用心理压制"能性否定＋疑问代词"系列构式产生了语用小量含义;第三,基于公共领域生态环境的模因环境(动态语境)激活了"N₍双(寓象)₎＋N₍双(抽象)₎"构式的社会意象,由此触发了模因宿主的语用手段与策略。

综上所述,本书关于构式承继描写的方法论主张是:以原型构式为对象,形成基于语块变量的扩展性承继描写;以句法语义为接口,形成基于形义变量的辐射状承继描写;以语用情境为切面,形成基于功能变量的耦合度承继描写。

需要指出的是,人类社会已进入移动网络和人工智能快速发展的新时代。2020 年 10 月 13 日,中华人民共和国成立以来的第四次、新时代以来的第一次全国语言文字工作会议在京召开,会议勾勒出今后语言生活研究的四个发展要点:一要从通用领域深入各个生活领域;二要推进各种社会领域和经济领域的语言规划;三要兼顾虚实两个领域的语言生活与国内国外两个语言大局;四要在"工具职能"语言规划的基础上,开拓语言的文化职能、经济职能和安全职能。在 2020 年 12 月 10 日天津师范大学举办的"语言与人发展"讲座上,李宇明教授就此指出:语言智能的快速发展使得语言已逐渐成为人类和机器这"两个物种"所共有互育的事物,属于信息的"第三空间"。当前,"互联网思维"的碎片化特征正在形成,但人们对与之相关的语言问题的认识还较为肤浅。以此为鲜明导向,关照本章开头所提及的探索"三个面向"承继描写方法的初衷在于承启转合的思路,本研究的后续重点将落于建立在汉语构式日益丰富个案研究成果上的系统化整理与数字化建模,特别是就某个特定生活领域自然语言处理的数据库和标注语料库的形式建构。

第二节 后续研究的基本思路

呈现构式理据性承继描写在数字时代的应有之义,是本书可持续研究的发展理念。简而言之,就是将汉语构式承继描写的方法实践与构式知识表征体系的系统梳理相结合,发挥其在语言数据时代的应尽职能。为此,需要说明"语言数据为何"与"何为自然语言处理"这两个关键问题。在此基础上,本书将述介以构式语法、计算机语言学和人工智能为基础的,旨在通过基本数据结构形式化实现复杂语言现象计算机处理的构式语法新流派——流体构式语法(Fluid Construction Grammar,简称"FCG")。

一、基于自然语言处理的研究

(一)语言数据

关于数据的重要性问题,可从两个层面来认识:第一个层面,数据正在推进科学技术的发展;第二个层面,数据正在推进经济社会的发展。现在,世界上很多国家、地区和国际组织都在积极采取与数据相关的战略布局,具体如表 10-1 所示。

表 10-1　世界部分国家、地区和国际组织的数据战略规划

序号	国家、地区和国际组织	制定时间	规划内容
1	印度	2015	"数字印度"倡议
2	英国	2017	《英国数字化战略》
		2018	《数字宪章》《产业战略:人工智能领域行动》《国家计量战略实施计划》等
3	俄罗斯	2017	《俄罗斯联邦数字经济规划》
4	韩国	2017	《2017 年电子政府 10 大技术趋势》
		2020	《人工智能国家战略》
5	日本	2018	《日本制造业白皮书》《综合创新战略》《集成创新战略》《第 2 期战略性创新推进计划(SIP)》等
6	美国	2018	《数据科学战略计划》《美国国家网络战略》《美国先进制造业领导力战略》等
7	欧盟	2018	《欧盟人工智能战略》《通用数据保护条例》《非个人数据在欧盟境内自由流动框架条例》《促进人工智能在欧洲发展和应用的协调行动计划》等

序号	国家、地区和国际组织	制定时间	规划内容
8	法国	2018	《法国人工智能发展战略》《5G发展路线图》《利用数字技术促进工业转型的方案》等
9	德国	2018	《联邦政府人工智能战略要点》《人工智能德国制造》《高技术战略2025》等

从表10-1中的内容可以看出，世界上许多国家、地区和国际组织正在改进科技政策，加大科技投入，积极采取"数据行动"，特别是加强有关经济发展与社会经济分配的政策调整。但就当前实际来看，上述策略尚停留在数据重要性认识的第一层面，虽然也开始触及推进经济社会发展的第二层面，但尚未明确数据的生产要素本质（李宇明，2020）。从这个意义上来说，我国对数据重要性的认识已走在了世界前列。2019年10月，党的十九届四中全会将数据与劳动、资本、土地、知识、技术、管理并列为七大生产要素。这是极为重要的理论创新，体现了我国对信息化社会的本质认识，也是中国进入"数据时代"的标志（李宇明，2020）。2019年12月，中央经济工作会议把"5G""人工智能""工业互联网""物联网"定位为"新型基础设施建设"（简称"新基建"）。2020年3月，中共中央国务院发布《关于构建更加完善的要素市场化配置体制机制的意见》，在第六款第二十条至第二十二条中，明确提出了"加快培育数据要素市场"的三点具体要求，包括"推进政府数据开放共享""提升社会数据资源价值，培育数字经济新产业、新业态和新模式""加强数据资源整合和安全保护，探索建立统一规范的数据管理制度"。2020年10月，党的十九届五中全会更是将"坚定不移建设制造强国、质量强国、网络强国和数字中国"作为推进我国经济社会发展的着力点。从当前实际来看，可供计算机处理的数据中，80%是语言数据，包括：自然语言数据的语言符号系统和语言附载信息；语言延伸的符号与代码（比如"盲文""手语""旗语"）；生活、艺术与科学技术符号（比如"身份证编码""乐谱""计算机编程语言"）。语言数据因此同步成了信息时代的重要生产要素（李宇明，2020）。

作为计算机科学技术与人工智能领域语言数据处理的重要方向，"自然语言处理"（natural language processing，简称"NLP"）主要是为了实现人与计算机之间的语言理解与语言生成。实际上，早在20世纪40年代末，英国数学家图灵（A. M. Turing，1912—1954）就预见到了未来计算机与自然语言处理的必然联系。他在1950年的《机器能思维吗？》（*Can Machines Think?*）一文中指出：最好的出发点是制造出一种智能的、可用钱买到的机器。然后，教会这种机器理解英语并会说英语，这个过程可以效仿小孩子学习说话的方法来进行。至 20 世纪 90 年代，自然语言处理凸显了两个明显趋势：一是在系统输入方面，为追求实用价值，不再满足和局限于有限词条和典型句子，而是强调能够处理"大规模的真实文本"；二是在系统输出方面，以抽取有用信息为目标，要求能够对自然语言文本进行索引词及重要信息的自动提取、过滤、检索、摘要等。鉴于上述两个趋势，自然语言的处理开始重视"大规模真实语料库"的研究工作和"大规模、含有丰富信息词典"的编制工作。在前期研究成果的基础上，美国计算机科学家比尔·马纳利斯（Bill Manaris）在 1999 年的《计算机发展》（*Advances in Computers*）第 47 卷"从人—机交互的角度看自然语言处理"一文中，对"自然语言处理"进行了定义：

> NLP could be defined as the discipline that studies the linguistic aspects of human-human and human-machine communication, develops models of linguistic competence and performance, employs computational frameworks to implement process incorporating such models, identifies methodologies for iterative refinement of such processes/models, and investigates techniques for evaluating the result systems.
>
> 自然语言处理可以定义为，是研究人与人交互、人与计算机交互中的关于语言问题的一门学科。自然语言处理建构表示语言能力和语言应用的模型，并通过建立计算框架来实现这样的模型，提出要不断地完善这样的模型。根据语言模型设计各种实用系统，开发系统评测技术。（冯志伟，2017：2-11）

然而，时至今日，人们显然低估了自然语言与语言数据处理领域的技术复杂性，主要凸显了两个方面的问题：第一，迄今为止，语言形式化尚局限于相对孤立句子的分析，缺乏对语境和语言互动约束及影响的系统性研究，特别是关于分析歧义、词语省略、代词所指、同一句话在不同场合或由不同人说出来的含义不同等问题，尚无明确规律可循；第二，人对某个句子的理解并不单凭语法，而要依托大量的知识储备，包括生活知识和专门知识，但这些因人而异的知识是无法全部贮存在计算机里的，导致某个特定处理系统只能建立在有限词汇、句型和特定的主题范围内。要解决以上两个问题，除了在科技方面需要进一步提高计算机的贮存量和运转速度，及时将语言学研究的最新成果应用于自然语言处理，无疑同样是十分必要的。

（二）何为自然语言处理

自然语言处理具有多学科交叉的特性。冯志伟（2017：1-6）认为，可以将自然语言处理抽象为一个"问题"（problem），再将其分为四个处理过程，本书称为"新四化"：第一，把需要研究的语言问题在语言学上加以"形式化"（formal），使之能够以一定的数学形式严密而规整地表现出来；第二，把这种严密而规整的数学形式"算法化"（algorithm），建立语言的"形式模型"（formal model）；第三，根据算法编写计算机程序的"程序化"，建立各种实用的"计算模型"（computational model）；第四，对所建立的自然语言系统进行评测，改进其质量和性能，以满足用户需求的"实用化"（practical）。对标以上"四化"，自然语言处理至少应该涉及八个领域的专门知识：一是语言学，提供形式化的语言学知识；二是数学，提供形式化的数学模型和方法；三是计算机科学，提供模型表示、算法设计和计算机实现的技术；四是心理学，提供人类言语行为的心理模型和理论；五是哲学，提供关于人类思维和语言的更深层次理论；六是统计学，提供基于样本数据预测统计事件的技术；七是电子工程，提供信息论理论基础和语言信号处理技术；八是生物学，提供人类大脑中语言行为机制的理论。

具体到语言学研究角度，又可将上述知识从下到上划分为九个层级：一是声学和韵律学知识，描述语言的节奏、语调和声调规律，说明语音是如何形成音位的；二是音位学知识，描述音位的结合规律，说明音位是如何形成语素的；三是形态学知识，描述语素的结合规律，说明语素是如何形成单词的；四是词汇学的知识，描述词汇系统的规律，说明单词本身固有的语义和语法特性；五是句法学的知识，描述单词或词组之间的结构规则，说明单词或词组是如何形成句子的；六是语义学的知识，描述句子中各个成分之间的语义关系，这样的语义关系是与情境无关的，说明如何从构成句子的各个成分中推导得出句子的整合语义；七是话语分析的知识，描述句子与句子之间的结构规律，说明是如何由句子形成话语或对话的；八是语用学的知识，描述与情境有关的情境语义，说明如何推导得出句子具有的与周围话语相关的各种含义；九是外部世界的常识性知识，描述关于语言使用者和语言使用环境的一般性原则，比如语言使用者的信念和目的，说明如何推导得出信念和目的的内在结构。

以上是从"纵"的角度(自然语言处理的过程)对自然语言处理进行的学科定位,以及所需专门知识的梳理。再从"横"的角度(自然语言处理的范围)来看,此类研究涉及"语音自动识别与合成""机器翻译""自然语言理解""人机对话""信息检索""文本分类""自动文摘"等众多领域,可概括为四个主要研究方向:一是语言学方向,把自然语言处理作为语言学的分支来进行研究,主要涉及语法形式化理论和自然语言处理数学理论的结合方法与路径;二是数据处理方向,主要是语言研究相关程序开发与语言数据处理,早期涉及述语数据库和机器可读的电子词典,近年来已转向大规模数据库建设;三是人工智能和认知科学方向,目的是探索自然语言理解的智能机制和认知机制;四是语言工程方向,主要面向实践化、工程化的语言软件开发,此类研究一般称为"人类语言技术"(Human Language Technique,简称"HLT")或"语言工程"(language engineering)(冯志伟,2017:6-7)。本书的后续研究将以第一类研究为主要方向,即在构式语法理论框架内,从"三个面向"的理据性承继描写探究自然语言处理的方法与路径。在此基础上,探索在某个特定生活领域内、某个特定主题范围内的汉语构式数据库建设。本书希冀通过自然语言处理的具体应用,反过来推动和促进构式语法理论的发展。

二、流体构式语法的基本理念与应用

(一)流体构式语法的理论基础

随着认知语言学量化和社会化转向趋势的日渐深入,将构式语法应用于自然语言处理逐渐成为计算机语言形式化领域的一大热点。匈牙利语言学家斯蒂尔斯(Luc Steels)等在中心语驱动短语结构语法(Pollard & Sag,1994)、论元结构构式语法(Goldberg,1995)、激进构式语法(Croft,2001)和体验构式语法(Bergen & Chang,2003)等的基础上,吸收引进了分子生物学和进化动力学的研究框架与路径,创设了"流体构式语法"(Fluid Construction Grammar,简称"FCG"),目的是建构基于人工神经网络的复杂语言的计算机处理模型。正是出于这样的学术渊源与研究动因,流体构式语法类比认知心理学的"流体智力"(Fluid Intelligence)概念来命名,希冀通过"全开放植入式对话"(open-ended grounded dialogue),在最大程度上实现计算机自主语言习得并形成知识本体。为反映构式语法在自然语言处理领域的应用态势,斯蒂尔斯等自21世纪初以来陆续发表了论文《流体构式语法简介》["A (Very) Brief Introduction to Fluid Construction Grammar"]、《类比生物系统的流体构式语法》("Fluid Construction Grammar as a Biological System")和《语言进化动力学》("The Evolutionary Dynamics of Language"),就相关理论与实践的研究成果进行了梳理与总结。从以上三篇论文的主要内容来看,流体构式语法的理论框架源于构式语法,其重大创新在于将分子生物学的相关概念与机制"类比映射"(analogy mapping)至语言处理,应用于计算机自组织性语言系统的建构。

流体构式语法继承了构式语法理论的四个主要特点:一是秉持"基于使用"(usage-based)的原则,特别关注语言的创造性本质,强调对语言新现象的观察与提取,包括新概念及其概念化、新词汇、新句法与语义范畴、新构式、新的语言互动类型;二是秉持构式和构件(组构语块)之间部整关系的非分解主义,强调在"句法—语义"接口形式与意义的映射关系,主张句法特征和语义特征具有很强的一对一匹配性;三是秉持以论元结构联系句法范畴和语义范畴的设计思路,以此定位组构语块的线性排序,包括表层形式上的韵律和重音;四是秉持构式的层级性承继特征,强调"句法子类"(syn-subunits)和"语义子类"(sem-subunits)的代码设计,主张每个代码都包含一组结构特征,由此摒弃了传统的嵌套性承继模型。

除此之外,流体构式语法延续了学界早期运用生物学研究方法来进行语言处理的思路。比如,"语言进化论"的奠基人、德国语言学家施莱谢尔(August Schleicher)根据植物分类法开发了语言的谱系分类;法国语言学家特思尼耶尔(Lucicen Tesniere)于20世纪中叶首次把化学"配价"(valence)引入语法研究,创建了"依存语法"(Dependency Grammar);丹麦免疫学家(Niels Jerne)将单克隆抗体应用于生成语法研究。于是,通过类比生物体的"代谢过程"(metabolic pathway),流体构式语法在以下四个方面创新了语言构式的处理应用。

第一,将生物体代谢过程类比人类语言处理。生物体的每一个代谢反应都涉及作为产出物的"基元"(Substrate)。比如,果蝇的眼色素代谢是由若干个化学反应形成的代谢链。"色氨酸"(Tryptophane)作为基元,经过代谢反应产出"N-甲酰犬尿氨酸"(N-formlkynurenine),N-甲酰犬尿氨酸又作为基元进入了下一个反应(如图10-1所示)。这些基元就像话语输出过程中承载某个节点信息的"临时结构"(transient structure)。一方面,类比色氨酸最终转化为"眼色素"(Ommochrome Pigment),言者通过对初始化意义的限制,连续添加结构信息,语言的临时结构最终会呈现为声音信号;另一方面,类比从眼色素产出的代谢过程,听者通过截获声音信号,分解临时结构的字串、组合顺序、语调模式等结构特征,诠释基于使用语境的话语意义。从这个意义上来说,人类话语的组织与输出、分解与诠释过程中的基元就是各种各样的语言临时结构。

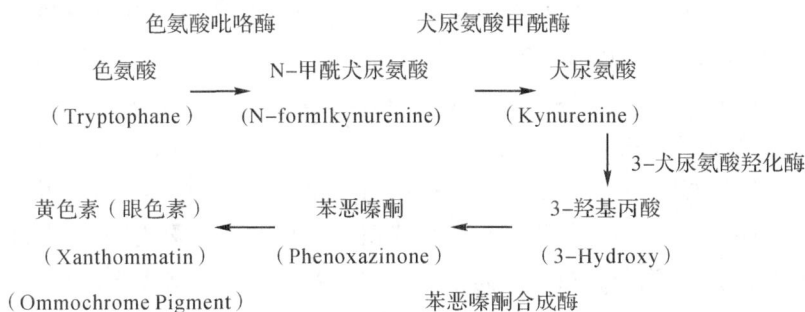

图 10-1 果蝇的眼色素代谢路径(Steels & Szathmáry,2016:112)

第二,将触发生物体代谢反应的"酶"(Enzyme)类比语言临时结构的"构式框架"(construction schema)。在生物体的代谢过程中,类似蔗糖水解为葡萄糖和果糖这样的"自发反应"(spontaneous reactions)比较少见,且速度很慢,绝大多数的代谢反应需要酶的催化。如图 10-1 所示,在催化和加快"色氨酸→N-甲酰犬尿氨酸转化→犬尿氨酸→3-羟基丙酸→苯恶嗪酮"的代谢过程中,色氨酸吡咯等各种酶在各自对应的转换过程中起到了重要作用。以此关照构式框架,虽然人类的语言处理也有可能是基于语义或语用推理的自发反应,但更具概括性的构式框架有助于形成从抽象到具体的连续统,供给更为开放的语义槽,从而避免"组合爆炸"(combinatorially explosive)。比较"airplane computer control system interface device"(飞机计算机控制系统接口设备)与"a device for interfacing with the computer-based control system of an airplane"(为飞机控制系统提供接口的设备),前句通过词与词组合的语义关系推导得出"设备"种类,虽然这种自发反应对于语言的早期学习者来说必不可少,但这样的处理往往需要更为庞大的知识库,且不具有稳定性。从这个意义上来说,后句通过语法限制的做法可有效减少歧义风险和语言使用者的认知努力。当然,构式框架所包含的内容相当丰富,除了语音、词法、句法和语法特征外,还有语义、语用和功能等信息。

第三,将酶的催化机制类比构式框架的"锁定"(lock)与"解锁"(key)机制。在生物代谢过程中,一种酶一次至少锁定两个基元,并触发它们合成新物质。酶的催化机制可分为三个阶段,包括基元锁定、基元合成与基元产出。

这种现象在生物学中被称为"诱导契合"(induced fit)。酶触发的基元产出反过来也会刺激酶的活性。以此类推构式框架的"锁定"和"解锁"机制,流体构式语法假设每个构式都存在表征结构系列特征的"锁码",用以对临时结构发挥类似于酶的合成催化作用。构式框架(类比酶)通过匹配锁定语言的临时结构(类比基元),经过合成处理,解锁产出新的临时结构(扩展结构)。构式框架则可重复用于锁定和解锁。

第四,将"基因组"(Genome)类比"构式清单"(Constructme)。分子生物学中,一个基因代表了一种酶的"模板"(Template),基因组因此代表了生物体所有遗传物质的总和,比如人类遗传所必需的 23 对染色体(基因载体)。构式清单囊括了特定语言使用者承载构式框架信息的所有构式,可视为特定语言使用者的构式清单。由于不同学习者在学习经历和创造力方面存在差异,因此即便是在同一个语言社群中,也没有一个构式清单是完全相同的。这就意味着只有当言者和听者的构式组具有重叠性时,二者的互动交际才有可能成功。

总的来说,通过类比生物代谢从大单位(基因组)到小单位(基元)的层级映射,流体构式语法逐渐明晰了构式变异与新构式产出的承继性研究思路,并认为这样的变异和产出是可以被限制和引导的,且能够寻得双向线性的序列规律(如图 10-2 所示)。

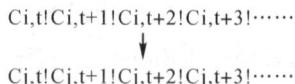

$$Ci,t!Ci,t+1!Ci,t+2!Ci,t+3!\cdots\cdots$$
$$\downarrow$$
$$Cj,t!Cj,t+1!Cj,t+2!Cj,t+3!\cdots\cdots$$

图0-2 基于构式清单重叠互动的构式双向线性变异(Steels & Szathmáry, 2016:114)

如图 10-2 所示,上面一行代表了交际一方 i 的构式清单 Ci,下面一行代表了交际另一方 j 的构式清单 Cj,"Ci,t!"与"Ci,t+1!"显示在不同时间节点 t 上的构式组的线性变异(类比生物体遗传变化)。而导致这种变异的,恰恰是交际双方语言互动中(用上下箭头连线标示)构式组的相互限制与引导。比如,"My friend WhatsApped me this morning."其中的"WhatsApp"就像社交媒体应用程序"微信",原本是一个名词,在句中却用作动词,相当于"我朋友微信了我"。这是典型的因语言经济性原则而引发的错误表达规约化。具体来说,言者调取了其构式清单中的动词过去式和及物句构式,在"NP+VPed"框架中匹配"WhatsApp"的词汇特征,整合后输出扩展结构。听者在截获"WhatsApp"做动词的临时结构后,在其构式组中分解调取相应构式模板,通过诠释和扩展"WhatsApp"的词汇特征,将其添加至"NP+VPed"的构式清单。一旦交际有效，此类表达会在语言社群中快速传播。

(二)流体构式语法的语言处理应用

　　流体构式语法坚持动力进化的计算机自然语言处理方法，主要涉及计算机对语言构式的复制、变异、选用等的习得与建模。为此，该流派设立了计算机的"多智能体仿真系统"(multi-agent simulations)：一是设置"感知装置"(sensory-motor apparatus)，使得计算机能够捕获客观世界的具体事物或事件，从而达到"有话可说"；二是设置"联合注意力框架"(a joint attentional frame)，模拟言者和听者的语言与行为互动，从而达到"交际而习"；三是沿袭"过程语义学"(procedural semantics)在"句法—语义"接口的处理方法，将话语视作计算机的程序单元，将概念化和意义诠释视作计算机的准备和执行任务，通过附加限制与约束的"渐进式语言增量"(incremental recruitment language，简称"IRL")，引导智能系统不断扩充自己的知识本体，具体从以下四个方面予以说明。

　　第一，构式模板的"双向性"(bi-directional)。为更好地检验类比生物进化的理论创新，流体构式语法流派开发了两个智能系统(索尼 AIBOs 机器狗)之间的情境化语言游戏。在一个包含定位与轨迹的"模拟世界"(analog world)中，两个机器狗被随机区分为言者与听者，通过涉及情境感知、关注和反馈等的语言与行为互动，完成在场景中寻找球和箱子的任务，从而实现计算机的"体验式"(embodiment)话语植入。实验过程中，言者构式清单中的若干个构式框架被预编程，言者利用现有词汇知识库组织临时结构，将其投射至元规则层面，继而形成多次扩展与同步输出，以检测可能存在的理解错位。听者在接收到临时结构后，即会对其进行分解与释义，并在场景中以动态行为进行实时反馈；若实际行为出现偏差，听者就会对其库存知识进行修复，包括扩展本体、引入新概念、储存新词项、拓展新构式等。一旦某个临时结构能够致使成功交际，言者与听者就会同步增加与之相应构式的分值。

　　为构式设置分值的目的在于决定哪些构式框架可优先获得计算资源。需要指出的是，分值是建立在计算机"横向抑制"(lateral inhibition)学习基础上的自动生成值。也就是说，若一个构式的处理是成功的，那么其分值就会增加，反之就会减少；与之竞争的构式虽然在同等情况也有可能被触发，但因为它们在后期进入了"死胡同"或是造成了理解错位，因此分值就会减少，直至低于某个阈值而被舍弃。

　　第二，构式数量的调控性。生物体的细胞代谢是平行发生的，并以此形成高度复杂的代谢网络。为避免资源的过度消耗，或激活潜在的有害物质，整个代谢过程会存在"微调"（fine-tune）。类比这个特点，流体构式语法主张在计算机语言处理的"盲搜索"（blind search）阶段引入动态调控。否则，形义匹配的复杂性迟早会压垮计算机的空间和时间资源。除上面已提及的基于构式模板分值的横向抑制策略，其他限制性操作还包括为临时结构设置"足迹"（footprints），为构式设置自然类集合的"初始网络"（priming networks）。

构式通过配对的形义特征代码来约束临时性结构的扩展，这些特征因此被视作语言处理的"足迹"，它可以避免同一代码因再次触发而导致处理流程的无限循环。比如，在计算机识别一个短语时，一旦捕获到"the"，限定词短语的构式框架即被激活。与此同时，由于预先设置了限定词短语构式、名词短语构式与形容词短语构式等互为关联的初始模板链接，计算机会同时激活名词短语和形容词短语构式框架作为"备式"，继而根据实际运算结果，决定初始构式的不同分值，形成优选序列。流体构式语法支持构式的自然集合，比如词汇构式、形态构式、短语构式、信息结构构式。这样做的目的，是根据构式框架转换前的预编程集合顺序，节省计算资源。比如，先是词汇，再是形态，之后是短语。举例说明，作为语言的无标记形式，英语动词表达式的时体聚合关系可能存在一个缺省格，它不能通过句法或词法来标记，但其中的信息却必须被添加至临时结构。对此的解决思路是，在全部有标记形式都无用的情况下，专门增加缺省格的构式集合。

生物进化需要遗传性繁殖，适应性最强的物种，其繁殖频率也是最高的。同理，流体构式语法设置上述策略的目的，就是促使言者和听者交会重叠在一个适应性最强的构式清单上，从而抑制构式及其变式的盲目增量，强制计算机形成系统性的独立内存记忆。

第三，构式变异的承继性。在上面所提及的构式模板双向操作中，往往会遇到言者和听者无法对某一个短语进行处理的情况。然而，若是相关构式框架能够适当"延伸"（linguistic extensions），任务即可完成。此类延伸现象主要表现为两种情况：一是"构式赋义"（coercion），构式模板会将某个形义特征强加于临时结构。比如前面所提及的"My friend WhatsApped me this morning."，就是在及物句构式框架中被强制赋予了"WhatsApp"的动词用法。二是"构式松绑"（relaxation），构式会对某个临时结构松绑其特征限制。比如"The report found that Erdely's first journalistic mistake was not speaking to <u>her Jackie's three friends</u>"。这句话的画线部分存在两个所有格（"her"与"Jackie's"），却因为指向同一人（Jackie），因此是不合语法的。但在上下文语境的支撑下,名词性短语的所有格标记限制被松绑,从而使得听者能够理解其义。计算机每内存一个延伸结果,就需要在现有构式模板形义特征承继的基础上,通过添加或删减部分代码来设立一个新的构式框架。由于构式原型及其变体之间也是具有竞争性的,计算机储存的必须是它们的显示实体。

第四,构式选用的标准性。从具体实验的结果来看,低分值构式的低竞争力主要表现在三个方面:一是其临时结构的表达力不够充分,言者可用但未用;二是其临时结构虽被使用,但必须根据反馈不断修正,导致听者所付出的认知努力较高;三是其临时结构虽被使用,但造成了听者的理解错位。根据以上三种表象,可以概括得出驱动构式扩展的三项标准:一是其临时结构具有横向较为充分的表达力;二是其临时结构能够降低听者的认知努力;三是其临时结构能够致使言者与听者交际成功。

(三)流体构式语法的学术价值与发展空间

流体构式语法在认知语言学的构式语法、计算机语言学和语言学理论的基础上建立了一个有关分析和产出的构式语法形式化模型(牛保义,2011:189),其主要学术价值体现为对语言构式承继观、动态观和互动观的发展与应用,其关于语言动力进化的理念可概括为基于广义互动的动态承继。其中,流体构式语法的承继观主要体现在三个方面:一是与其他主流构式语法持有共同的基础假设,包括构式是形式与功能的匹配体;语义直接关联表层形式;构式网络的各节点通过承继性理据相关联;语言变异可以通过一般认知域中的构式功能来解释;构式语法是基于使用的语法模型。二是构式语法理论框架内的方法承继,强调词法与句法没有严格的界限;强调词汇构式的具体性,包括词干的形式、意义、形态、语义和配价等;强调语法构式的框架性,包括约束配价、限制语义和句法结构等。三是以"J—对称算子扩张理论"为基础的计算机应用承继。要求构式框架完整复制构式信息,避免在匹配与合成阶段临时结构的未显特征破坏构式框架的限制性;避免相关变量成为构式局部变量而可能导致计算机的递归运行。流体构式语法的动态观主要体现在将语言规则视作无限量集合中具有被选择性的小集合,直指话语与意义的特定对应。其中包含五个要点:第一,语言规则不具有恒久性。随着时间的推移,语言规则必然会发生相应改变,比如语音的变化、新词的出现、语言标记的消失或重现等。第二,语言规则不具有普遍性。大到人类世界中的各种语言和它们的方言,小到不同语境中的同一句话,它们的组构各有不同。

第三,语言规则不具有规划性。人类语言的产生不是由谁设计的,而是由谁使用的,语言的社会规约不存在"中央处理器"(central processing unit,简称"CPU")。第四,语言规则的集合不具有边界性。就现状而言,全世界的语言共有大约50万个词汇和语法构式(Steels & Szathmáry, E.,2018),这个集合时刻面临着被不断扩展或收缩的情况。第五,语言规则是具有推导性的。这就意味着为保证"语能达意",言者和听者必须同时具备相当数量的语言知识和社会知识。流体构式语法的互动观实现了从基于本体论互动向基于观念、方法互动的突破。具体来说,涵盖了分子生物学与人类语言处理的类比映射,言者产出与听者诠释的双重筛查,初始化网络及构式模板的分值竞争,构式框架与临时结构的催化与激活,"句法—语义"接口的对称算法。

需要指出的是,虽然流体构式语法的创设在本体论承诺和方法论实践相统一的问题上做出了有益探索,但从构式(本体论问题)和构式分析(方法论问题)依然还处于两个层面的角度出发,本体论承诺和方法论实践之间并不存在必然的平行或对应性关系(施春宏,2016)。具体来说,如果认同构式是由组构成分组成的,构式清单是由不同类型的构式组成的层级体系,那么不同的构式或构式清单的规则也应遵循某种程度上的基于还原论的组合性规则。虽然在方法论上现有知识结构并不强调都可还原,但毋庸置疑,一定程度的还原可以减少语言习得的认知努力。以此类推,虽然习得低层级构式、习得高层级构式的组构规则不能完全认识构式的所有特征,但预编程某个特定领域的构式清单(比如人类遗传的23对染色体)无疑可在更大程度上节省计算资源。事实上,流体构式语法流派也关注到了这一态势。斯蒂尔斯等(2016)指出,大量心理学和神经学的研究成果已表明,在特定生活领域中,人类听者对于言者的话语输出存在"预期"(predicting),言者对于自身的话语输出存在"自我调控"(self-monitoring)。换言之,若是脱离了特定生活领域的情境还原,自然语言的构式处理恐又会陷入另一种形态的组合爆炸。

作为构式语法的全新流派,流体构式语法在自然语言处理的计算机应用中产生,也必然在其应用中发展,关键就在于解决新发展带来的新问题。目前,计算机的自然语言处理可形象地比喻为"两条腿走路":其一是语言形式化领域的模型迭代;其二是计算机操作系统的能力提升。从摩尔定律的角度出发,深度学习越来越高的算力需求与芯片制造的迟滞换代产生了不可调和的矛盾。流体构式语法因此主张让人工智能系统像人类那样自主形成概念并展开交往,目的是在更大程度上避免日益复杂的工具制造对语言处理的限制,其观点显然与"图灵原理"(Turing Principle)相悖。根据图灵原理,衡量人工智能可否实现的标准在于当人与机器对话时，人能否判定对方是人还是智能装置；流体构式语法流派则认为，机器可以通过所处环境和彼此互动来达成智能进化。这就引发了两个方面的问题，同时也是未来值得密切关注的两大方向。

第一，类比生物进化的新发展空间。虽然生物进化论的一些概念与机制适用于语言发展研究，比如"多层级选择"（multi-level selection），"物种生态位构建"（niche construction），"适应图景"（fitness land-scape），但生物进化中导致新变体产生的突变和重组具有很高的随机性，而基于人类类比推理能力的"触发变异"（facilitated variation）可以对此进行有效抑制。人类的类推能力与语言能力之间存在着较强的逻辑关系，类比推理和语言输出之间存在着可形成结构映射的相互反馈机制。这样的反馈机制依赖于人类大脑复杂而又精细的生理信号系统。由此我们可以提出这样的假设：基于人类"认知神经元"（cognitive neuron）的大脑网络与人工学习网络性能相当，但使用的计算资源却更少。其实，在 2021 年 1 月 13 日结束的全球人工智能领域顶级会议"深度学习表征国际会议"（International Conference on Learning Representations）上，有研究者就展示了通过果蝇神经网络启发自然语言处理普适性算法的成果，发现其性能与常规人工神经网络相当，且非常节约计算能耗（Liang Yucheng，2021）。遗憾的是，相较于拥有 1000 亿个神经元的人类大脑，果蝇大脑只有 10 万个神经元。这说明，截至目前，科学家们仍然难以对更复杂的大脑进行表征。为此，流体构式语法流派假定语言的临时结构，可编码为对应生物神经网络点过程中的"尖峰队列"（spike train）的"矢量"（vector）。参照"符号矢量体系"（vector symbolic architectures），构式框架则可被视作由自动关联实现的"模式转换器"（pattern transformers），并可集合构成"前馈神经网络"（feedforward neural networks）。经过对计算机的初始化训练，在语境支撑下，一组突出权重会被传递给前馈网络中若干个通过构式模板相互连接的构式框架，模板会发送横向抑制信号至框架，从而形成"赢者通吃"（winner-take-all）的循环网络，在经历与其他框架的多轮竞争后，输出"赢者"的概念化系统和语音系统。

第二，基于动力进化的新发展理念。流体构式语法创设语言进化动力学的另一动因，是揭示语法结构的起源与历时变化，为此提出了语言进化三过程的交织发展理念（Steels & Szathmáry，2018）：一是生物进化过程，揭示人类是如何通过与生物进化同步的认知提升来获得语言的；二是社会进化过程，揭示人类社会是如何通过高水平的信任与合作来发展语言的；三是语言进化过程,揭示大规模词库和可复制语法是如何出现的。从这个意义上来说,一旦某个个体的所处环境发生变化,其构式清单就会随之改变,个体层面的微观变化会在类推机制作用下引发所在社群的系统变化,甚至会出现全新的句法范畴。比如,西日耳曼语(英语等)就存在这样一种趋势,随着句子成分作附加修饰语的用量增多,名词短语变得越来越复杂。这表明,一旦某个临时结构从个体习得向社群传播,构式就会发生复制与变异,语言社群因此成为构式变异的沃土。近年来,随着语料库数据搜集与检索的日渐普及,构式变异与构式化越来越受到学界关注。构式已被证明能够在新的语境中吸收相关句法特征,同时也会失去自身的部分意义。比如,我们可以通过一个构式的整体转喻窥见其成因及言者的动因假设。综上所述,流体构式语法在基于构式的自然语言处理领域已取得了令人瞩目的进步,但越是这样,越是凸显了基于特定生活领域的语料库及知识库建设对于社群公共语言发展研究的必要性和紧迫性。

参考文献

曹宏,2005. 论中动句的语义表达特点[J]. 中国语文(3):205-213,287.

陈昌来,李传军,等,2012. 现代汉语类固定短语研究[M]. 上海:学林出版社.

陈满华,2016. 构式语法的方法论价值刍议[J]. 东北师大学报(哲学社会科学版)(4):13-16.

陈满华,张庆彬,2014. 我国学者的构式思想与西方构式理论之比较——兼谈中西语言理论建设方式的差异[J]. 汉语学习(2):3-10.

陈平,1994. 试论汉语中三种句子成分与语义成分的配位原则[J]. 中国语文(3):161-168.

陈望道,1976. 修辞学发凡[M]. 上海:上海教育出版社.

戴浩一,1988. 时间顺序和汉语的语序原则[J]. 黄河,译. 国外语言学(1):10-20.

丁声树,吕叔湘,李荣,等,1961. 现代汉语语法讲话[M]. 北京:商务印书馆.

范振强,郭雅欣,2018. 国外构式语法研究的发展趋势与前沿动态——基于可视化技术的科学知识图谱分析[J]. 北京科技大学学报(社会科学版)(6):56-63.

方梅,2013. 谈语体特征的句法表现[J]. 当代修辞学(2):9-16.

冯志伟,2017. 自然语言计算机形式分析的理论与方法[M]. 合肥:中国科学技术大学出版社.

高增霞,2006. 现代汉语连动式的语法化视角[M]. 北京:中国档案出版社.

高增霞,2015. 连动结构的隐喻层面[J]. 世界汉语教学(1):22-31.

戈德伯格,2007. 构式:论元结构的构式语法研究[M]. 吴海波,译. 北京:北京大学出版社.

戈德伯格,2013. 运作中的构式:语言概括的本质[M]. 吴海波,译. 北京:北京大学出版社.

顾鸣镝,2012a. 构式语法理论中的部分能产性问题研究[J]. 浙江工业大学学报(社会科学版)(1):93-97.

顾鸣镝,2012b. 关于构式承继及其理据的可探究性研究[J]. 北京交通大学学报(社会科学版)(2):131-136.

顾鸣镝,2012c. 语言构式的部分能产性问题再探——汉语"很＋NP"构式的认知解释[J]. 西南交通大学学报(社会科学版)(2):65-70.

顾鸣镝,2013. 认知构式语法的理论演绎与应用研究[M]. 上海:学林出版社.

顾鸣镝,2014. 汉语双及物构式的内部承继问题研究[J]. 汉语学习(6):45-51.

顾鸣镝,2016a. "有 N"和"有 V"的同构性研究[J]. 语言教学与研究(4):104-112.

顾鸣镝,2016b. 框架构式"有 X 无 Y"的整合层级及其理据解析[J]. 汉语学习(6):45-51.

顾鸣镝,2020. 从语言构式看"工匠精神"[J]. 厦门广播电视大学学报(1):48-54.

顾鸣镝,汤京鹏,2013. "V 他＋QM＋NP"构式的承继解析及其功能理据探究[J]. 宁波大学学报(人文科学版)(5):76-81.

顾阳,1994. 论元结构理论介绍[J]. 国外语言学(1):1-11.

桂诗春,1995. 从"这个地方很郊区"谈起[J]. 语言文字应用(3):24-28.

郭继懋,王红旗,2001. 粘合补语和组合补语表达差异的认知分析[J]. 世界汉语教学(2):14-22.

何兆熊,2000. 新编语用学概要[J]. 上海:上海外语教育出版社.

何自然,2017. 语言模因的形成过程与传播特性——论汉语模因与社会生态环境中的语用[J]. 外国语言文学(3):147-157.

贺阳,2008. 现代汉语欧化语法现象研究[M]. 北京:商务印书馆.

洪邦林,2006. "有 A 无 B"格式的句法语义分析[J]. 语文学刊(10):141-142.

洪波,董正存,2004. "非 X 不可"格式的历史演化和语法化[J]. 中国语文(3):253-261.

雷冬平,2013. 现代汉语"有/无＋Prep/V"类词的词汇化及其动因[J]. 汉语学习(1):41-51.

李福印,2008. 认知语言学概论[M]. 北京:北京大学出版社.

李晋霞,刘云,2009. 论推理语境"如果说"中"说"的隐现[J]. 中国语文(4):359-364.

李先银,2012. 容器隐喻与"有＋抽象名词"的量性特征——兼论"有＋抽象名词"的属性化[J].语言教学与研究(5):78-85。

李勇忠,2004. 构式义、转喻与句式压制[J]. 解放军外国语学院学报(2):10-14.

李宇明,2000. 汉语量范畴研究[M]. 武汉:华中师范大学出版社.

李宇明,2020. 数据时代与语言产业[J]. 山东师范大学学报(社会科学版)(5):87-98.

廖秋忠,1991. 篇章与语用和句法研究[J]. 语言教学与研究(4):16-44.

林晓恒,2006. "都+V+的+N"的构式分析[J]. 语言研究(1):14-16.

刘丹青,2002. 汉语中的框式介词. 当代语言学,(4):241-253.

刘丹青,2005. 作为典型构式句的非典型"连"字句[J]. 语言教学与研究(4):1-12.

刘丹青,2008. 汉语名词性短语的句法类型特征[J]. 中国语文(1):3-20.

刘丹青,2011. "有"字领有句的语义倾向和信息结构[J]. 中国语文(2):99-109.

刘丹青,2018. 寄生范畴:源于语法库藏限制条件的语义范畴[J]. 中国语文(6):643-656,766.

刘辉,2009. 现代汉语事件量词的语义和句法[M]. 上海:上海师范大学.

刘嵚,2014. 现代汉语"有A无B"格式的语义类型[J]. 语文研究(4):21-27.

刘树晟,段业辉,2015. 构式语法与承继层级[J]. 外语学刊(5):23-27.

刘正光,2011. 构式语法研究[M]. 上海:上海外语教育出版社.

刘正光,崔刚,2005. 非范畴化与"副词+名词"结构[J]. 外国语(2):37-44.

陆丙甫,1985. 流程切分和板块组合[J]. 语文研究(1):36-42.

陆丙甫,2005. 语序优势的认知解释(上):论可别度对语序的普遍影响[J]. 当代语言学(1):1-15.

陆俭明,1991. 语义特征分析在汉语语法研究中的运用[J]. 汉语学习(1):1-10.

陆俭明,2002. 再谈"吃了他三个苹果"一类结构的性质[J]. 中国语文(4):317-325.

陆俭明,2005. 现代汉语语法研究教程[M].3版. 北京:北京大学出版社.

陆俭明,2006. 句法语义接口问题[J]. 外国语(3):30-35.

陆俭明,2009. 隐喻、转喻散议[J]. 外国语(1):44-50.

陆俭明,吴海波,2018. 构式语法理论研究中需要澄清的一些问题[J]. 外语研究(2):1-5.

陆宗达,1981. 说文解字通论[M]. 北京:北京出版社.

吕叔湘,1942. 中国文法要略[M]. 北京:商务印书馆.

吕叔湘,1979. 汉语语法分析问题[M]. 北京:商务印书馆.

吕叔湘,1980. 现代汉语八百词(增订本)[M]. 北京:商务印书馆.

马真,陆俭明,1997. 形容词作结果补语情况考察(一)[J]. 汉语学习(1):3-7.

牛保义,2011. 构式语法理论研究[M]. 上海:上海外语教育出版社.

牛保义,2013. 体验构式语法评介[J]. 山东外语教学(6):16-20,25.

冉永平,2005. 论语用元语言现象及其语用指向[J]. 外语学刊(6):1-6.

任鹰,2001. 主宾可换位动结式述语结构分析[J]. 中国语文(4):320-328.

邵敬敏,1986. "同语"式探讨[J]. 语文研究(1):13-19.

邵敬敏,2011. 汉语框式结构说略[J]. 中国语文(3):218-227.

沈家煊,1991. 《类型和共性》评介[J]. 国外语言学(3):25-28.

沈家煊,1995. "有界"与"无界"[J]. 中国语文(5):367-380

沈家煊,1999. "在"字句和"给"字句[J]. 中国语文(2):94-102.

沈家煊,2002. 如何处置"处置式"? ——论把字句的主观性[J]. 中国语文(5):387-399.

沈家煊,2003. 复句三域"行、知、言"[J]. 中国语文(3):195-204.

沈家煊,2004. 动结式"追累"的语法和语义[J]. 语言科学(6):3-15.

沈家煊,2010. 英汉否定词的分合和名动的分合[J]. 中国语文(5):387-399.

沈家煊,2012. "名动词"的反思:问题和对策[J]. 世界汉语教学(1):3-17.

沈家煊,2016. 语法六讲[M]. 上海:学林出版社.

沈家煊,2019. 超越主谓结构——对言语法和对言格式[M]. 北京:商务印书馆.

沈家煊,完权,2009. 也谈"之字结构"和"之"字功能[J]. 语言研究(2):1-12.

沈家煊,王冬梅,2000. "N 的 V"和"参照体—目标"构式[J]. 世界汉语教学(4):25-32.

施春宏,2001. 名词的描述性语义特征与副名组合的可能性[J]. 中国语文(3):212-224.

施春宏,2014. "招聘"和"求职":构式压制中双向互动的合力机制[J]. 当代修辞学(2):1-11.

施春宏,2015a. 动结式在相关句式群中不对称分布的多重界面互动机制[J]. 世界汉语教学(1):25-44.

施春宏,2015b. 构式压制现象分析的语言学价值[J]. 当代修辞学(2):12-28.

施春宏,2016. 互动构式语法的基本理念及其研究路径[J]. 当代修辞学(2):
    12-29.

石定栩,2020. 生成语法的界面关系研究——起源、发展、影响及前景[J]. 外
    语教学与研究(5):643-654,798.

石慧敏,吴为善,2014. 隐性语义等级序列的激活机制及其语篇整合效应[J].
    世界汉语教学(4):449-460.

石毓智,2002. 论汉语的结构意义和词汇标记之关系——有定和无定范畴对
    汉语句法结构的影响[J]. 当代语言学(1):25-37.

石毓智,2004. 汉语研究的类型学视野[M]. 南昌:江西教育出版社.

谭景春,1998. 名形词类转变的语义基础及相关问题[J]. 中国语文(5):
    368-377.

王灿龙,2002. 现代汉语回声拷贝结构分析[J]. 汉语学习(6):14-18.

王灿龙,2008. "非 VP 不可"句式中"不可"的隐现——兼谈"非"的虚化[J].
    中国语文(2):109-119.

王力,1943. 中国现代语法[M]. 北京:商务印书馆.

王力,1945. 中国语法理论[M]. 北京:商务印书馆.

王力,1957. 汉语语法纲要[M]. 上海:新知识出版社.

王力,1980. 汉语史稿[M]. 上海:中华书局.

王寅,2011a. 构式语法研究(上卷):理论思索[M]. 上海:上海外语教育出
    版社.

王寅,2011b. 构式语法研究(下卷):分析应用[M]. 上海:上海外语教育出
    版社.

王寅,2013. 构式压制和词汇压制的互动及其转喻机制——以英语语法体和
    动词体为例的分析[J]. 外语教学与研究(5):657-668.

王勇,周迎芳,2012. "有"字句的历时考察和横向比较[J]. 华中师范大学学报
    (人文社会科学版)(5):91-99.

吴长安,2007. "爱咋咋地"的构式特点. 汉语学习(6):31-34.

吴长安,2019. 汉语语法学 120 年争鸣史上的六大热点问题透视[J]. 东北师
    大学报(哲学社会科学版)(2):47-54.

吴海波,2008. 《运作中的构式:语言中概括的本质》简介[J]. 当代语言学(4):
    375-376.

吴硕官,1985. 试谈"N 是 N"格式[J]. 汉语学习(3):7-12.

吴为善,2010. 自致使义动结构式"NP＋VR"考察[J]. 汉语学习(6):3-11.

吴为善,2011a. 递进性差比义构式及其变异——"一M比一M+VP"的构式成因探讨[J]. 语言教学与研究(2):48-54.

吴为善,2011b. 汉语韵律框架及其词语整合效应[M]. 上海:学林出版社.

吴为善,2011c. 认知语言学与汉语研究[M]. 上海:复旦大学出版社.

吴为善,2012a. "NP$_受$+VPt+QM"句式的多义性及其同构性解析[J]. 世界汉语教学(2):147-157.

吴为善,2012b. "V起来"构式的多义性及其话语功能——兼论英语中动句的构式特征[J]. 汉语学习(4):3-13.

吴为善,2013. 事件称谓性NV结构的来源、属性及其整合效应[J]. 语言教学与研究(2):59-66.

吴为善,2016. 构式语法与汉语构式[M]. 上海:学林出版社.

吴为善,高亚亨,2013. 词语[±积极]语义特征的句法投射及其认知解释[J]. 对外汉语研究(2):130-141.

吴为善,顾鸣镝,2014."能性否定+疑问代词"组配的主观小量评述及其理据解析[J]. 语言科学(1):55-65.

吴为善,夏芳芳,2011."A不到哪里去"的构式解析、话语功能及其成因[J]. 中国语文(4):326-333.

吴义诚,杨小龙,2019.《汉语句法、语义和语用的界面研究》述介[J]. 当代语言学(3):466-473.

项开喜,1993. "一M比一MA"格式试探[J]. 语言教学与研究(2):42-45.

邢福义,1997."很淑女"之类说法语言文化背景的思考[J]. 语言研究(2):1-10.

徐通锵,1991. 语义句法刍议——语言的结构基础和语法研究的方法论初探[J]. 语言教学与研究(3):38-62.

徐通锵,1997. 语言论——语义型语言的结构原理和研究方法[M]. 长春:东北师范大学出版社.

熊学亮,2007. 英汉语双宾构式探析[J]. 外语教学与研究(4):261-267.

熊学亮,杨子,2008."V+NP+NP"结构的语用分析[J]. 外语与外语教学(6):1-3.

俞建梁,黄和斌,2008. 原型范畴理论的缺陷与不足[J]. 外语学刊(2):36-39.

张斌,2002. 新编现代汉语[M]. 上海:复旦大学出版社.

张伯江,1994. 词类活用的功能解释[M]. 中国语文(5):339-346.

张伯江,1999. 现代汉语的双及物结构式[J]. 中国语文(3):175-184.

张伯江,2000. 论"把"字句的句式语义[J]. 语言研究(1):28-40.

张伯江,2016. 言者与听者的错位[J]. 语言教学与研究(1):14-23.

张伯江,2018. 构式语法应用于汉语研究的若干思考[J]. 语言教学与研究(4):2-11.

张伯江,方梅,1996. 汉语功能语法研究[M]. 南昌:江西教育出版.

张弓,1963. 现代汉语修辞学[M]. 天津:天津人民出版社.

张国宪,1997. "V$_双$+N$_双$"短语的理解因素[J]. 中国语文(3):176-186.

张国宪,2000. 现代汉语形容词的典型特征[J]. 中国语文(5):447-458.

张克定,2014. 《牛津构式语法手册》述介[J]. 外语教学与研究(1):134-138.

张韧,2007. 转喻的构式化表征[J]. 外国语(2):21-28.

张绍杰,2010. 语法和语用:基于语言使用的互动视角[J]. 外语学刊(5):74-79.

张旺熹,1991. "把字结构"的语义及其语用分析[J]. 语言教学与研究(3):88-103.

张旺熹,2005. 连字句的序位框架及其对条件成分的映现[J]. 汉语学习(2):3-14.

张旺熹,2006. 汉语句法重叠的无界性[M]//中国语文杂志社. 语法研究和探索(十三). 北京:商务印书馆:146-162.

张谊生,1996. 名词的语义基础及功能转化与副词修饰名词[J]. 语言教学与研究(4):57-75.

赵元任,1979. 汉语口语语法[M]. 吕叔湘,译. 北京:商务印书馆.

周洋,2016. 从构式语法看语言演变——《构式化与构式变异》评介[J]. 外国语(1):104-108.

朱德熙,1982. 语法讲义[M]. 北京:商务印书馆.

朱德熙,1985. 语法答问[M]. 北京:商务印书馆.

朱军,2010. 汉语构式语法研究[M]. 北京:中国社会科学出版社.

朱晓农,2018. 同构推演法:中国逻辑如何论证[J]. 华东师范大学学报(哲学社会科学版)(3):80-97.

祝莉,2004. "很+NP"类结构及其语用价值[J]. 广州大学学报(社会科学版)(4):35-39.

Bergen, B. K. & Chang, N. C., 2003. Embodied construction grammar in simulation-based language Understanding. *Technical Report* 02-004. Berkeley:International Computer Science Institute:71-93.

Croft, W., 2001. *Radical Construction Grammar* [M]. Oxford: Oxford University Press.

Distin, K., 2005. *The Selfish Meme: A Critical Reassessment* [M]. Cambridge: Cambridge University Press.

Fillmore, C. J., 1966. Toward a modern theory of case [M]//Raibel, D. A. & Schane, S. A. (eds.). *Modern Studies in English: Readings in Transformational Grammar*. Englewood Cliffs, N. J.: Prentice Hall: 29-57.

Fillmore, C. J., 1985. Frames and the semantics of understanding [J]. *Quaderni di Semantica*, 6(2):222-254.

Fillmore, C. J., 1988. The Mechanisms of "Construction Grammar" [C]. Proceedings of the Annual Meeting of the Berkeley Linguistics Society.

Fried, M. & Östman, J., 2004. *Constructional Approaches to Language (Vol. 2): Construction Grammar in a Cross-Language Perspective* [M]. Amsterdam: John Benjamins Publishing.

Goldberg, A. E., 1995. *Constructions: A Construction Grammar Approach to Argument Structure* [M]. Chicago: Chicago University Press.

Goldberg, A. E., 2006. *Constructions at Work: The Nature of Generalization in Language* [M]. Oxford: Oxford University Press.

Hoffmann, T. & Trousdale, G., 2013. *The Oxford Handbook of Construction Grammar* [M]. Oxford: Oxford University Press.

Jackendoff, R., 1983. *Semantics and Cognition* [M]. Cambridge, Massachusetts: The MIT Press.

Kay, P. & Fillmore, C., 1999. Grammatical constructions and linguistic generalizations: The what's X doing Y construction [J]. *Language*, 75(1): 30.

Lakoff, G., 1973. Fuzzy Grammar and the Performance/Competence Game [EB/OL]. (1973-04-01)[2020-09-10]. https://escholarship.org/content/qt46h7k0fk/qt46h7k0fk.pdf.

Lakoff, G., 1987. *Women, Fire, and Dangerous Things: What Categories Reveal about the Mind* [M]. Chicago: The University of Chicago Press.

Langacker, R. W., 1987. *Foundations of Cognitive Grammar (Vol. I): Theoretical Prerequisites* [M]. Stanford: Stanford University Press.

Langacker, R. W., 1991. *Foundations of Cognitive Grammar (Vol. II): Descriptive Application* [M]. Stanford: Stanford University Press.

Langacker, R. W., 2007. *Cognitive Linguistics: Internal Dynamics and Interdisciplinary Interaction* [M]. Berlin: Mouton de Gruyter.

Liang, Y. C., 2021. *Can a Fruit Fly Learn Word Embeddings?* [EB/OL]. (2021-01-18)[2021-02-19]. https://arxiv. org/abs/2101. 06887z.

Lyons, J., 1977. *Semantics (Volume 2)* [M]. Cambridge: Cambridge University Press.

Michaelis, L. A., 2001. Exclamative constructions [M]// Haspelmath, M., König, E. & Österreicher, W., et al. (eds.). *Language Universals and Language Typology: An International Handbook*. Berlin: Walter de Gruyter: 98-105.

Michaelis, L. A., 2004. Type Shifting in construction grammar: An integrated approach to aspectual coercion [J]. *Cognitive Linguistics* (1): 1-25.

Newmeyer, F. J., 1999. Bridges between generative and cognitive linguistics [M]// de Stadler, L. & Eyrich, C. (eds.). *Issues in Cognitive Linguistics: 1993 Proceedings of the International Cognitive Linguistics Conference*. New York: Mounton de Gruyter.

Pollard, C., Sag, I., 1994. *Head-Driven Phrase Structure Grammar* [M]. Chicago: University of Chicago Press.

Saussure, D. F., 1959. *Course in General Linguistics* [M]. London: Peter Owen Limited: 24.

Searle, J. R., 1969. *Speech Acts* [M]. Cambridge: Cambridge University Press.

Searle, J. R., 1980. Minds, brains and program [J]. *Behavioral and Brain Sciences* (3): 417-457.

Steels, L. & de Beule, J., 2006. A (very) brief introduction to fluid construction grammar [C]. *Proceedings of the 3rd Workshop on Scalable Natural Language Understanding*. New York City, June.

Steels, L., 2013. Fluid construction grammar [M]//Hoffmann, T. & Trousdale, G. (eds.). *Handbook of construction grammar*. Oxford: Oxford University Press: 206-215.

Steels，L. & SzathmÁry，E.，2016. Fluid construction grammar as a biological system [J]. *Linguistics Vanguard* (1)：63-81.

Steels，L. & SzathmÁry，E.，2018. The evolutionary dynamics of language [J]. *Biosystems*，164：128-137.

Traugott，E. C. & Trousdale，G.，2013. *Constructionalization and Constructional Changes* [M]. Oxford：Oxford University Press.

主要英文缩写词注释表

A adjective 形容词

AP adjective phrase 形容词短语

BCG Berkeley Construction Grammar 伯克利构式语法

C complement 补语

CCG Cognitive Construction Grammar 认知构式语法

CG Cognitive Grammar 认知语法

CPU central processing unit 中央处理器

DCG Diachronic Construction Grammar 历时构式语法

ECG Embodied Construction Grammar 体验构式语法

FCG Fluid Construction Grammar 流体构式语法

HLT human language technique 人类语言技术

ICM Idealized Cognitive Model 理想化认知模式

IRL incremental recruitment language 渐进式语言增量

L localizer 方位词

M measure word 量词

LAD Language Acquisition Device 语言习得机制

N noun 名词

NLP Natural Language Processing 自然语言处理

NP noun phrase 名词短语

RCG Radical Construction Grammar 激进构式语法

SBCG Sign based Construction Grammar 基于语言符号的构式语法

SPPS the salient participants in prominent slots generalization 显著参
    与者概括

TG Transformational Grammar 转换生成语法

V verb 动词

VP verb phrase 动词短语

XP x phrase 不指明短语

后 记

　　"桃李春风一杯酒，江湖夜雨十年灯"，这既是写照，更是关照。2021年，全球疫情的蔓延势头逐渐得到遏制，中国共产党的百年初心历久弥坚。大到世界格局此消彼长，小到个人岗位乘势履新，皆是甘之若饴！

　　书稿出版在即，感谢国家社科基金项目"汉语空间量范畴的句法语义研究"（项目编号：15BYY134）、浙江经贸职业技术学院省属高校基本科研业务费专项"'一带一路'丝路学院境外办学的产教融合机制构建与平台实践"（项目编号：19SBZD01）的资助！

　　感谢郭辰玥女士的文字校对！

　　感谢浙江大学出版社张琛、黄静芬两位女士的乐于助人、耐心细致！

　　感谢西溪屠强先生的烹茶启智！

　　感谢"一带一路"体育文化发展集团有限公司（筹）的羽毛球健体！

　　最后，期待大家对文中不尽成熟的观点与论述批评指正！

顾鸣镝

于西溪正庐

2021 年 7 月 24 日